WALL DRAWINGS

ICÔNES URBAINES

Cet ouvrage est publié à l'occasion de l'exposition *Wall Drawings, Icônes urbaines* qui se tient au Musée d'art contemporain de Lyon du 30 septembre 2016 au 15 janvier 2017.

Published on the occasion of the exhibition *Wall Drawings, Icônes urbaines* at the Lyon Museum of Contemporary Art from September 30th 2016 to January 15th 2017.

AF412018

SilvanaEditoriale

mac LYON

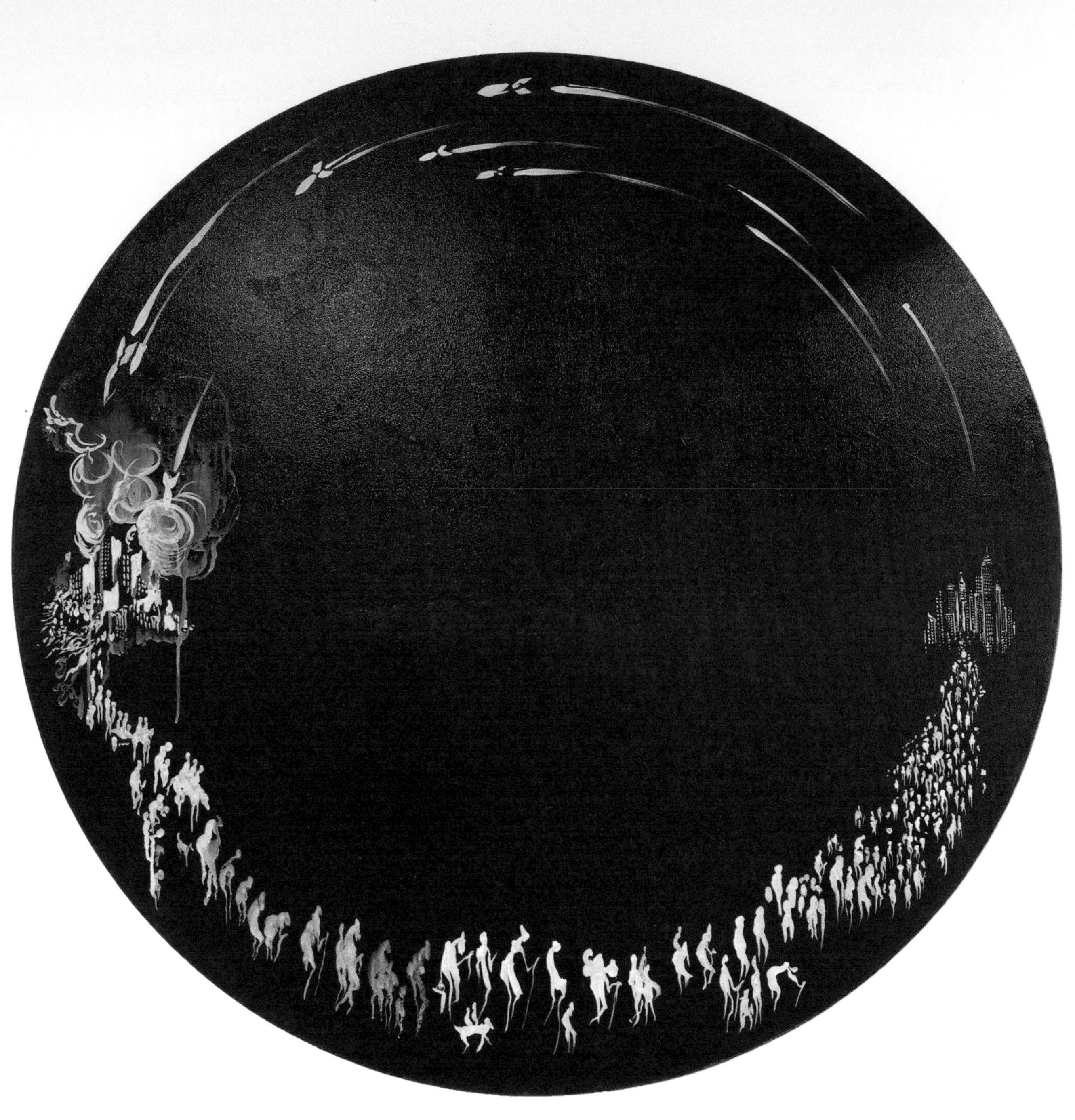

◄ ***Le point noir de la république***, de/by Charley Case,
exposition/exhibition *Wall Drawings, Icônes urbaines* au/at mac[LYON].

WALL DRAWINGS ICÔNES URBAINES

WALL DRAWINGS ICÔNES URBAINES

Les choses changent.

Avant il y avait deux territoires et un mur entre les deux. Le premier était minuscule mais prestigieux : c'était celui de l'art, du marché, des musées. L'autre rassemblait tout ce qui n'était pas l'art, il était gigantesque, mais sans qualité (entendez le terme au sens de Musil). Puis le commun est devenu noble. La rue, non sans mal, la ville, les murs, l'impro, le collectif, les flux d'images, le partage des pratiques, avec tous et partout, se sont imposés aux lieux minuscules aux frontières désormais permissives. Cette lutte de classe, lutte de classement plutôt, ou combat de catégorie (comme on le dit des poids plumes ou lourds) s'estompe heureusement aujourd'hui. Ainsi, potentiellement (nous n'en sommes encore qu'au potentiel), il n'y a plus ni dehors ni dedans ni micro ni macro, il n'y a plus qu'un art, un seul, ni grand ni petit, mais seulement bon ou mauvais. Cette dernière catégorie est, elle aussi et c'est heureux, largement déconstruite et désormais laissée à nos regards les plus subjectifs, c'est-à-dire les plus illégitimes du point de vue de l'ordre, de l'académie et des catégories… Il reste néanmoins que le monde de l'art existe et que nous en sommes.

Dès l'origine, mais c'est le propre des débuts, l'art (et son monde) s'est à peu près opposé à

Things change.

There used to be two territories separated by a wall. One was tiny but prestigious: the territory of art, the market and the museums. On the other side, everything that was not art: it was vast, but without qualities (in the Robert Musil sense).

And then, the disreputable side gained credit. Street stuff, city stuff, stuff on walls, the unplanned and unpremeditated, collective stuff, the flow of images, practices shared with all and sundry: it wasn't a pushover but they all elbowed their way through the now unbarred doors of the tiny venues. This class conflict or classification conflict, these conflicts about category are, thankfully, dying out. And so, potentially speaking (we're still only talking about potential), there is no longer any distinction between inside and outside, or micro and macro. There is only art – one art. Not big art or small art – just good art or bad art. And the bad art, fortunately, has been largely deconstructed and left to our highly subjective gaze. In other words, to what, in the proper order of things, is academically and categorically most unacceptable. And yet, the world of art exists and we are part of it.

Since the beginning, as is natural in the early stages of anything, art (and the art world) has been more or less against everything, precisely

tout, précisément pour s'extraire du commun, pour esquisser une catégorie, la cerner et en faire bientôt une forteresse imprenable. L'histoire de l'art n'est rien d'autre que l'histoire de ses propres catégories. Les défaire quelque peu, c'est défaire beaucoup.

Cela commence à la nuit des temps en invoquant les dieux, puis la révolution néolithique invente la ville et la première mondialisation, et creuse déjà les catégories. Ça s'accélère au début du XXe siècle avec les Avant-Gardes et se précipite à la fin, du côté de 1989 entre réalité virtuelle, chute de mur et facteurs éco-géo-politiques globaux. Alors, tout est à peu près passé à la moulinette : l'histoire, l'histoire de l'art, l'esthétique, la sémio, la socio, l'anthropo, l'ici et l'ailleurs, le global, le postcolonial, le flux, le tournant iconique, etc. Et on va même jusqu'à parler de Street art… C'est un peu le rock dans l'antichambre du baroque, aux portes de l'académie, comme si douze mesures et trois accords ne valaient pas une sonate. Et du son à l'image c'est pareil : l'irruption de la bombe à couleur, de l'impro, de la ville gigantesque (devenue urbaine en quelques milliers d'années), de la gestuelle libertaire, du cheminement, de la périphérie, tout cela a créé autant de lieux communs (l'académisme des graffitis qui barbouillent les confins de nos cités) que de chefs-d'œuvre (encore une catégorie). L'art a créé le Wall Drawing, et le Street art a créé l'icône urbaine. Alors, on a pris les deux.

Mêler les territoires, c'est ouvrir une fenêtre. Mais comment ouvrir une fenêtre dans un musée, après Alberti ? À partir de murs dehors

in order to differentiate itself from the ordinary run of things, to create a category, to define it and turn it into an impregnable fortress. The history of art is little more than the history of its own categories. Loosening them up a bit involves undoing a great deal.

It goes back to time immemorial and the first evocation of the gods. Then the Neolithic Revolution invented the town and, with it, globalization and categories. It all went into fast-forward in the early 20th century with the Avant-Gardes, and galloped ahead at the end of the century, around 1989, with virtual reality, the fall of the Berlin Wall and global ecological, geological and political factors. Pretty well everything went through the mill: history, art history, aesthetics, semiology, sociology, anthropology, cultural studies, global stuff, postcolonial stuff, the iconic turn, and so on. And people even started talking about 'street art'. It was a bit like rock and roll in the antechamber of baroque, knocking at the doors of the academy. As if twelve bars and three chords couldn't be mentioned in the same breath as a sonata. And the same went for images: suddenly there were spray cans, improvisation, the vast city (become urban in a few thousand years), the liberating gesture, the development, the edge – there was as much ordinary stuff (the academicism of the graffiti splurged all over our housing estates) as there were masterpieces (another category). Art created Wall Drawing, and Street art created the urban icon. So we went for both of them.

Mixing territories means opening a window. But, *pace* Leon Battista Alberti, how can a window be opened in a Museum? Using ordinary outside

tout simples, construits pour soutenir un édifice ou séparer deux lopins, comment faire une expo intra-muros ?

Quand Seth et Hervé Perdriolle sont venus nous voir, la question n'a pas porté sur l'art, mais bien, sur l'authenticité (qui n'est pas l'identité) et sur la fiction (qui n'est pas l'inverse de la vérité). Était-il bien « légitime » en effet, d'inventer un espace et des murs-de-dedans quand tout devrait se passer dehors, et a fortiori dans un musée où les murs sont (pré)destinés à recevoir des images ? Alors que l'essentiel se joue dehors, à l'échelle des continents, sans autorisation, sur une géographie démesurée, sur des murs gigantesques ou décomposés (ou les deux), ou trouvés (et pas construits à cet effet), et pratiqués ensemble sur du commun partagé… : tout partait à l'envers. Il nous fallait raconter une histoire ou inventer un récit pour nous en sortir.

Après quelques balbutiements, le scénario s'est imposé. L'histoire, à peine romancée, serait celle de Julien Malland, l'étonnant voyageur, qui depuis des années partage les murs, les quartiers, les bombes, les gestes et les idées avec le reste de la planète et signe Seth. Son parcours, vrai ou faux, peu importe, si l'histoire est belle, serait le trait d'union entre la géographie, les artistes, les icônes et les images. Mais disons-le clairement, il a fallu à Hervé, co-commissaire, tout comme à toute l'équipe du musée, inventer les arguments les plus fallacieux, le menacer pour que finalement épuisé, il accepte d'être au centre de l'histoire, lui qui ne souhaitait qu'une seule chose : disparaître.

walls, built to support a building or separate two plots of land, how can we make an 'intramural' exhibition?

When Seth and Hervé Perdriolle came to see us, the subject of conversation was not art, but authenticity (which is not the same as identity) and fiction (which is not the opposite of truth). The question was, was it legitimate to invent a space and put up inside-walls – particularly in a museum where the walls are actually intended to be covered in images –, when everything ought to be going on outside? The real thing goes on outside, on every continent, without permission, on huge walls or lots of walls (or both) or on found walls, never intended to be painted on, by people working together on shared common space. The whole idea was back to front. We needed to be telling a story, or to invent a narrative if we were going to get anywhere. After a few false starts, we came up with a scenario. It would be the (almost true) story of Julien Malland, the astonishing traveller who, for years now, has been sharing walls, neighbourhoods, spray cans, actions and ideas with the rest of the planet and signing the work Seth. His career – it hardly matters if it is true or false, as long as the story is a good one – would be the thread linking geographical places, artists, icons and images. We make no secret of the fact that Hervé the co-curator and the whole team at the Museum had to come up with some pretty specious arguments and physically wear Seth down before he eventually agreed to take centre stage in this narrative. All he really wanted was to disappear.

The choice of artists was jointly agreed on using Hervé and Seth's suggestions. For a brief moment,

Thierry Raspail

Le choix des artistes s'est finalement fait en commun sur propositions de Hervé et Seth. Il a été question, un bref instant d'infléchir notre choix vers des traditions vernaculaires d'Europe, d'Afrique, d'Inde ou du sous-continent sud-américain. Puis nous avons renoncé, car si la proximité est évidente, les pratiques murales et urbaines d'aujourd'hui relèvent d'un tout autre genre (nous déconstruirons cette catégorie plus tard !). Nous risquions en effet de porter un regard anthropologique (façon XIXe), qui toujours bien pensant, invente l'Autre pour démontrer que l'altérité existe. Alors que l'ambition de l'expo, apparemment plus modeste, consiste à confondre les terrains et fondre les clôtures. L'expo est un voyage en autant de pays qu'il y a d'artistes : Belgique, Argentine, France et Réunion, Israël, Australie, Mexique, Ukraine, Pérou, Chine. C'est un voyage en autant d'artistes qu'il y a d'images à inventer, d'œuvres à esquisser. Charley Case, Franco Fasoli/Jaz, Kid Kréol & Boogie, Addam Yekutieli/Know Hope, Reko Rennie, Saner, Teck, Elliot Tupac, Wenna, sont invités, comme c'est l'usage « dehors », à ficeler leurs murs-dedans, en direct, *in vivo* comme on le dit en biologie humaine. Mais le mur n'est pas que du mur, pas plus que la couleur est de la bombe.

Ensemble, leur voyage est celui du commun, de l'expérience partagée, mêlant avec dextérité, raison et folie tout à la fois, les techniques les plus diverses : maîtrise du trait, peinture bitumeuse, pétrole, goudron, assemblage, ready-made, tatouage, motif géométrique, sérigraphie, lettrage, affiche, collage, texte, « tableau », illustration, céramique…

we were tempted to adapt our selection to the European, African, Indian, and South American vernacular traditions. But we gave up the idea because, although there is an obvious closeness, present-day practice in wall painting and urban art falls within the ambit of a quite different genre (a category which we will deconstruct at a later date!). We were in danger of taking a right-thinking, anthropological stance (19th-century fashion) with all that that implies of inventing the 'other' in order to demonstrate the existence of alterity. The intention of the exhibition, however, is the ostensibly more modest one of bringing territories together and breaking down barriers. The exhibition takes us to as many countries as there are artists: Belgium, Argentina, France and Reunion, Israel, Australia, Mexico, Ukraine, Peru, and China. It involves as many artists as there are images to be invented and works to be drawn. Charley Case, Franco Fasoli/Jaz, Kid Kréol & Boogie, Addam Yekutieli/Know Hope, Reko Rennie, Saner, Teck, Elliot Tupac, and Wenna have all been invited to do their 'inside-walls' the way they do them 'outside', i.e. live – in vivo, as the biologists say. But the wall is not just a wall, any more than the colour is just what's in the spray can.

Their journey together is a shared experience, a nimble-fingered, rational yet crazy blend of assorted techniques: draughtsmanship, bituminous paint, oil, tar, assembly, ready-made, tattoos, geometrical patterns, silkscreen printing, lettering, posters, collage, text, 'pictures', illustration, ceramics, and more.

And the artworks are not just something on the wall; they verge on reality, excess, secrets,

Thierry Raspail

Et les œuvres ne sont surtout pas du mur, elles touchent à la réalité, à l'excès, aux secrets, à la vérité, à la condition aborigène et par capillarité à celle de toutes les minorités, au revival mutant et révolutionnaire du Mexique muraliste et aux rituels préhispaniques, à l'iconographie religieuse, à la spiritualité agnostique, à la critique radicale, à l'art de la délicatesse. Global !

Wall Drawings, Icônes urbaines, c'est le parti pris des usages distincts, des récits oubliés, des injustices criantes, des histoires et préhistoires ancrées, des mémoires revitalisées et, bien sûr, par-dessus tout, des convergences formidables. Mais tout cela, nous l'espérons, exécuté avec la plus grande légèreté !

Comme l'écrit à peu près Daryush Shayegan, perse, indianiste et philosophe : « Après tout, même si nous ne sommes pas invités, nous faisons partie du même monde[1]. » ●

truth, the aboriginal condition and, by some sort of osmosis, the condition of all minorities, the mutant, revolutionary revival of murals in Mexico, and pre-Columbian rituals, religious iconography, agnostic spirituality, radical criticism, and the art of delicacy. It is global. *Wall Drawings, Icônes urbaines* ('Wall Drawings, Urban Icons') is a decision in favour of different habits, forgotten narratives, blatant injustices, deep-rooted history and prehistory, revived memories and, more than anything, of course, amazing convergences. And all this, we hope, to be executed with the lightest of touches.

As Iranian thinker and philosopher Daryush Shayegan once wrote (more or less): 'After all, even though we were not invited, we are all part of the same world.'[1] ●

1 - Daryush Shayegan, *La Lumière vient de l'Occident*, l'Aube, Paris, 2013.

1 - Daryush Shayegan, *La Lumière vient de l'Occident*, l'Aube, Paris, 2013.

Mur d'entrée de l'exposition/Entrance wall of the exhibition ▶
Wall Drawings, Icônes urbaines, au/at mac^{LYON}.

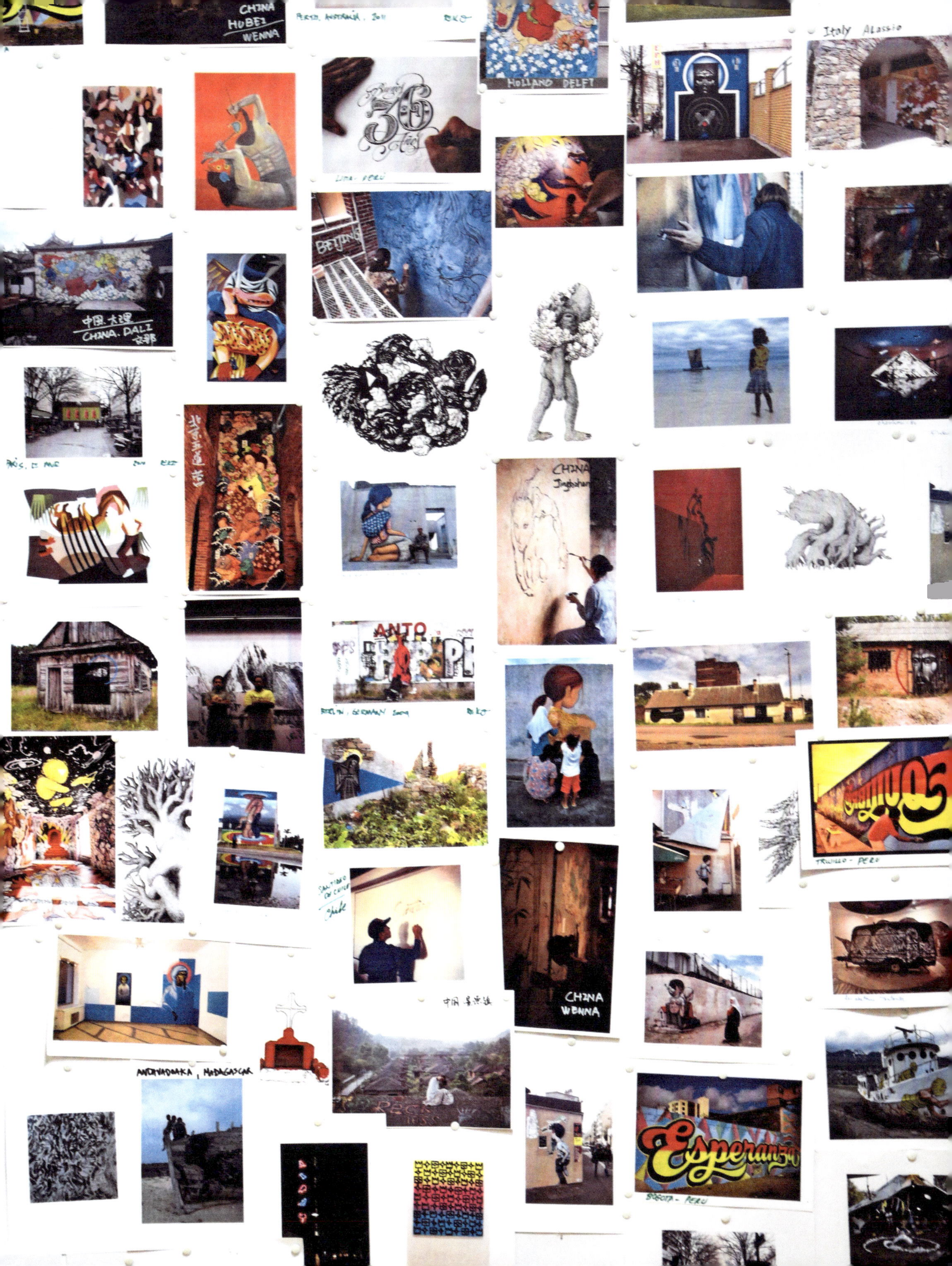

CHINA
HUBEI
WENNA
Italy Alassio
HOLLAND DELFT
中国. 大理
CHINA. DALI
BEIJING
CHINA
Jingdezhen
ANTO
BERLIN, GERMAN
CHINA
WENNA
中国 景德镇
ANDAVADOAKA, MADAGASCAR
TRUJILLO - PERU
Esperanza
BOGOTA - PERU

DE LA FIGURATION LIBRE AUX MURS PEINTS

FROM FIGURATION LIBRE TO PAINTING ON WALLS

Mon tout premier engagement artistique fut auprès de la Figuration Libre. Au début des années 1980, en tant que critique d'art et commissaire d'exposition je participais activement aux manifestations de ce mouvement iconoclaste. Fin 1984, au Musée d'Art moderne de la Ville de Paris, j'organisais avec le critique d'art Otto Hahn, l'exposition *5/5 Figuration Libre, France/USA*. Un match amical où se confrontaient artistes français (Blanchard, Boisrond, Combas, Di Rosa, Jammes) et artistes américains (Basquiat, Crash, Haring, Sharf, Tseng Kwong Chi). C'était là la première exposition de Basquiat et la première intervention d'un graffeur (John Matos, alias Crash) dans un musée français. J'en profitais pour sortir aux éditions Axe Sud mon manifeste de la Figuration Libre. Celui-ci me valut une pleine page dans *Libération* titrée « Perdriolle le mariolle » et sous-titrée « Un sommet de la bêtise ».

Depuis, je n'ai eu de cesse de dépasser ce sommet, de franchir de nouvelles cimes, toujours plus hautes, toujours plus invraisemblables. L'un de ces grands raids, après celui de la Figuration Libre, fut, avec la team Di Rosa, la création de l'Art Modeste à Paris sous la forme d'une boutique, en 1988, et d'une galerie, en

My first commitment to an artistic movement was to Figuration Libre. In the early 1980s, as an art critic and exhibition curator, I took an active part in the events organised by that iconoclastic movement. At the end of 1984, along with art critic Otto Hahn, I organised the exhibition *5/5 Figuration Libre, France/USA* at the Musée d'Art moderne de la Ville de Paris. It was a friendly match in which French artists (Blanchard, Boisrond, Combas, Di Rosa, and Jammes) came up against American artists (Basquiat, Crash, Haring, Sharf, and Tseng Kwong Chi). It was Basquiat's first exhibition and the first time a graffiti artist (John Matos, alias Crash) had been invited into a French museum. I used the opportunity to get my manifesto for Figuration Libre published by Editions Axe Sud. For my pains. I was treated to a full page in *Libération* under the headline 'Perdriolle le mariolle' (Smart-Alec Perdriolle), with the subhead 'Un sommet de la bêtise' (The height of stupidity).

Since then, I have kept climbing beyond that peak and attained new and even more improbable heights of *bêtise*. One of these, after the Figuration Libre adventure, was creating Art Modeste with the Di Rosa team, in the form of a boutique in Paris in 1988, and as a gallery in 1989. In Sète, in 2010, Art Modeste turned into

1989. À Sète en 2010, l'Art Modeste devient le MIAM, Musée International des Arts Modestes, une étape incontournable pour les amateurs d'art sans frontières.

En 1996, je partais vivre en famille en Inde (pays du Kangchenjunga, troisième plus haut sommet du monde) où je me prenais de passion pour l'art contemporain vernaculaire indien. Vingt ans de passion pour un art contemporain issu de la culture locale, principalement d'origine tribale. L'objet de cet engouement participe à une volonté de sortir de l'ethnocentrisme culturel, fait accompli depuis longtemps dans le domaine de la musique et encore à ses balbutiements dans le champ de l'art contemporain (de « l'art content pour rien » pour paraphraser Ben). « Plutôt que de rien vouloir, l'homme préfèrera toujours vouloir le rien » écrivait Nietzsche. Ce rien fut le « prêt-à-exposer » hérité du ready-made.

En 2009, cette passion pour l'Inde m'a fait croiser le chemin de Julien Malland (Seth de son nom de street artiste). Réalisateur pour Canal+ de l'émission *Les Nouveaux Explorateurs*, Julien souhaitait faire un reportage sur les peintures murales des femmes du Mithila dans le Nord de l'Inde. Tout naturellement, il prit contact avec moi afin de recueillir des renseignements et savoir comment s'y rendre.

En 2015, réfléchissant à un projet d'exposition faisant dialoguer peintures murales rituelles et Street art, je reprenais contact avec Julien pour lui proposer de développer ce projet ensemble.

MIAM, Musée International des Arts Modestes, which became a must for lovers of art with no boundaries.

In 1996, I went to live in India with my family (near Kangchenjunga, the third highest peak in the world) where I became passionate about contemporary vernacular Indian art: a twenty-year passion for contemporary art from local culture, mainly tribal in origin. It was part of an urge to get away from cultural ethnocentrism, something which happened long ago in the world of music, but which is still in its infancy in the field of contemporary art. As Nietzsche put it, "Man would rather will *nothingness* than not will at all." That nothingness took the form of things 'ready-to-exhibit,' a legacy of the ready-made.

In 2009, my passion for India caused me to cross paths with Julien Malland (alias Seth the street artist). Julien was working as producer of the programme *Les Nouveaux Explorateurs* for French television channel Canal+, and he wanted to do a report on the mural paintings of the women of Mithila, Northern India. Naturally, he got in touch with me for information about them and about how to get there.

In 2015, when I was thinking about planning an exhibition to create a dialogue between ritual wall paintings and Street art, I contacted Julien and suggested that we work on the project together. Although I knew quite a lot about ritual mural art, particularly Indian murals, my knowledge of Street art was limited to the early 1980s, when

Si je connaissais bien l'art mural rituel, indien surtout, mes connaissances en Street art se limitaient au début des années 1980, période où j'allais à New York, dans le Bronx, visiter Fashion Moda, la galerie historique du tag et du graf.

Thierry Raspail fut le premier à nous manifester son intérêt pour notre projet. Après plusieurs discussions, ce projet évolua rapidement. La partie concernant les peintures rituelles fut temporairement abandonnée. L'intérêt du musée se porta rapidement sur la personnalité de Julien et son goût affirmé pour les cultures du monde. Les liens qu'il avait su créer avec d'autres street artistes, rencontrés aux cours de ses incessants voyages, comme lui soucieux d'intégrer certains codes de leur culture respective dans leur travail personnel, allaient devenir le fil conducteur de cette exposition.

Après avoir été iconoclaste avec la Figuration Libre me revoilà, avec Seth, commissaire associé d'une exposition intitulée *Wall Drawings* et sous-titrée *Icônes urbaines*. Après avoir mis à bas, dans les années 1980, les icônes de l'art contemporain, me voilà à proposer de nouvelles icônes, cette fois des rues.

La contradiction est l'une des voies royales pour accéder à de nouveaux sommets.

« Street icon » désigne en anglais les pictographies utilisées dans la rue pour la signalétique. Rien de plus neutre qu'un panneau de signalisation au graphisme réduit à l'essentiel

I used to go to Fashion Moda in the Bronx, the historic tag and graffiti gallery.

Thierry Raspail was the first person to show an interest in our project. After much discussion, the project developed quickly. The ritual-painting side of it was left to one side for the time being. The museum quickly focused interest on the personality of Julien and his confirmed taste for other countries' cultures. The links he had forged with street-artists he had met in the course of his endless travels who, like him, were keen to integrate some of the codes of their respective cultures into their personal work, became a thematic thread for this exhibition.

After my iconoclastic experiences with Figuration Libre, here I am again, with Seth, as co-curator of an exhibition entitled *Wall Drawings* with the subheading *Urban Icons*. After ranting against the icons of contemporary art in the 1980s, now I am offering you new icons – this time they are street icons.

Contradiction is one of the privileged pathways towards new peaks of achievement.

'Street icons' are pictograms used on road signs. Nothing could be more neutral than a road sign, with its graphics reduced to the bare essentials, so that they can be understood by absolutely everybody. The street icons we are presenting in this exhibition are the work of artists who have in common a desire to reduce the subjectivity and pathos of the artist to the bare essentials so they can communicate with the greatest number of

pour être compris par tout un chacun. Les icônes des rues que nous présentons à travers cette exposition réunissent des artistes dont l'une des caractéristiques communes est de réduire à l'essentiel la part subjective, le pathos de l'artiste, pour s'adresser au plus grand nombre de visiteurs. Pour ce faire, ces artistes puisent dans leur culture des récits communs, savoir-faire, enjeux sociaux et politiques, mythes et légendes.

Le rien de ces artistes est un rien commun. Commun au sens littéral du terme : qui appartient à tous, qui concerne tout le monde, à quoi tous ont droit ou part. ●

people. To this end, our artists have mined their culture for stories, shared knowledge, social and political challenges, myths and legends.

The nothingness of these artists is a nothingness they have in common. Common in the literal sense of the word: belonging to everybody, concerning everybody, and with everybody having a right to it or a share in it. ●

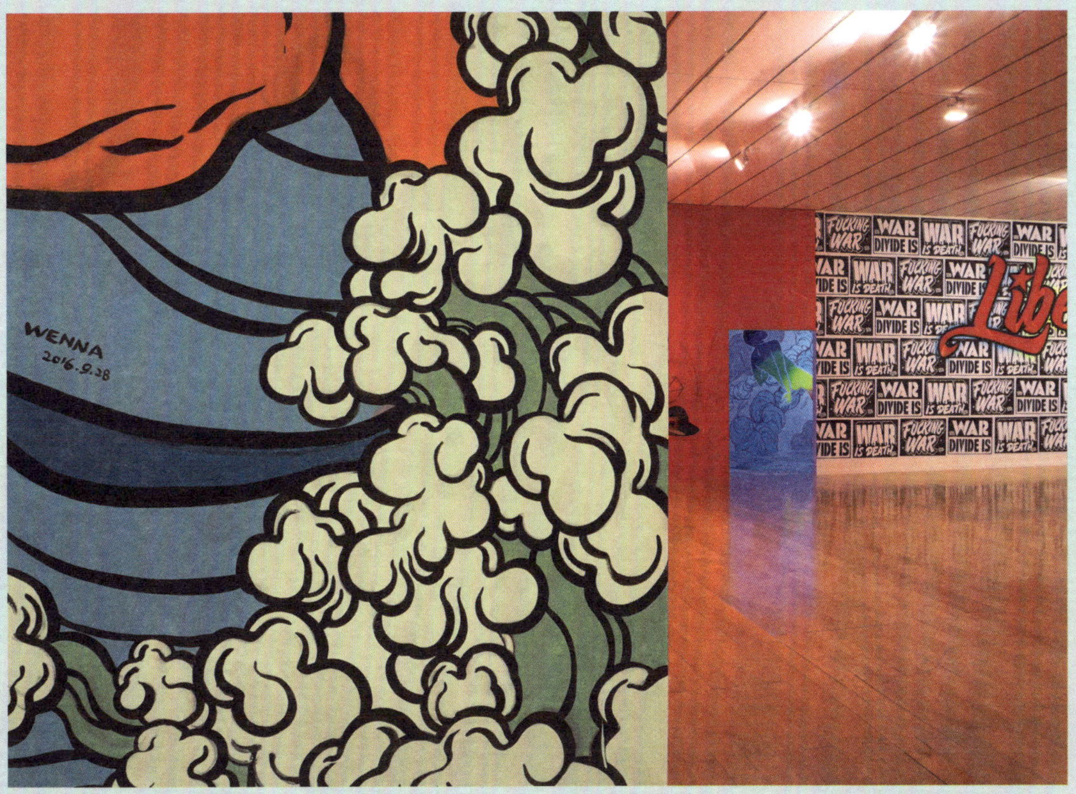

Vue de l'exposition/View of the exhibition *Wall Drawings, Icônes urbaines* au/at mac[LYON].

MANIFESTE

MANIFESTO

Écrire un manifeste…
Une idée lancée le soir du vernissage de l'exposition *Wall Drawings, Icônes urbaines*, après quatre coupes de champagne dans un bar à cocktails sur les quais du Rhône ou de la Saône, je ne sais plus.
Je n'ai pas une idée très précise de ce qu'est un manifeste. Je crois n'en avoir jamais lu. Pourtant, après une semaine passée à Lyon avec les participants de l'exposition et vingt ans de peinture à travers le monde, je crois qu'il est temps de définir ce que nous faisons et ce qui nous anime.

Sans avoir la prétention de vouloir créer un nouveau courant artistique qui s'ajouterait à toutes les tentatives des récupérateurs de l'art urbain (pressionnisme, post-graffitisme, graffuturisme, etc.), je pense qu'il est nécessaire de définir ce qui lie ces artistes éparpillés à travers le monde, que j'ai appris à connaître, à aimer, à admirer et qui continuent malgré la légèreté de ce qu'est devenu le "street art" au fil des années, de donner une âme et un sens à leur travail.

Peut-être doit-on d'abord définir d'où l'on vient, et comment tout cela a commencé. Avec la plupart des autres participants à l'exposition

Write a manifesto…
The idea came up at the vernissage of the exhibition *Wall Drawings, Icônes urbaines*, after four glasses of champagne in a cocktail bar on the banks of the Rhône, or was it the Saône? I don't remember which.
I don't have any very clear idea of what a manifesto is. I don't think I've ever read one. All the same, after a week in Lyon with the people taking part in the exhibition, and after twenty years of painting all over the world, I think it's time we define what we are doing and what it is that motivates us.

I have no desire to create a new artistic movement to add to all the ones already coined by the hijackers of urban art (pressionism, post-graffitism, graffuturism, and so on). But I think the time has come when we need to define what it is that connects these artists scattered across the world, who I have got to know, to love and to admire, and who, in spite of how casually the term 'street art' has come to be used over the years, continue to make sense of their work and to give it a soul.

Perhaps we should begin by defining where we are coming from and how all this began. Along with most of the other participants in

du mac^LYON, nous sommes les produits de la culture graffiti. Adolescents, fascinés par les États-Unis et le hip-hop, nous recouvrions les murs de nos quartiers avec nos noms et des personnages, inspirés des quelques documents qui circulaient sur ce qui s'était passé à New York dix ans auparavant.

Et puis nous avons grandi. Nous avions goûté à la rue, nous connaissions ses codes, ses règles, mais nous avions dès lors d'autres préoccupations que de montrer aux autres qui était le mâle alpha ou que notre style était imbattable. Il était temps de se dégager des carcans étroits du graffiti.

Le Street art est né. Certains continuèrent d'utiliser la rue pour faire de l'auto-promotion, d'autres utilisèrent leurs techniques pour critiquer le système et inventer la notion de brandalisme (brand + vandalisme); la contestation devenant un art, un produit, la rue une galerie pour des créations qui inondent aujourd'hui le marché.

De l'autre côté de l'Atlantique, en Amérique latine, en s'éloignant des stéréotypes américains et européens, des artistes également issus de la culture graffiti mais inspirés par la tradition des muralistes politiques décidèrent de donner une dimension sociale et culturelle à leurs créations dans l'espace public. En décidant d'aborder les sujets qui les préoccupent et en ne s'adressant plus simplement à leurs pairs mais à tous, Os Gêmeos au Brésil, Saner au Mexique, Inti au Chili, Jaz en Argentine, Elliot Tupac et El Decertor au Pérou et bien d'autres réinventèrent un muralisme moderne et libéré.

the exhibition at the mac^LYON, we are products of graffiti culture. As teenagers, fascinated by the United States and hip-hop, we covered the walls around where we lived with our names and characters inspired by the few documents that were going round about what had been happening in New York ten years before.

And then we grew up. We had had our taste of the street, we knew the codes and the rules, but by then we had more on our minds than just wanting to prove to the others who was the alpha male or that our style was unbeatable. The time had come to shake off the straitjacket of graffiti.

Street art was born. Some carried on using the street as a means of self-promotion, others used their various techniques in order to criticise the system and to invent the idea of brandalism (brand + vandalism). Protest had become an art and a product, the street a gallery for creations which now flood the market.

On the other side of the Atlantic, in Latin America, artists distanced themselves from the American and European stereotypes. They were also products of graffiti culture but were inspired by the tradition of the political muralists. They decided to add a social and cultural dimension to the works they created in public space.

With their decision to treat subjects they cared about, and by addressing themselves no longer simply to their peers but to everybody, artists such as Os Gêmeos in Brazil, Saner in Mexico, Inti in Chile, Jaz in Argentina, Elliot Tupac and El Decertor in Peru, and a host of others, reinvented mural art in a modern, liberated form.

Entre 2003 et 2013, j'ai beaucoup voyagé en Amérique latine, j'ai même habité quasi un an au Brésil en 2008. Mes rencontres, la facilité à peindre dans la rue et l'accueil des habitants ont profondément modifié ma vision de la peinture urbaine.

Je me souviens très bien de la première fois où je suis allé peindre dans une favela. C'était en 2003 à Rio, avec Ema, Beam et des *writers* français venus pour le Carnaval. Ce jour-là, le chef du plus gros commando de narcotrafiquants avait exhorté ses hommes à mettre le feu à la ville. Ça tirait dans les rues, des bus étaient incendiés et tous les flics étaient sous tension. Le meilleur endroit pour peindre restait la favela où la police n'entrait jamais. Nous sommes allés à Mangueira vers une heure du matin. J'avais prévu de peindre des types armés et des filles sexy : mon image déformée et exotique de ce que je vivais à Rio. Mais en passant les checkpoints du gang, avec ces gamins armés en tongs et short, en comprenant le lieu dans lequel je me trouvais et où j'allais, j'ai finalement décidé de représenter des enfants souriants qui s'amusaient. C'était la première fois que je faisais attention à l'endroit où je peignais et prenais en considération le regard des habitants et pas seulement mon simple plaisir de peindre et d'avoir une belle photo.

Cette conscience des autres, cette volonté d'interpeller les passants à l'œuvre dans le néo-muralisme américain, on les retrouve dans les créations de tous les artistes présents au mac^{LYON}.

Between 2003 and 2013, I travelled a lot in Latin America, in fact I lived for a year in Brazil in 2008. The people I met and the ease with which you could paint in the street, along with the friendliness of the locals, created a profound change in my view of urban painting.

I have a vivid memory of the first time I went to paint in a favela. It was in 2003 in Rio, with Ema, Beam and some French graffiti writers who had come for the Carnival. That particular day, the chief of the biggest gang of drug traffickers had given word to his men to set fire to the city. People were shooting in the streets, buses were being set on fire and the police were in a great state of tension. The best place to paint was the favela. The police never went there. We went to Mangueira at about 1 o'clock in the morning. I had planned to paint guys with guns and sexy girls: my twisted, exotic image of what I had been experiencing in Rio. But as I went through the gang's checkpoints, with those kids in sandals and shorts carrying guns, I began to understand where I was and where I was going and I ended up deciding to paint smiling children having a good time. It was the first time I had paid attention to the place where I was painting and thought about the way it would look to the locals, and not simply something painted self-indulgently to make a good photograph.

That awareness of others, and that urge to involve passers-by in the work, which are part of American neo-muralism, are both things that you find in the work of the artists featured at the mac^{LYON}.

 Julien Malland

Chacun a sa propre manière de s'exprimer : abstraction, vidéo, calligraphie, figuratif, installation… Pourtant, d'innombrables points communs nous lient les uns aux autres. D'où ce manifeste.

La notion la plus importante qui nous lie est la conscience. Conscience du lieu où nous nous exprimons, conscience du monde dans lequel nous vivons, conscience de l'époque dans laquelle nous vivons, et ce bien que nous ne nous imposions aucune limite formelle.

Nous sommes conscients du lieu dans lequel nous nous exprimons : la rue n'est pas qu'un simple terrain de jeu et d'expérimentations, ni un support qui servirait d'outil promotionnel pour des créations artistiques dénonçant les dérives d'un système que tout le monde connaît (souvent immédiatement proposées au marché de l'art sous forme de produit pop-luxe).
Nous avons tous commencé à peindre dans la rue à une époque où le marché de l'art ne s'intéressait pas à ce que nous faisions. C'était la passion, le goût de l'aventure, l'envie de réinventer un monde sur les murs qui nous motivait. Alice face au chat lui demandait : « Mais si le monde n'a absolument aucun sens pourquoi ne pas en inventer un ? » Nous étions tous des Alice. Peindre dans la rue implique des responsabilités. En imposant nos images à tous, nous devons comprendre à qui nous nous adressons (sans se cantonner uniquement à nos pairs), définir ce que nous avons à exprimer et intégrer l'idée de limite à notre exercice. C'est ce que j'appelle la conscience du lieu.

Everybody has their own way of expressing themselves: abstraction, video, calligraphy, figurative painting, installation, and so on. All the same, there are a lot of things we have in common and which connect us to one another. Hence this manifesto.

The most important thing that we have in common is awareness. Awareness of the place where we are expressing ourselves, awareness of the world in which we live, awareness of the period in which we live. And all that in spite of the fact that we have no formal limits.

We are aware of the place in which we express ourselves: the street is not a mere playground and place for experiment, nor is it a support to be used as a promotional tool for artistic creations criticising the usual wrongs of the system (and, as often as not, immediately offered to the art market as pop-luxe products).
We all began painting in the street at a time when the art market had no interest whatsoever in what we were doing. What motivated us was the excitement, the taste for adventure, and an urge to reinvent the world on the walls. Alice talking to the Cheshire cat asked: "But if the world has absolutely no meaning, why can't we invent one?" We were all Alices.
Painting in the street implies responsibilities. If we are going to foist our images on everybody, we ought to understand who we are talking to (and not just restrict ourselves to our peers), we need to define what we want to express, and incorporate some sort of limit into what we do. That is what I call awareness of place.

S'adapter, contextualiser, s'adresser aux habitants. Nous ne sommes que des invités qui créons pour dévoiler la ville, non la recouvrir. Nous n'imposons pas des idées, comme le font les dessins de presse, mais invitons les spectateurs à utiliser leur imagination pour interpréter ou compléter l'image proposée. Tout comme les poésies se comprennent entre les lignes, nous ne dévoilons que la partie émergée de l'iceberg, aux passants de s'approprier nos créations. Incomplètes, elles ne vivent que grâce à l'autre, elles ouvrent au dialogue, ne s'imposent jamais d'elles-mêmes. Comment peut-on imposer messages ou idées dans l'espace public?

Nous sommes conscients que nous vivons dans un monde de plus en plus globalisé. Nous connaissons tous les bons et les mauvais effets de la globalisation. En tant qu'artistes nomades nous en sommes les produits. Nous communiquons en anglais, nous utilisons les réseaux sociaux pour diffuser nos images et nous sillonnons le monde pour créer et nous inspirer. En conséquence, nous sommes plus que quiconque aux premières loges de ses effets négatifs.

Nous traversons de grandes métropoles qui se ressemblent, buvons le même café dans les mêmes tasses en carton à Mexico et à Shanghai, assistons impuissants à la disparition des imaginaires collectifs locaux. Nous sommes les témoins privilégiés de cette uniformisation des rêves et des aspirations, qui détruit les spécificités culturelles et métaphysiques

Adapt, contextualise, and address the local population. We are just guests who create stuff in order to reveal the city, not to cover it over. We don't impose ideas, the way drawings in the press do; we invite spectators to use their imagination in order to interpret or to complete the image we give them.

Just as poetry has to be understood by reading between the lines, what we reveal is the visible tip of the iceberg. It is up to passers-by to appropriate our creations. They are incomplete, only coming to life through the intervention of the other. They lay the ground for dialogue but do not impose. How can one impose messages or ideas in public space?

We are aware that we live in a world that is increasingly globalised. We all know the good and the bad effects of globalization. As nomadic artists we are products of it. We communicate in English, we use the social networks to share our images, and we criss-cross the world in order to find inspiration and to create. As a result, more than most people, we have a front row seat from which to see its negative effects.

We spend time in great metropolises which all look alike, we drink the same coffee in the same cardboard cups in Mexico City and in Shanghai. We look on impotently as local collective imaginations disappear. We are key witnesses to this standardisation of dreams and aspirations that is destroying all cultural and metaphysical specificity. It is comparable to the animal species that disappear every year. Experts estimate that by the year 2100 half of

(à l'image d'espèces animales qui chaque année disparaissent : des experts estiment qu'en 2100 la moitié des espèces vivantes aura disparu, qu'en sera-t-il de la diversité culturelle planétaire ?).

Il serait vain de vouloir lutter contre ce phénomène qui n'est qu'une évolution inéluctable imposée par le modèle économique qui domine le monde. Mais doit-on forcément nous diriger vers un futur gris sans diversité ? C'est la question que nous posons, en dépassant les barrières qui séparent les arts premiers, l'art populaire et l'art contemporain.

En magnifiant les masques et les manifestations traditionnelles mexicaines, Saner poursuit la tradition des muralistes en éduquant, informant, et redonnant une dignité au populaire ; tout comme Reko Rennie en représentant les symboles de sa famille aborigène dans les rues de Melbourne, Kid Kréol & Boogie en s'inspirant des mythes de l'océan Indien pour inventer une esthétique à la Réunion, Teck en parlant des problématiques ukrainiennes avec des icônes, Elliot Tupac en interrogeant notre monde avec ses posters chicha, Wenna en s'inspirant de la peinture traditionnelle chinoise, ou encore Charley Case en parlant des problématiques de notre époque avec sa calligraphie figurative.

Nous sommes conscients de l'époque dans laquelle nous vivons. Connectés, informés, nous ne vivons pas en marge du système dans une attitude d'auto-marginalisation qui ne mènerait à rien. Nous vivons dans un monde occidental

all living species will have disappeared. What will have become of worldwide cultural diversity by then?

There is no point in trying to fight this phenomenon; it is the inevitable development of the dominant world economic model. But do we necessarily have to keep heading towards a bland, homogeneous future? That is the question that we ask, as we break down the barriers that separate the primary arts, popular art and contemporary art.

By magnifying traditional Mexican masks and events, Saner is perpetuating the tradition of the muralists, educating, informing and returning dignity to popular culture. And so is Reko Rennie when he represents the symbols of his Aborigine family in the streets of Melbourne, and Kid Kréol & Boogie, who draw on Indian Ocean myths to invent an aesthetic in La Réunion. Teck, using icons to address Ukrainian problems, and Elliot Tupac challenging the world with chicha posters, Wenna taking her inspiration from traditional Chinese painting, and Charley Case treating the problems of our period in his figurative calligraphy, are all working in that same tradition, too.

We are aware of the period in which we live. We are connected and informed. We are not living on the edges of the system, adopting a self-marginalising attitude that would take us nowhere. We live in a disenchanted western world in which sarcasm has become the norm. Contemporary art and Street art reflect this perfectly. Jeff Koons, Damien Hirst, Maurizio

désenchanté où le sarcasme est devenu la norme. L'art contemporain et le Street art en sont le parfait reflet. Jeff Koons, Damien Hirst, Maurizio Cattelan ou même Banksy dans la rue pratiquent un art basé sur l'ironie et se moquent dans leurs créations des dérives du monde contemporain. Ils dénoncent ce que nous savons déjà et nous confortent dans notre vision amère et désenchantée d'une civilisation que l'intelligentsia désabusée considère décadente et proche de sa perte. Nous nous dirigerions vers une fin inéluctable. Jusqu'ici tout va bien, alors dansons, rions, amusons-nous !

Bien que friands de l'humour de ces contemporains, nos voyages, nos rencontres, nos expériences, la sensibilité que nous avons développée en peignant dans la rue nous ont poussé à nous exprimer autrement. En choisissant la poésie plutôt que l'ironie, nous nous adressons à l'autre de manière bienveillante. Les espaces publics dans lesquels nous créons sont des lieux de passage et de vie, en opposition avec les lieux d'exposition ou les galeries fermées vers lesquelles on se déplace pour admirer des œuvres. En peignant dans la rue, qu'il s'agisse de la façade d'un immeuble ou d'une intervention plus discrète, nous avons tendance à envahir le territoire de l'autre. Nous devons donc nous adapter en faisant un semblant de compromis qui permettrait au spectateur de voir ce qu'il veut bien voir. Le choix des couleurs, la composition, l'utilisation de figures liées à la culture locale, sont autant d'outils qui nous permettent de faire passer messages ou idées sans les imposer.

Cattelan and even Banksy in the street all practice a kind of art based on irony and use that art to laugh at the waywardness of the contemporary world. They criticise what we already know needs criticising and they strengthen us in our bitter and disenchanted vision of a civilisation that the disabused intelligentsia considers decadent and close to ruin. They seem to be saying that we are heading towards an inevitable end. But for the moment everything's fine, so let's dance, let's laugh, let's have fun!

Although we like the humour of these contemporaries, our travels, the people we have met, the experiences we have had and the sensitivity that we have developed from painting in the street have driven us to express ourselves differently. By choosing poetry over irony, we have chosen a benevolent manner of addressing the other. The public spaces that we create in are living spaces, thoroughfares, unlike exhibition spaces or closed galleries, which you have to consciously go to in order to look at the works. When we paint in the street, whether it is on the facade of a building or something more discreet, we tend to invade the territory of the other. As a consequence, we have to adapt and show a semblance of compromise, so that the spectator can see what he or she wants in the work. Our choice of colours, our composition and our use of figures connected with local culture are all tools that enable us to communicate messages or ideas without imposing them on anyone.

By applying the old adage, 'You catch more flies with honey than you do with vinegar,' we

En appliquant le dicton « on n'attrape pas les mouches avec du vinaigre », nous pouvons parler de ce qui nous préoccupe et de problématiques locales ou globales sans malveillance, ni offense. Chacun pourra comprendre ou non le message subliminal distillé dans l'œuvre proposée, car un message, il y en a toujours un.

Nous nous étions déjà pour la plupart émancipés d'une des formes d'expression artistique qui, bien que paraissant libre aux yeux du néophyte, reste une des plus rigides et des plus codifiées : le graffiti.

En choisissant d'investir les murs de nos villes, nous nous libérons des contraintes du marché. Décorateur à l'opéra de Buenos Aires, professeur à l'université de Mexico ou de Lima, journaliste, dessinateur de bandes dessinées, graphiste, etc. : la plupart d'entre nous avaient un gagne-pain, qui nous permettait de créer librement à l'extérieur. En se dégageant des contraintes économiques, formelles et techniques pour s'exprimer sur le plus grand terrain de jeu du monde, nous ne pouvions qu'inventer un art libre, décomplexé, sans maniérisme ni prétention.

En nous inspirant de l'art populaire, de l'artisanat, des arts décoratifs, nous ne tournons pourtant pas le dos à ce qu'on considère comme contemporain. Nous sommes à la croisée des chemins. Populaires par notre volonté de toucher le plus grand nombre, nous ne nous interdisons pas la recherche plastique, l'expérimentation, le mélange des genres, la

manage to talk about what preoccupies us and about local or global problems without being nasty or giving offence. Everybody can understand, or not understand, the subliminal message in the work, because there is always a message.

Most of us had already freed ourselves from the shackles of graffiti, which, although it feels free to a beginner, is one of the strictest and most codified of all forms of artistic expression.

Our decision to paint on the walls of our cities freed us from the constraints of the marketplace. One of us was a designer at the Buenos Aires Opera, another a professor at the University of Mexico City, another in Lima, another was a journalist, another a graphic designer. Most of us had a way of earning a living that enabled us to create freely outside. By getting away from economic, formal and technical constraints in order to express ourselves in the biggest playground in the world, we couldn't fail to invent a kind of art that was free, free of complexes and free of mannerisms and pretentiousness.

The fact that we draw on popular art and crafts, as well as the decorative arts does not mean that we have turned our backs on what people think of as contemporary. We are at the crossroads. We have chosen to be populist in order to reach the greatest number of people, but we shun neither artistic research nor experiment, nor a blending of genres. And we seek out a variety of supports and places to express ourselves, as well as different audiences for our work.

variété des supports, des lieux d'expressions, ni les publics à qui nous nous adressons.

En dépassant les frontières qui cloisonnent le monde de la création (qui ne servent qu'à classifier les artistes pour mieux vendre), nous abolissons en même temps les barrières qui séparent les publics. Si le mot « contemporain » effraie encore aujourd'hui, les expressions « arts urbains » ou « arts publics » font l'unanimité en rassemblant une diversité formelle sans limite, allant du muralisme monumental à l'installation en passant par l'intervention littéraire minimaliste. Cette liberté et notre facilité d'adaptation nous permettent d'être aussi à l'aise sur un mur géant, une friche industrielle, une galerie d'art, un quartier en destruction, ou un musée d'art contemporain.

Il ne s'agissait pas dans l'exposition *Wall Drawings, Icônes urbaines* de réitérer une énième exposition Street art rassemblant des toiles et autres objets customisés censés donner un aperçu subjectif du "marché Street art".

Comme ils le feraient à l'extérieur, les artistes invités ont investi l'espace qui leur était proposé pour créer *in situ*. Grâce à leur liberté d'expression, bien que dans un lieu fermé, décontextualisé, ils ont trouvé le ton juste pour transmettre aux visiteurs des émotions comme ils le feraient dans la rue. Leur faculté d'adaptation et d'observation, leurs affinités alors qu'ils viennent de pays différents, et l'incroyable complicité qui s'est dégagée pendant la semaine de travail à Lyon, a engendré une exposition rare, précieuse et finalement étonnamment homogène, où chaque

By crossing the boundaries that divide up the world of art (which, incidentally, only exist as a means of categorising artists in order to sell more art), we also break down the barriers that separate different audiences. Although 'contemporary' is still a frightening word, everybody agrees that the terms 'urban art' and 'public art' are inclusive of a limitless formal diversity that ranges from monumental mural art to installations and minimalist literary events. This freedom and the ease with which we can adapt enable us to be as comfortable working on a huge wall, as on a vacated industrial site, or in an art gallery, a blighted urban area, or a museum of contemporary art.

The exhibition *Wall Drawings, Icônes urbaines* was never intended as yet another 'street art' exhibition featuring canvases and other customised objects purporting to be someone's subjective idea of the 'street art' market.

Just as they would have done in the outside world, the invited artists used the space they were allocated in order to create a work *in situ*. As a result of their freedom of expression, and in spite of being in a closed and decontextualised space, they found just the right tone to convey emotions to visitors – just as they would in the street. Their faculties of adaptation and observation, the affinities between them, even though they come from different countries, and the incredible complicity that grew up during the week of work in Lyon, produced a rare and precious exhibition that, in the end, was surprisingly homogeneous. Every single work took us on a journey into a different culture and

œuvre fait non seulement voyager dans une culture mais également dans notre propre imaginaire, tout en questionnant notre époque avec subtilité.

Elle fait finalement pour moi à elle seule office de manifeste, et définit par la diversité des interventions et des artistes présents un mouvement à part entière dans cette nébuleuse qu'on appelle Street art.   ●

also into our own imagination, providing at the same time a subtle and challenging examination of our time.

For me, the exhibition is a manifesto in itself, and the diversity of the artworks and the artists involved amounts to a definition of a recognisable movement within that vague conglomerate of activities that goes by the name of Street art.   ●

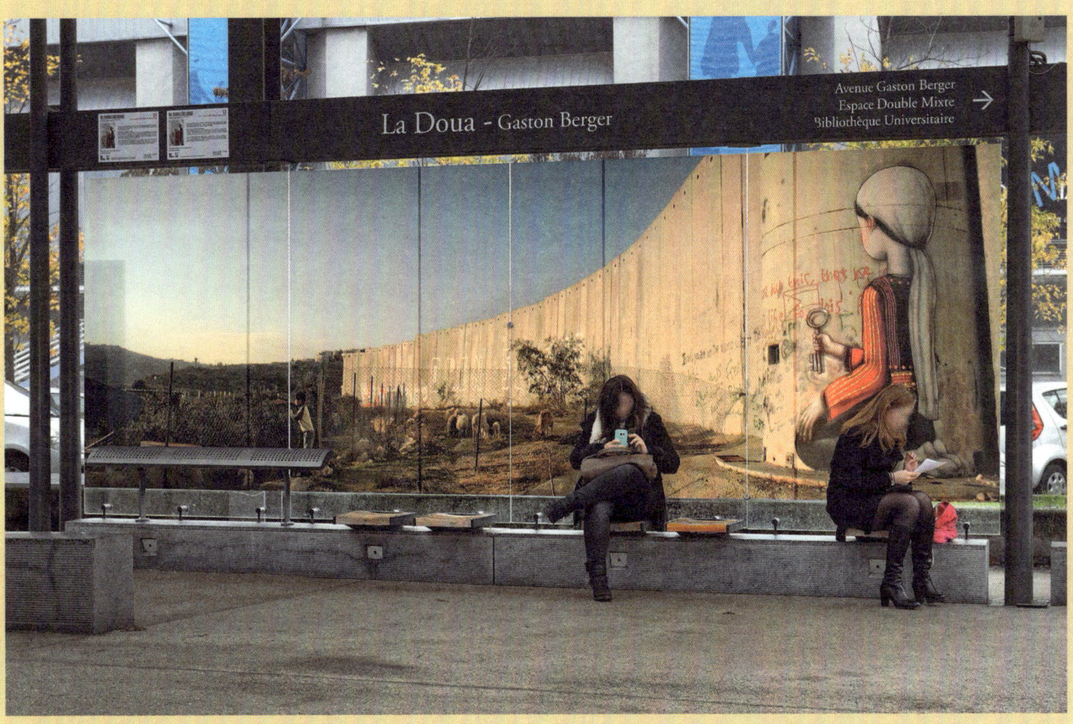

Julien Malland, *Camp de réfugiés d'Aïda, Bethléem, Palestine*, 2011. Adhésif sur abri tram/Adhesive on the tram stop La Doua-Gaston Berger à/at Villeurbanne, exposition/exhibition *Wall Drawings, Icônes urbaines* au/at mac[LYON], 2016.

À MURS OUVERTS

Wall drawings, Icônes urbaines n'est pas une exposition de Street art.

À première vue, les dix artistes présentés au mac^{LYON} semblent pourtant appartenir à cette nébuleuse éclose avec le nouveau millénaire. Pour une majorité d'entre eux, ils s'affilient aux « cultures urbaines » et ont appris à se passer d'autorisation pour peindre dans l'espace public. Certains, comme Addam Yekutieli/Know Hope, ont d'abord pratiqué le skateboard et beaucoup sont venus à l'art mural *via* le graffiti d'inspiration new-yorkaise – terme générique auquel les pionniers du phénomène ont pu préférer celui de *writing*, qui offre de distinguer leurs œuvres des inscriptions produites depuis l'Antiquité (et sans doute avant) en dehors de tout cadre institutionnel par des mains anonymes. Bien qu'appartenant à des espaces géographiques, sociaux et politiques divers, ils articulent espace local et diffusion globale, intervention *in situ* et exposition sur Internet, et sont souvent nantis d'une notoriété internationale qui les amène à peindre, légalement ou non, d'un bout à l'autre du globe. À l'image d'un art urbain caractérisé par sa diversité esthétique, ils fondent leur démarche sur un souci d'hybridation des styles, des formes, des supports. Si le Street

OPEN WALLS

Wall Drawings, Icônes urbaines is not an exhibition of Street art.

Nevertheless, at first sight, the ten artists exhibiting at mac^{LYON} (the Lyon Museum of Contemporary Art) may seem to belong to that movement which burgeoned at the start of the new millennium. A majority of them align themselves with 'urban cultures' and have learned to do without permission to paint in public spaces. Some, like Addam Yekutieli/Know Hope, started out as skateboarders and many of them came to wall art via New York inspired graffiti. The pioneers of the phenomenon preferred to talk about 'graffiti writing' rather than just 'graffiti,' as a way of distinguishing their works from inscriptions produced, anonymously and outside any established framework, since classical antiquity (and no doubt before). Although they belong to very diverse geographical, social and political spaces, they manage to bridge the gap between local space and worldwide distribution, between painting on actual sites and displaying their work on the Internet. And they are often so internationally famous that they find themselves painting, legally or illegally, all over the world. In the image of an urban art characterised by its aesthetic diversity, their approach is based on a concern for hybridising

art peut se lire comme une échappée hors des codes visuels et éthiques du *writing*, comme une volonté de s'affranchir du travail typographique et calligraphique sur la lettre (« la religion du nom », dirait Norman Mailer), mais aussi comme une rupture avec le paradoxe, si caractéristique du graffiti, d'un message déployé dans l'espace public mais niant toute adresse au public (les graffeurs peignent essentiellement pour leurs pairs), l'association de *Wall Drawings* au Street art semble aller de soi : ici, peu de lettrages, mais de larges peintures murales, souvent faites à la bombe aérosol.

À une expression de « street art » controversée, le Musée d'art contemporain de Lyon préfère pourtant celle d'« art mural ». Pourquoi une telle désignation ? Sans doute faut-il d'abord y voir une volonté de distinguer les artistes dont il est ici question, d'une mouvance esthétique à la réputation trouble, et que beaucoup récusent comme le dévoiement commercial d'un graffiti originel supposé incorruptible. D'expositions en ventes aux enchères, de festivals en collaborations avec Coca-Cola, le Street art s'est forgé une image ambiguë : sa popularité, son ouverture au marché de l'art (et au marché tout court), sa lisibilité et son immédiateté lui valent autant d'admiration que de procès en « récupération ». À l'inverse d'un graffiti « affreux, sale et méchant », sans concession au bon goût ni à l'ordre public, le Street art serait mercantile, séducteur, opportuniste – ce qui est à la fois son vice (aux yeux des aficionados) et sa vertu (à ceux du grand public).

styles, forms, and supports. Street art can be seen as an escape from the visual and ethical codes of graffiti writing or tagging, as an urge to go beyond typographical and calligraphical letterwork ('the name is the faith', as Norman Mailer put it), and it can also be seen as a break with the paradoxical nature of the tag: a message emblazoned over public space but not meant for public consumption (graffiti writers essentially write for their peers). Nevertheless, the association of *Wall Drawings* with Street art seems to be self-evident: in this case, not much lettering, but big, wide murals – usually done with aerosol paint.

The Lyon Museum Contemporary Art actually prefers the term 'wall art' (*art mural*) to the controversial expression 'street art.' The reason for this preference no doubt stems from a desire to distinguish the artists involved in the exhibition from an aesthetic movement of questionable reputation, rejected by many as a commercial hijacking of the supposed incorruptibility of real graffiti. From exhibitions to auctions and from festivals to collaboration with Coca-Cola, Street art has forged itself an ambiguous image: its popularity, its openness to the art market (and the market in general), its immediacy, and its ease of interpretation have earned it equal amounts of admiration and opprobrium for selling out. In contrast to graffiti, seen as 'dreadful, dirty and wicked' and making no concessions to good taste or public order, Street art is accused of being commercial, attractive and opportunistic – which is both its vice (in the eyes of *aficionados*) and its virtue (for the public at large).

Préférer l'expression d'« art mural » à celle de « street art » n'est cependant pas réductible à la volonté de tenir à distance une estampille encombrante. Ce choix permet aussi d'approcher ce qui lie les artistes de l'exposition et ce qui en fait la singularité au sein d'une nébuleuse trop vaste et trop vague pour faire « école » et pour désigner réellement un « mouvement ». Il permet notamment de les aboucher à d'autres traditions murales que le Street art et les cultures urbaines. À commencer par le muralisme, sous sa forme politique ou commerciale : celui qui, du Mexique à l'Irlande, établit la geste du « peuple » et porte les revendications des minorités (ethniques, religieuses, politiques) ; celui qui sert artisanalement la communication de telle ou telle entreprise culturelle ou commerciale locale et, plus loin, celui des édifices religieux et des fresques pré-hispaniques. Or, si ce dernier a ceci de commun avec le Street art qu'il occupe le plus souvent des lieux publics, sa relation au public, au contexte et à l'espace s'y négocie différemment. Dans le muralisme en effet, et plus largement dans les peintures murales auxquelles certains artistes trouvent la source de leur inspiration, la création se noue le plus souvent à un référent collectif, généralement politique, sinon à une idéologie qui en colore l'esthétique et les modalités d'exécution. Il en va ainsi du muralisme mexicain, né de la révolution de 1910, et dont l'allégeance au nouveau gouvernement d'inspiration socialiste a façonné la pratique, orientant les « trois grands » (Rivera, Orozco et Siqueiros) vers le choix de sujets édifiants, vers la figuration

The fact that we prefer to call it 'wall art' rather than 'street art' is not just because we want to distance ourselves from bothersome connotations. It also enables us to connect the things that bind the artists in the exhibition together and the things that individualise them and make them stand out from a loose conglomeration of artists that is too vast and too vague to be called a 'school' or to be usefully described as a 'movement.' It also enables us to align them with mural traditions unconnected with 'street art' or urban cultures. We might start with mural art, in its political or commercial form. In places from Mexico to Ireland, the mural is a gesture of the 'people' and announces the claims of ethnic, religious or political minorities; then there are murals that advertise various local cultural or commercial enterprises and, going further back, murals in religious buildings, as well as pre-Columbian murals. Although mural art has in common with Street art the fact that it usually occupies public spaces, its relationship with the public, the context and the space is negotiated differently. Indeed, in mural art and, more widely, in those mural paintings that have been a source of inspiration to some artists, the creative act is usually tied in with a collective, usually political referent, or even an ideology that colours its aesthetics and the way it is executed. This was the case with Mexican muralism, which grew out of the 1910 revolution, and where allegiance to the new socialist-inspired government fashioned the practice and pointed the 'big three' painters (Rivera, Orozco and Siqueiros) towards a choice of edifying subjects, naive figuration, monumentality, and collective

naïve, la monumentalité et la création collective. À l'inverse, le périmètre politique du graffiti est difficile à repérer. Si le *writing* est né à la fin des *sixties* dans le sillage du mouvement des droits civiques, s'il en hérite très directement, il n'y fait quasi jamais référence, contrairement au muralisme états-unien de la même époque dont les sujets procèdent d'une « défense et illustration » des communautés noires et latino-américaines. Bien que perpétré collectivement, le *writing* n'est pas un art politique – et l'on peut d'ailleurs douter face aux dénégations de nombreux graffeurs qu'il soit un art tout court : c'est d'abord un jeu dont les raisons d'être ont à voir avec le désir d'intensifier la vie et, pourrait-on dire, de « jouir sans entrave » (sinon de jouir des entraves, et de leur transgression). Le « fun » en est l'alpha et l'omega, et la gloire l'horizon : « Fame is the name of the game. » Paradoxalement, les lettres que les *writers* prennent tant de soin à concevoir et à assembler ne revendiquent rien, et n'inaugurent rien d'autre qu'un loisir d'adolescents en mal d'aventure et de visibilité.

Ce défaut d'une idéologie explicite induit un rapport au lieu, et plus spécifiquement au territoire, distinct de celui que met en œuvre le muralisme. Souvent présenté – et en grande partie à juste titre – comme l'expression du ghetto déserté par l'État et les classes moyennes, le *writing* n'est pas exactement un art contextuel, ce qui a sans doute facilité sa diffusion hors du terreau new-yorkais et son internationalisation au début des années 1980. Contrairement au *cholo*, son pendant à Los

creation. Conversely, the political perimeter of graffiti is difficult to discern. Although graffiti writing was born at the end of the 1960s in the wake of the civil rights movement and was a direct heir to that movement, hardly any mention of it was ever made; unlike U. S. mural painting of the same period, where subjects involved the defence and depiction of black and Latin-American communities. Although perpetrated collectively, graffiti writing is not a political art. And it is doubtful, given the denials of many graffiti writers, whether it is an art at all: in the first place, it is a game whose *raison d'être* involves an urge to live intensively and, as you might say, 'to have unlimited fun' (or perhaps the fun is actually in the limits and in transgressing them). But 'fun' is the be all and end all, and glory the horizon – 'fame is the name of the game.' Paradoxically, the letters that graffiti writers take so much trouble to design and assemble, make no claims at all and amount to nothing more than the activities of teenagers out for a bit of adventure and a lot of attention.

That lack of any explicit ideology involves a connection with place, and more specifically with territory. This is quite distinct from what is involved in mural art. Graffiti writing, which is often presented (rightly, for the most part) as the expression of ghettos abandoned by the state and the middle classes, is not exactly a contextual art, and this is no doubt what facilitated its spread beyond its New York breeding ground, and its internationalisation at the beginning of the 1980s. Unlike *cholo*, its Los Angeles equivalent, or *pichação* – long confined to the streets of

Angeles, contrairement au *pichação* longtemps cantonné aux rues brésiliennes, il tend en effet à se délester de tout ancrage. Si les premiers *writers* revendiquent leur appartenance à un lieu en ajoutant un numéro de rue à leur pseudonyme (il en va ainsi de la « légende » Taki 183, mais aussi de Julio 204, Barbara et Eva 62, etc.), ils jettent vite leur dévolu sur ce qui se superpose au territoire et le nie en quelque sorte : les réseaux de transport. Dans une ville caractérisée par ses flux autant que par ses fractures territoriales, les tenants du graffiti conjuguent le loisir à la mobilité. Leurs supports ? Les trains du réseau métropolitain, mais aussi les bus et les camions. « Les lettres ont quitté la page », dira ainsi Rammellzee. Art du mouvement, sinon de la vitesse, jusque dans son esthétique, dans ses outils (la bombe aérosol et le marqueur, aisément transportables) et dans ses hiérarchies (le *king* est celui qui aura su peindre sur les supports les plus inaccessibles), le graffiti s'inscrit ainsi à sa manière dans un creuset mythologique où figurent le western, les hobos, les romans de Kerouac et le bus halluciné des Merry Pranksters ; une mythologie qui place le voyage et l'aventure au fondement de l'identité américaine. Dans une ville fonctionnelle, quadrillée, administrée et échappant à ses habitants, il tend à se jouer (au sens propre du terme) des contraintes géographiques et territoriales. De même que le skateboard peut se lire comme une subversion de l'orthogonalité *via* l'oblique (voir à ce sujet les ouvrages de Raphaël Zarka), le graffiti nie l'assignation au territoire faite aux enfants du ghetto par les gangs et la ségrégation urbaine.

Brazil –, graffiti writing found it easy to up and leave. Although the early graffiti writers claimed loyalty to a place by adding a street number to their pseudonym (the legendary Taki 183, for example, and also Julio 204 or Barbara and Eva 62), they quickly transferred their attentions and affections to something which superseded and, you could say, even rejected territory: the transport network. In a city characterised by its flows of people as much as its social and territorial divides, the graffiti people linked leisure to mobility and used subway trains, as well as buses and trucks, as their support. As Rammellzee put it: 'The letters have left the page.' Graffiti was an art of movement and speed, in its aesthetic, its tools (easy-to-carry aerosols and marker pens), and its hierarchies (the top dog was the person who could paint on the most inaccessible supports). In its way, graffiti belongs in a crucible of myths that would include westerns, hobos, Jack Kerouac novels, and the psychedelic bus of the Merry Pranksters – a mythology that makes travelling and adventure the foundation stones of American identity. In a functioning, tightly controlled, efficiently administered city, estranged from its inhabitants, graffiti cares little for geographical and territorial constraints. Just as skateboarding can be interpreted as a subversion of orthogonality via the oblique (on this subject, see books by Raphaël Zarka), graffiti rejects the fact that children of the ghetto are confined to their territory by gangs and urban segregation.

One effect of the digital revolution has been that the extent to which Street art has escaped its territorial bounds has been magnified beyond

Effet de la révolution numérique, le Street art réalise à un degré supplémentaire, et hyperbolise en quelque sorte, cette échappée extra-territoriale. Avec Internet, l'art urbain se globalise dans son esthétique, mais aussi dans sa diffusion : les styles s'uniformisent d'un bout à l'autre de la planète, et le public n'est plus constitué des seuls pairs découvrant *in situ* leurs faits d'armes, mais des internautes du monde entier. À mille lieues de son image d'art « contextuel », le Street art marque ainsi l'avènement d'une pratique déterritorialisée, conçue et déployée dans et pour cet « hyperlieu » qu'est le web. Ce relatif affranchissement du contexte se joue tout particulièrement lorsque les artistes interviennent dans le cadre de festivals censés valoriser (et souvent gentrifier) un quartier ou une ville : ils construisent alors une image générique de « ville créative », ouverte au tourisme et dépouillée, en image du moins, de ses couleurs locales, de son « terroir ».

À l'inverse, l'art mural demeure un art local, parce qu'indissociable d'un tissu social et politique situé. Son attention aux traditions et expressions populaires le garde en partie de l'uniformisation de mise dans l'art urbain. Si les artistes présentés à *Wall Drawings* ne sont pas à proprement parler des muralistes, ils tiennent leur spécificité de cet héritage-là : l'esthétique d'Elliot Tupac se nourrit du phénomène, si typiquement andin, des affiches de musique chicha ; Teck assume l'héritage des icônes orthodoxes ; Kid Kréol & Boogie s'inspirent des mythes réunionnais ; Saner puise ses sujets

measure. With the Internet, urban art has gone global, and so has its aesthetic. Styles have become uniform from one end of the planet to the other, and the public for urban art is no longer one of peers discovering one another's feats on the spot, but web surfers the world over. Street art is now a thousand miles from its image as a 'contextual' art and it has seen the advent of a deterritorialised practice, designed for and carried out in the 'hyperspace' of the Internet. This relative emancipation from context is evident when artists intervene at festivals intended to improve (and often gentrify) a district or a town: they construct a generic image for the town as a 'creative place,' welcoming tourism and stripped of any local colour or real sense of place – at least that's the image.

Mural art, on the other hand, remains a local art because it is an integral part of the social fabric and of local politics. Its attention to popular tradition and expression is partly what rescues it from the fashionable uniformity of urban art. Although the artists involved in the exhibition *Wall Drawings* are not, strictly speaking, muralists, what makes them individually different stems from that heritage. Elliot Tupac's aesthetic, for example, owes much to chicha music posters, which are typical of the Andes; Teck works with traditional Eastern Orthodox icons; Kid Kréol & Boogie take inspiration from Reunion's legends; Saner finds his subjects in Mexican folklore and masks; Reko Rennie gets his from aboriginal art; Wenna draws on Chinese mythology. These artists, each in their own way, 'creolize' graffiti culture by bringing to it elements of their

dans le folklore mexicain et les masques, Reko Rennie dans l'art aborigène, Wenna dans la mythologie chinoise… Chacun à leur manière, ces artistes « créolisent » la culture graffiti en lui associant ce qui compose leur environnement social, culturel ou politique, en lui agrégeant les mythes, les images, les traditions (parfois menacées), mais aussi les politiques qui ont façonné et façonnent leur territoire. Ce faisant, ils retournent le pensum altermondialiste d'un « agir local » noué à une « pensée globale » : ils pensent et peignent le local quelque soit leur contexte d'intervention.

Leur démarche n'a pourtant rien d'un repli. Dans *Wall Drawings*, la diversité des techniques, des styles et des médiums (peinture murale, mais aussi papiers découpés pour Franco Fasoli/Jaz et vidéos pour Addam Yekutieli/Know Hope) vient au contraire révéler ce qui lie les artistes les uns aux autres. À savoir : des valeurs et une vision du monde partagées, empreintes d'humanisme, de défense des libertés, de mise en question des frontières, d'ouverture à l'autre… Cerner au plus près l'environnement culturel, esthétique et politique permet en somme de toucher à l'universel. ●

own social, cultural or political environment – by incorporating the myths and images, the (sometimes threatened) traditions as well as the politics that have fashioned their own territory. In doing this, they reverse the anti-globalization burden of 'acting locally' while 'thinking globally'. They 'think and paint locally', wherever in the world they happen to be operating.

And yet their approach has nothing isolationist about it. In *Wall Drawings*, the diversity of techniques, styles and mediums – painting of course, but also papercuts in the case of Franco Fasoli/Jaz, and videos for Addam Yekutieli/Know Hope – in fact reveals what it is that connects these artists and what they have in common: namely, shared values and a humanist view of the world, in which freedoms are defended and frontiers are not accepted unquestioningly, a world where people are open to one another. Defining or analysing the cultural, aesthetic and political environment brings us closer to universals. ●

Vues de l'exposition/Views of the exhibition ▷
Wall Drawings, Icônes urbaines, au/at mac^{LYON}.

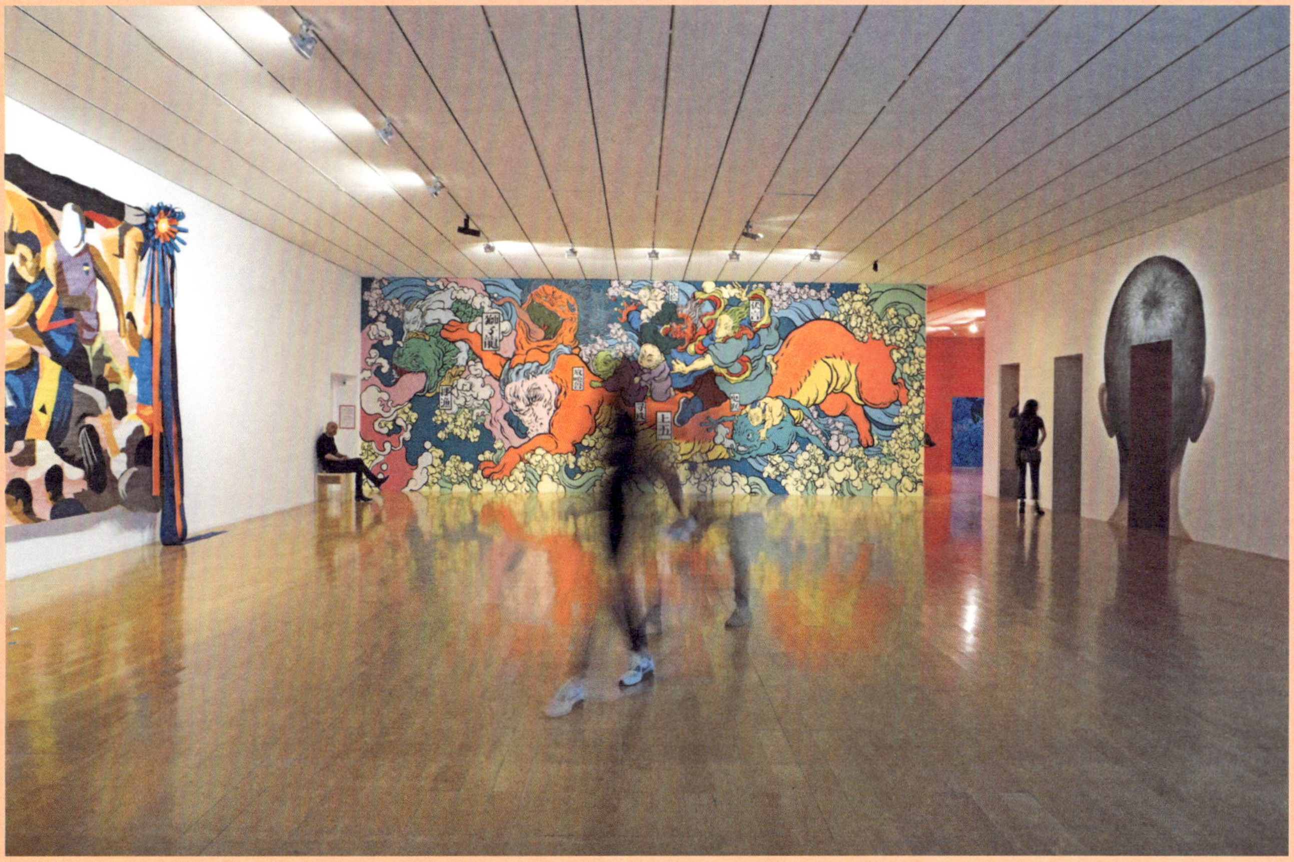

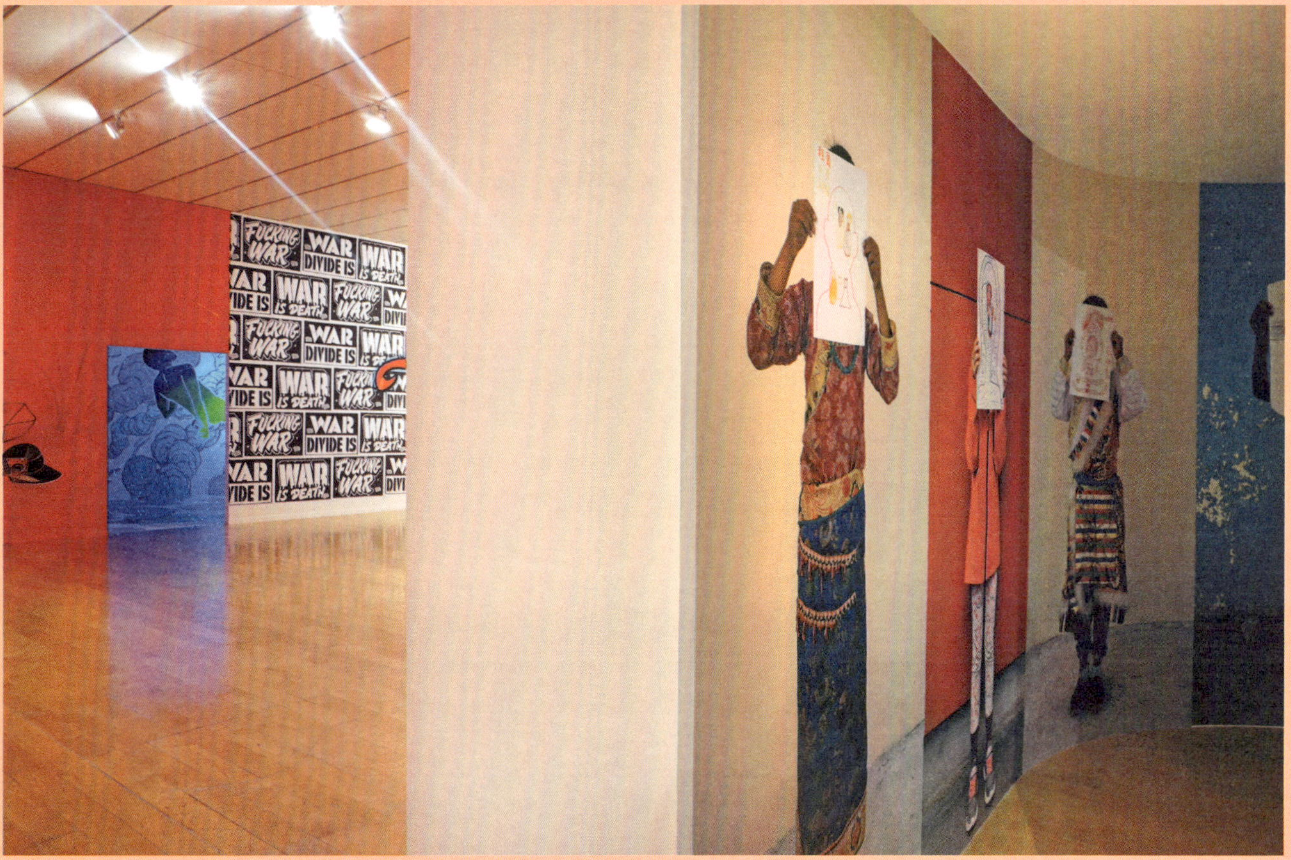
FUCKING WAR
WAR IS DEATH
WAR DIVIDE IS

L'ESPRIT DES MURS

WALL SPIRITS

L'exposition *Wall Drawings, Icônes urbaines* présentée par le mac^{LYON} rassemble une sélection exceptionnelle d'artistes s'inspirant de diverses cultures indigènes, de leurs mythes fondateurs à leurs savoir-faire artisanaux, en passant par leurs symboles et iconographie, et qui, par leur intervention dans l'espace public, insufflent un vent nouveau et suscitent des interprétations contemporaines de ce folklore et savoir populaire. Du Pérou à la Chine en passant par l'Ukraine, ces artistes racontent chacun une histoire différente, abordent des thématiques variées et adoptent des démarches singulières au sein du champ de l'art urbain contemporain.

Aujourd'hui, le Street art fait partie intégrante de l'expérience urbaine. Il s'est développé sous des formes multiples d'un pays à l'autre, du graffiti au muralisme, en passant par l'art public et des pratiques plus contestataires, ayant néanmoins toutes en commun l'intention d'exprimer et de partager des idées. Ces formes d'expression artistiques et politiques sont en quelque sorte caractéristiques de notre époque et des indicateurs du présent, en tant qu'elles constituent le tissu de nos villes. L'art urbain reflète l'identité d'une ville, sa culture et les préoccupations de ses habitants. Cependant,

Wall Drawings, Icônes urbaines presented by mac^{LYON} is a global gathering of exceptional artists who take various inspirations from indigenous cultures, such as: traditional myths, craft techniques, symbols and iconography and through their work in the public arena bring new life and contemporary interpretations to these local crafts and folklore. From Peru to Ukraine to China, these artists have different stories to tell, with a diverse range of subjects and varied approaches within the contemporary field of street and urban art.

Street art today is a vital and ubiquitous part of the urban experience. Across the globe it has taken on a multitude of forms; graffiti, protest art, murals and public art – while often these different manifestations have shared goals in the way they express ideas and communicate with others. These artistic and political expressions can be seen as, more or less, literal signs and symbols of the times – indicators of living in this moment, as they surround us within the fabric of the city. As such they reflect a city's identity, its culture and the preoccupations of its people. However, as we live in a more globalized world, these local cultures and traditions are becoming threatened as cities assume a more generic feel, driven by consumerism and modernization.

à l'heure de la mondialisation, ces cultures et traditions locales se trouvent menacées par le phénomène de standardisation des grandes villes lancées dans une course à la modernisation et au consumérisme.

Partout dans le monde, le modèle économique fondé sur les monopoles de marques à l'occidentale gagne chaque jour du terrain, et supplante petit à petit les cultures locales. Notre réaction face au séisme de la mondialisation et le rôle des artistes pour nous aider à envisager et interpréter les profonds changements à l'œuvre dans notre époque est au cœur du projet de l'exposition *Wall Drawings, Icônes urbaines*. Comme souhaite le montrer cette exposition, la grande variété des cultures, des langues et des savoir-faire locaux menacés offre une matière particulièrement riche à l'exploration artistique, et pourrait sans cela disparaître. Y a-t-il meilleure manière pour les artistes d'exprimer et de célébrer cette diversité culturelle que sur les murs de nos villes ?

Après tout, de tous temps, les murs de nos cités ont porté la marque de leurs habitants, chaque génération écrivant une ligne de son histoire avec son propre langage, entre contes populaires et mouvements sociaux. Les murs portent la trace d'hommes et de lieux disparus depuis longtemps, comme des indices de la vie de nos prédécesseurs. Alors que nous côtoyons sans cesse ces fantômes du passé, la croissance actuelle des villes menace d'éradiquer chaque jour d'avantage les traces de notre histoire. Les anciennes coutumes tombent peu à peu

Wherever we live in the world we see the inexorable rise of the corporate model, with the language of brands and the influence of Westernization beginning to slowly displace local customs. How we live in the face of the seismic force of globalization and how artists can help us consider and interpret the huge changes it brings is a central concept behind the *Wall Drawings, Icônes urbaines* project. As this exhibition conveys, while becoming endangered, there is a rich wealth of local stories, languages and concepts to be explored by artists that might otherwise be lost. Where better for artists to express and celebrate this than through drawings and paintings on the city walls?

After all, throughout history the walls of the city have been the repository of stories, as each passing generation leaves its mark through its own distinctive character, folk tales and social histories. On the walls we can find scars and traces of people and places that have long since gone, leaving us with clues to the histories of their previous inhabitants. We live alongside these ghosts of the past, while as our cities change and grow we inevitably eradicate much of what has gone before. Old customs are slowly brushed aside to become ancient history; our agrarian past replaced by the industrial age only to be superseded today by a more post-industrial society. Entire civilizations have been subsumed by war and colonialism, whereupon the conquerors of the time tried to erase history by building great cathedrals upon the ruins of more ancient temples, as was the case with Mexico City which was built upon the ancient Aztec capital of Tenochtitlán.

dans l'oubli et l'économie agraire s'est vue remplacée par l'âge industriel, lui-même balayé par notre société post-industrielle. Des civilisations entières ont été ébranlées par les guerres et le colonialisme, les nations conquérantes tentant d'effacer l'histoire des pays conquis en érigeant de majestueuses cathédrales sur les ruines d'anciens temples, comme ce fut le cas à Mexico, construit sur les ruines de l'ancienne capitale aztèque de Tenochtitlán.

Une couche de terre fraîche peut bien recouvrir l'histoire, cela n'empêche pas les artistes contemporains de continuer d'interroger le passé. C'est notamment le cas de Saner, alias Edgar Flores, un artiste de Mexico, qui s'inspire des symboles et rituels préhispaniques. En s'intéressant aux histoires folkloriques, il s'est découvert une affinité avec certains de leurs concepts et s'est mis à les réinterpréter au sein de sa propre pratique artistique. Peuplée de danseurs masqués, de conquistadors et de dieux terrifiants, son œuvre est une suite de récits déroutants tournant autour de luttes violentes, qui abordent les thèmes de la spiritualité et des relations humaines. Par ses fresques grands formats ou ses interventions plus petites, Saner participe du renouveau du mouvement muraliste de Mexico, et ajoute une couche d'histoire culturelle supplémentaire sur les murs de sa ville.

L'art urbain permet aux murs de continuer à nous raconter leurs histoires. C'est le recours des habitants au Street art et au graffiti de

While the past can be buried, contemporary artists are often drawn to what came before. For instance, the work of Saner aka Edgar Flores from Mexico City, who is inspired by pre-Hispanic symbols and rituals. By researching folkloric stories, he found that he naturally connected with certain concepts within them which he consequently began to reinterpret into his own art practice. Using a cast of characters such as traditional masked dancers, conquistadors and fearsome gods his work imagines intriguing narratives, sometimes depicting violent struggles, or to explore ideas about spirituality and relationships. By painting these tableaux as large-scale murals and smaller interventions his work can be seen as a renewal of the muralist movement in Mexico adding yet another layer of cultural history to the urban environment.

Through Street art the city walls continue to tell us stories and add meaning to a place as their inhabitants express themselves on the streets through political and creative Street art and graffiti. It is of course a phenomenon as old as cities themselves, from the political slogans found in the remains of Pompeii to the centuries of scratched graffito (drawing or writing scratched on a wall) that can be found in almost every human settlement. While urban art has this historical legacy, today, perhaps more than ever, this form of free expression has become an essential sociological mechanism with which to react to events and causes, to communicate and collaborate. Even in places that have not had a graffiti culture until very recently, such

manière créative ou politique comme moyen d'expression qui leur donne sens. Ce phénomène est bien sûr aussi vieux que les villes elles-mêmes, des slogans politiques retrouvés dans les ruines de Pompéi aux siècles de messages grattés découverts sur les murs de presque toutes les colonies humaines. Alors que le Street art a son propre héritage historique, aujourd'hui peut-être plus que jamais, cette forme d'expression est devenue un mécanisme social essentiel pour réagir aux événements de l'actualité, partager des idées et vivre ensemble. Même dans des pays qui ne connaissaient pas la culture du graffiti jusqu'à récemment, comme l'Égypte ou la Libye, un besoin urgent s'est fait sentir de prendre la parole à travers l'art et les slogans de rue.

Par exemple, pendant les événements du Printemps Arabe qui ont eu lieu au Caire, enclenchés par le soulèvement qui aboutit à la révolution du 26 janvier 2011, les rues et les parcs envahis de manifestants se sont rapidement vus recouverts de muraux et de slogans reflétant les sentiments de colère, de tristesse et d'euphorie de la population. Le graffiti s'est alors fait l'écho des événements en cours, devenant le symbole d'une liberté retrouvée ainsi qu'une manière spontanée pour la population de tout âge d'aborder les questions d'actualité sur la place publique. Sur les chaînes de télévision internationales et autres médias, les journalistes ont fréquemment diffusé des images de muraux fraîchement peints, d'œuvres au pochoir et de slogans écrits dans les rues pour illustrer l'état d'esprit du peuple et le consensus social face

as Egypt or Libya, there has been an urgent current need to develop a voice through slogans and art.

During the events of the Arab Spring, for instance in Cairo, ignited by the uprising that led to the revolution of 26 January 2011, the streets and squares that were filled with a sea of demonstrators soon became covered with murals and slogans that reflected the disparate feelings of anger, sorrow and euphoria. Graffiti had become part of the story, a symbol of a newfound freedom and a spontaneous way for young and old people to articulate events and issues at street level. Through international television news and other media, journalists repeatedly broadcast footage of the latest murals, stencil artworks and slogans from the streets to illustrate the mood and consensus of the people. In this context Street art was a high-profile and clear contributor to social change through the free dissemination of ideas conveyed through art, poetry and slogans. While the Arab Spring was also synonymous with the idea of 'Twitter revolutions' in the way that social media played an important part in facilitating the revolution, in some ways graffiti acted as the analogue version of social media – with both mediums functioning as carriers of the news and views of the people.

The slogans associated with Arab Spring revolutions, captured in photographs, had a resonance that partly came from being embedded in their environment, the sense of place and an atmosphere of change becoming

à la situation. Dans ce contexte, en permettant la libre diffusion des idées, le Street art, et avec lui la poésie et les slogans de rue, sont devenus des acteurs de premier ordre du changement social. Bien que le Printemps Arabe ait souvent été associé à une « révolution Twitter » – les médias sociaux ayant joué un rôle clef dans l'aboutissement de la révolution –, d'une certaine manière le graffiti a été une version alternative des réseaux sociaux, ces deux canaux permettant aussi bien de se faire l'écho des événements en cours que d'exprimer l'état d'esprit de la population.

Comme en témoignent de nombreuses photographies, l'ancrage contextuel et le choix des lieux joua beaucoup dans l'impact des slogans arborés pendant les révolutions du Printemps Arabe, l'atmosphère de bouleversement général devenant une clef de lecture des messages. La puissance dégagée par l'association du texte et de l'image, l'artiste israélien Know Hope, alias Addam Yekutieli, l'exploite savamment dans une œuvre tournée sur l'expression de luttes collectives et universelles. Know Hope crée ainsi des œuvres à base textuelle qu'il dispose dans l'espace public. Au lieu d'illustrer une réalité concrète, son œuvre recourt à la suggestion pour évoquer des images dans l'esprit du public. En disséminant des phrases telles que « There's No Neutral Tone of Voice[1] » ou « At the Mercy[2] », ensuite photographiées dans des lieux bien choisis, l'artiste ouvre un dialogue avec

1 - Il n'y pas de tons de voix neutres.
2 - À la merci.

part of the way we read the message. It becomes a powerful association between text and image and one that has been further explored by Israeli artist, Know Hope aka Addam Yekutieli, whose work is concerned with communicating collective universal struggle. As part of his work Yekutieli creates text-based pieces in public spaces, with the idea that, rather than illustrating a concrete image, his work suggests an image in the viewer's mind's eye. Using phrases such as 'There's No Neutral Tone of Voice' or 'At the Mercy', photographed in evocative locations, there becomes a dialogue created by the viewers who brings their own personal interpretations to the work. The artist chooses phrases that are not politically aligned but evoke a greater context in which we might see ourselves wherever in the world we might call home.

Elsewhere in the world we find communities that are fragmented and displaced in other ways. In countries such as China the pace of economic change has been so rapid that once small villages have been supplanted by vast metropolises seemingly overnight. There is a sense in China and in other places that the emphasis on growth is unsustainable and consequently we are facing an uncertain future. In the face of such impermanence, there is a great attraction amongst artists and viewers to find solace in the aesthetic ideals of classical art from the past. Artists such as Wenna aka Chen Xingxing from Beijing have been drawn to ancient Chinese art techniques, such as Shui Mo painting and calligraphy and combining them with present-day character art to create elegant

le public qui est libre d'apporter son propre point de vue dans l'interprétation de l'œuvre. Know Hope choisit des phrases sans références politiques précises mais qui se rapportent à un contexte plus vaste dans lequel chacun de nous est susceptible de s'identifier.

À chaque partie du monde son type de bouleversement sociétal. Dans des pays tels que la Chine, le rythme de la croissance économique a été tel qu'un grand nombre de petits villages se sont vus remplacer par de grandes métropoles d'un jour à l'autre. L'exemple de la Chine et d'autres pays montre bien à quel point la course à la croissance n'est pas un modèle durable et conduit à un futur incertain. Face à un avenir devenu si précaire, les idéaux esthétiques de l'art classique représentent une sorte de refuge pour les artistes et le public. Des artistes tels que Wenna, alias Chen Xingxing, originaire de Pékin, n'hésitent pas à recourir aux techniques artistiques chinoises ancestrales comme la peinture à l'encre et la calligraphie, qu'elle combine avec une approche figurative dans des œuvres détaillées et élégantes au style à la fois contemporain et intemporel.

Au XXIᵉ siècle, les artistes sont tout aussi libres d'arborer et d'explorer leur propre héritage culturel que celui des autres. Cela dit, en adoptant cette démarche, l'artiste et, partant, son public, s'inscrivent dans la lignée de traditions esthétiques parfois multiséculaires. Dans la tradition chinoise, les formes artistiques telles que la poésie, la calligraphie et la peinture sont liées en tant que pratiques

and detailed work that feels both contemporary and eternal.

While in the 21st century it is a personal choice whether to adopt or reference one's own cultural heritage, artists are equally free to explore others, but by doing so a link is made by the artist and viewer to aesthetic traditions that can go back millennia. In the Chinese tradition, the many artistic forms such as poetry, calligraphy and painting are linked together as noble or elevating pursuits. It is a culture steeped in metaphor and symbolism, concerned with spirituality, harmony and the forces of nature. Chinese artistic principles appear to be surviving even in the face of rampant industrialization but there is of course a dilution as arts and crafts are becoming more mass-produced. By learning traditional techniques artists can retain a pure connection with the past even if their work takes on more modern influences. In any artistic tradition there needs to be room for innovation for it to remain alive.

Indigenous traditions offer a continuity and integrity which has stood the test of time and, if valued and encouraged, will arguably last longer than the latest consumerist fads, shopping malls or latest electronic gadgets. These traditions make use of certain craft techniques, motifs and the application of specific materials that have been passed down from generation to generation, which are to be respected; however, it is the soul and meaning contained within these art traditions that is equally significant and precious. With some similarities to Wenna, Reko

nobles et élevées. Nourrie de métaphores et de symbolisme, cette culture est tournée vers la spiritualité, la notion d'harmonie et les forces de la nature. Les principes artistiques ancestraux de la Chine semblent perdurer malgré l'industrialisation sauvage du pays, quoi qu'on en observe une certaine dilution dans un contexte de production artistique et artisanale de masse. L'apprentissage de techniques artistiques traditionnelles est une manière pour les artistes de maintenir un lien avec le passé, quand bien même leur œuvre se nourrirait d'influences plus modernes. Toute tradition artistique doit laisser la porte ouverte à l'innovation pour rester vivante.

Les traditions indigènes représentent un socle culturel qui a traversé les âges. Encouragées et mises en avant, elles survivront probablement aux dernières tendances de notre société consumériste – centres commerciaux, gadgets électroniques etc. Ces traditions s'enracinent dans des savoir-faire artisanaux, des motifs et le recours à des matériaux spécifiques transmis de génération en génération qui forcent le respect. Cependant, l'âme et le sens contenus dans ces traditions artistiques sont tout aussi précieux et signifiants. Dans une veine similaire à celle de Wenna, Reko Rennie, un artiste Kamilaroi installé à Melbourne, intègre des éléments artistiques aborigènes – et en particulier son héritage Kamilaroi – dans son œuvre, comme une manière d'explorer son identité aborigène. L'art aborigène australien est la plus ancienne tradition artistique du monde et remonte à au moins 28 000 ans.

Rennie is a Kamilaroi artist, based in Melbourne, who incorporates Australian Indigenous art into his work. In particular, the iconography of his Kamilaroi heritage, as a way of exploring his Aboriginal identity. Australian Aboriginal art is the oldest unbroken tradition of art in the world dating back at least 28,000 years; however, rather than stick with traditional techniques such as painting on bark, Rennie reimagines Kamilaroi designs using more up-to-date means such as graffiti and neon installations. By working in the urban environment Rennie's vivid work reminds the viewer that even in the 21st century the Aboriginal identity endures and remains alive in a contemporary context. Using signs such as the Aboriginal flag and ancestral designs such as radiating diamonds and dendroglyphs (carved trees), his artwork stakes a claim to cultural sovereignty on the streets and, in the spirit of Street art, personalizes public space.

At the heart of the urban art movement is the freedom of expression afforded by Street art and graffiti. Whether it is a slogan, some fresh typography or an intricate mural, each person, artist or group can be an equal part of a collective manifestation. In this broader sense Street art is a creative channel for potentially all people to express their feelings, passions and issues in the public space through expressive communication. In many places, this freedom of speech has been hard-fought, as already mentioned in places such as Egypt, in particular though; it is in the countries of Latin America that we can trace back a strong tradition of expressive and often politically motivated graffiti and Street

Cependant, au lieu de s'en tenir aux techniques traditionnelles comme la peinture sur écorce, Rennie réinvente les motifs Kamilaroi au moyen de techniques contemporaines comme le graffiti ou l'installation au néon. En choisissant le champ de l'art urbain, les œuvres vibrantes de Rennie rappellent au public que même au XXIᵉ siècle, l'identité aborigène perdure. Par leur recours à des symboles tels que le drapeau aborigène, et des motifs ancestraux comme le diamant éclatant et les dendroglyphes (arbres sculptés), ses œuvres apparaissent comme un témoignage de souveraineté culturelle sur les murs de sa ville, tout en personnalisant l'espace public.

Au cœur du mouvement de l'art urbain se trouve la liberté d'expression que le Street art et le graffiti permettent. Qu'il s'agisse de slogans, de typographies originales ou de muraux élaborés, chacun, en tant qu'artiste ou groupe, peut prendre une part égale à l'expression collective. Le Street art apparaît comme un mode d'expression créatif que chacun peut s'approprier pour exprimer ses sentiments, ses passions et ses revendications dans l'espace public. Dans de nombreux pays, cette liberté d'expression a été le fruit d'une lutte de longue haleine, comme mentionné pour l'Égypte. Cela dit, ce sont les pays d'Amérique latine qui font montre de la plus puissante tradition de graffiti et Street art contestataire et politique à partir des années 1960 et 1970. Aujourd'hui, des grandes villes comme Mexico, Sao Paulo, Bogota, Lima ou Buenos Aires sont de véritables capitales du graffiti et pépinières

art dating back to the 1960s and 1970s. Today metropolises such as Mexico City, Sao Paulo, Bogota, Lima and Buenos Aires have become graffiti capitals characterized by intensely potent creative activity. Which brings us to our next featured artist, Jaz aka Franco Fasoli, who is a leading proponent in Argentina's flourishing Street and graffiti art scene having been painting the walls of his home city of Buenos Aires since 1999. He belongs to a new generation of artists who have been creating a homegrown style of Latin American and more specifically Argentinean mural art, which references local culture and issues rather than the imported styles of generic American or European graffiti.

Fasoli has long been interested in violence and confrontation as a means of searching for a shared Latin American identity, looking at different traditions from throughout the continent and seeking a thread that connects Latin America's diverse indigenous and colonial influences. Topics include football hooliganism, Mexican wrestling or metaphorical struggles between man and beast; very often he uses symmetry in his work as a metaphor for the tension between opposing pairs. Sometimes he will also mix geometric shapes with organic forms to emphasize this idea of confrontation and the nature of contrast and inequalities across the continent. In recent years having been invited to paint at numerous site-specific projects around the world he not only brings Latin American themes to different continents but considers the dialogue he creates within cities abroad giving consideration to the audience and their particular history.

de talents. C'est dans ce contexte que Jaz, alias Franco Fasoli, acteur clef de la scène urbaine argentine en plein boom, intervient dans les rues de sa ville natale de Buenos Aires depuis 1999. Il appartient à une nouvelle génération d'artistes ayant contribué à forger un style urbain proprement latino-américain, et un muralisme spécifiquement argentin nourri de références à la culture et aux problématiques locales, prenant ses distances avec le style standardisé du graffiti importé d'Europe ou des États-Unis.

Jaz explore depuis longtemps les thèmes de la violence et de la confrontation comme éléments d'une identité latino-américaine commune, s'intéressant à différentes traditions du continent, à la recherche d'un fil rouge qui relierait les diverses influences indigènes de l'Amérique latine et son passé colonial. L'artiste traite ainsi de sujets aussi variés que le hooliganisme sportif, le catch mexicain ou la lutte métaphorique entre l'homme et l'animal, en recourant le plus souvent à la symétrie comme métaphore de la tension entre opposés. Parfois, il associe également des motifs géométriques avec des formes organiques pour mettre en avant cette notion de confrontation et la nature des inégalités à l'œuvre sur le continent latino-américain. Invité à prendre part à de nombreux projets aux quatre coins de la planète ces dernières années, Jaz non seulement exporte les problématiques latino-américaines dans le monde entier mais ouvre aussi un dialogue dans les villes qu'il visite en étant à l'écoute des populations et de l'histoire locale.

Another artist who has had the opportunity to travel and become a global ambassador through his work is Elliot Tupac from Lima, Peru. While he shares some commonality with Fasoli in terms of representing a Latin American identity, Tupac's art is rooted in the local culture of chicha – a musical style that first appeared in the late 1970s and is characterised by the fusion of Colombian Cumbia and Rock with more traditional Peruvian music such as Huayno – which has since become a defining part of Peru's urban identity. What defines its aesthetics is its popular propaganda in the form of screen printed posters which are used to advertise the concerts of chicha artists. It is in this arena that Tupac has become internationally recognized, as a designer and producer of chicha posters for over 12 years. These posters employ a low-tech technique using hand-cut paper screens for each colour of the designs making it an artisanal process. Part of its distinctive look is the use of fluorescent and bright colours along with a flair for inventive typography. Sometimes bespoke typefaces are created for each popular band, all of which is designed to grab the attention of the public. Tupac is a master of these processes and more recently has bringing the vibrant chicha movement on to the street through murals and collaborations with other artists.

A common feature that our artists share is that they are all collaborators and communicators. They are eager to explore, to learn and travel, thereby spreading and sharing stories and knowledge through their art and friendships.

Elliot Tupac est un autre artiste globe-trotteur et ambassadeur international du Street art en provenance de Lima. Bien qu'il présente des points communs avec Jaz en termes de traitement de l'identité latino-américaine, les œuvres de Tupac se nourrissent de la culture chicha, un style musical apparu pour la première fois à la fin des années 1970, fusion de la cumbia colombienne et du rock avec des musiques plus traditionnelles péruviennes telles que le huayno, aujourd'hui devenu un élément fort de l'identité urbaine péruvienne. Son esthétique se fonde sur une propagande populaire diffusée sous forme de posters sérigraphiés utilisés pour la promotion de concerts d'artistes chicha. Sur la scène internationale, c'est donc comme concepteur et illustrateur de posters de musique chicha que Tupac a gagné une réputation internationale depuis plus de douze ans. L'artiste réalise ses affiches de manière artisanale en appliquant chaque couleur à l'aide de pochoirs en papier découpés. L'apparence très distinctive des œuvres de Tupac tient à son usage des couleurs vives voire fluorescentes, ainsi qu'à une grande créativité typographique. Parfois l'artiste va jusqu'à inventer des caractères sur mesure pour des groupes de musique populaires, toujours dans le but d'attirer l'attention du public. Passé maître dans ce procédé, Tupac a récemment fait entrer la culture chicha dans l'art urbain à travers divers muraux et collaborations avec d'autres artistes.

Tous ces artistes ont en commun d'être portés à la collaboration et à la communication. Ils sont avides d'exploration, de savoir et de voyage,

The Street art world is a sociable one and to some extent acts as a kind of global school of art, as artists exchange and learn from one another. While one naturally has one's own native influences, we are all inspired by travel and what we can discover from other cultures. The work of Belgian artist Charley Case is a great illustration of this; having settled upon the monochromatic use of ink drawing traced with bamboo or a quill as his principal material, naturally some of his first influences included Asian art. However, it has been his extensive travels since around 1998 that have continued to fuel his output as an artist. His wanderings in Europe and further afield in countries such as Cuba and India have been voyages of discovery as he has interpreted his experiences through paintings and drawings as well as through photography and films. Through exploring and learning about different cultures and their art forms he has synthesized this knowledge into a personal visual language of organic and irregular curvilinear forms that draw from natural patterns.

Case's work in some ways explores universal ideas, how mankind in the past, present and future is linked to the earth and the seasons. Ideas that cross cultures have been used far into prehistory such as the tree of life and how certain forms take on sacred and symbolic meaning. There is a power and a mystery to these sacred symbols that endures through the ages, something which Teck, an artist from Lviv, in Ukraine, also explores. Having been engaged in Street art for over 10 years, his subject matter originates from religious iconography which he

comme autant d'occasion de partager leur histoire et leur connaissance à travers leur art et leurs amitiés. Le Street art est un monde social que l'on pourrait comparer à une école d'art à échelle planétaire où les artistes échangent leur expérience et apprennent constamment les uns des autres. Bien que chacun puise dans ses propres influences, tous s'inspirent du voyage et ont un goût pour la découverte de nouvelles cultures. L'œuvre de l'artiste belge Charley Case en est une belle illustration : il réalise ses dessins monochromes à l'encre exclusivement à la tige de bambou ou à la plume d'oie, révélant ainsi une forte influence de l'art asiatique. Cependant, ce sont les nombreux voyages qu'il réalise depuis 1998 qui alimentent sa créativité. Ses pérégrinations en Europe et dans des pays comme Cuba ou l'Inde ont été de véritables épopées artistiques qui lui ont inspiré peintures, dessins, photographies et films. La découverte et l'apprentissage de différentes cultures, avec leurs formes artistiques propres, a nourri un langage visuel unique fait de formes curvilinéaires irrégulières et organiques rappelant des motifs naturels.

À bien des égards, l'œuvre de Charley Case aborde des idées universelles, comme le lien de l'humanité avec la terre et les saisons à travers les âges. Il puise dans des symboles transculturels remontant à la préhistoire, comme l'arbre de vie, et s'intéresse à la manière dont certains motifs se voient investis d'une signification sacrée et symbolique. Ces symboles sacrés dégagent une puissance et une aura qui traversent les âges, et dont l'artiste

tends to simplify with geometrical structures to arrive at what he describes as 'contemporary spiritual abstract forms.' As he explains, 'I seek out public and private spaces which have lost their function or have an undefined meaning and transform and revitalize them into spiritual signal spaces...' During the Soviet period the Orthodox church suffered oppression so that now, in post-Soviet Ukraine, its imagery takes on new meanings and relevance as a renaissance and reinterpretation of heritage.

Taking influence from one's spiritual history is also a preoccupation of the artist duo Kid Kréol & Boogie aka Jean-Sébastien Clain and Yannis Nanguet from Reunion, France. Having first met at the Fine Art School the two artists began to work together sharing an interest in Street art, particularly in the styles of the 1970s New York graffiti culture. However, they began to feel that for their Street art practice to speak for them it should be adapted to fit their environment and to take inspiration from the local Creole culture. To achieve these aims, they began to create a visual language of mythological creatures who served as protagonists in their dreamlike artworks. Painted often in abandoned spaces their characters bring to life the imagery of local written and spoken legends of the Indian Ocean. Often monochromatic with intricate and spidery forms they have an otherworld feel, ghosts and chimeras that express the fragility and the destruction and reconstruction of the town. Their work has captured the imagination of local people, by taking pride in native beliefs and using them to effect a contemporary artistic dialogue both at home and abroad.

ukrainien Teck, basé à Lviv, s'inspire également dans sa pratique. Actif dans le monde du Street art depuis plus de dix ans, ses œuvres s'inspirent d'une iconographie religieuse qu'il tend à simplifier en recourant à des structures géométriques pour parvenir à ce qu'il nomme des « formes abstraites contemporaines et spirituelles ». « Je cherche des lieux publics ou privés ayant perdu leur fonction ou dépourvus de sens pour les transformer en espaces à forte valeur spirituelle et leur redonner vie », explique l'artiste. L'Église Orthodoxe ayant fait l'objet de répression pendant la période soviétique, en Ukraine post-soviétique, son iconographie revêt aujourd'hui une signification et une pertinence nouvelle en tant que renaissance et réinterprétation d'un héritage culturel.

Le duo formé par les artistes Kid Kréol & Boogie, de leurs vrais noms Jean-Sébastien Clain et Yannis Nanguet, originaires de la Réunion, trouve lui aussi son inspiration dans son héritage spirituel. Devenus amis sur les bancs de l'école d'art, les deux artistes ont commencé à collaborer autour de leur intérêt commun pour le Street art, et surtout pour le style du graffiti new-yorkais des années 1970. Cependant, c'est en ancrant leur pratique du Street art dans leur terre natale et en intégrant des éléments de la culture créole dans leurs œuvres qu'ils ont forgé leur propre voix artistique. C'est ainsi qu'ils se sont mis à créer un langage visuel propre à base de créatures mythologiques qu'ils utilisent comme protagonistes de leurs œuvres fantaisistes. Souvent réalisées dans des terrains vagues, leurs personnages font

Finally, we come to Seth aka Julien Malland, co-curator of this exhibition, who began painting walls in his native Paris in the mid-1990s before embarking on a career of 'global-painting' since 2003. His travels have taken him from Valparaiso to Yogyakarta to Dakar, regularly crisscrossing continents since that time meeting many people and nurturing artistic relationships along the way. In part his drive has been to experience new places and to paint with others, whether they are local representatives of the Street art movement or traditional artisans – the shared medium is paint and the various ways it is applied for different purposes, thus instigating mutually inspiring cultural exchange. His passion for art travels later spawned the 'Globe-painter' television documentary series 'Les Nouveaux Explorateurs' broadcast on Canal+. As presenter and author of the programme it allowed him the opportunity to turn his travels into something educational, illuminating and entertaining for a wider audience, giving exposure to the artists he met as well as developing his own artwork.

The artistic dialogue he has had with other artists and different communities is at the heart of his own practice. Featuring simple figures, often children, his visual narratives represent the way we are connected to one another and to the chaotic reality of the environments in which these characters are painted. Within the period of his travels one thing began to become increasingly clear, that year by year wherever one travelled places began to feel familiar and homogenized – the same hip bars and multi-national brands

revivre l'iconographie des légendes orales et écrites de l'océan Indien. Leurs œuvres, souvent monochromes avec des motifs finement élaborés aux allures fantastiques, représentent des fantômes et des chimères évoquant la fragilité, la déconstruction et la reconstruction de la ville. Leurs œuvres capturent ainsi l'imaginaire des habitants de l'île et mettent en avant les croyances et coutumes locales, tout en ouvrant un dialogue artistique sur leur terre natale et à l'étranger.

Quant à Seth, alias Julien Malland, co-commissaire de l'exposition, il commence à réaliser des muraux dans Paris, sa ville natale, à partir du milieu des années 1990, avant de se lancer dans une carrière de peintre globe-trotteur en 2003. Lors de ses nombreux voyages, de Valparaiso à Yogyakarta, en passant par Dakar, il sillonne les continents et accumule les rencontres humaines et artistiques. Son moteur est l'envie de découvrir de nouveaux lieux et de collaborer aussi bien avec des street artistes locaux que des artisans traditionnels, chacun utilisant la technique picturale à sa manière, dans le but d'un enrichissement culturel et artistique mutuel. Sa passion pour les voyages artistiques a d'ailleurs donné naissance à la série documentaire télévisée intitulée « Les Nouveaux Explorateurs » diffusée sur Canal+. À la fois présentateur et auteur, ce programme lui a permis de transformer ses voyages en émission de divertissement éducative pour un large public, et de faire découvrir les artistes rencontrés en chemin tout en développant sa propre pratique.

started plying their trade on the furthest flung shores. Even in the most remote places it proved hard to find somewhere completely untouched by this influence. Through his own experiences the artist came to realize the importance of specificity and that local artistic traditions and skills needed to be kept alive. While it maybe impossible to stem the effects of globalization and keep local traditions in a state of historic purity, the answer may lie in a form of cultural hybridity. Seth's own work promotes this idea through a modern cultural mix, which celebrates artisanal traditions and narratives by bringing them into a fresh focus on the street.

Localization and hybridization has always been a part of artistic development, for example we see it in the way the Buddha was originally depicted in India and was subsequently adapted and depicted in different ways as the tradition spread from country to country such as China, Vietnam and Japan. We have always built on what has gone before; Greek Art influencing Etruscan Art and later Roman Art and so forth… Today we see this hybridization in action in a hyperactive way and yet traditional imagery and mythical stories still have a hold on us. Global art is our shared treasure – a heritage that is being nurtured through Street art. We may live in London, Lima or Lyon but we have a vested interest and feel connected to the rich traditions of peoples, cities and civilizations across the world – even with places we have never seen we can feel an attraction or some kind of affinity with them. In our humanity we are naturally drawn to art that enlivens or speaks to us wherever its

Le dialogue qu'il entretient avec différents artistes et communautés est au cœur de la démarche de Seth. Son œuvre explore les idées d'universalité telles que le fait d'être à la fois différents et semblables quelles que soient nos origines. En recourant à des personnages simples, souvent des enfants, ces récits en images nous parlent de la manière dont nous sommes liés les uns aux autres, ainsi que de la réalité chaotique des environnements dans lesquels l'artiste les dispose. Au fil de ses voyages, Seth s'est rendu compte qu'année après année les pays et les villes qu'il croisait se ressemblaient de plus en plus, avec les mêmes bars branchés et les mêmes chaînes multinationales étendant leur monopole toujours plus loin. Même dans les contrées les plus reculées, il devenait difficile de trouver des endroits complètement vierges de cette influence. C'est à travers sa propre expérience que l'artiste s'est ainsi rendu compte de l'importance de la spécificité culturelle et de la préservation des traditions artistiques et des savoir-faire locaux. Alors qu'il semble impossible d'endiguer les effets de la mondialisation et de maintenir les traditions locales à un état historiquement pur, la réponse se trouve peut-être dans une forme d'hybridation culturelle. C'est en tout cas l'idée que Seth promeut dans son œuvre caractérisée par la mixité culturelle, qui célèbre les traditions et les récits populaires tout en les réinventant dans le cadre urbain.

La localisation et l'hybridation ont toujours fait partie intégrante du développement artistique. On le voit par exemple dans la manière dont

origins lie, while the distance between nations is also diminishing as, figuratively speaking, the world is becoming smaller.

Street art has created a new global audience for art, and through social media it seems to have come of age as new artworks are shared around the globe. We are so excited to share images of artworks being painted in downtown Mexico City as we are in Paris – it's a level playing field where different worlds now feel closer to us. By presenting art by global street artists in a museum it takes on a new context but for the Instagram generation the worldwide pick-and-mix experience is not widely different, since they are used to finding art in a digital way. While of course experiencing the art in person ultimately connects us to the work to appreciate its intricacies, textural qualities and consider the artist's intentions. As a group show the work is also connected in many ways, firstly through Malland's art practice since he has painted with and learned different things from their various art practices. Secondly the art selected here goes beyond superficial style, there is a true passion to it and layers of meaning contained within it. The effects of globalization can seem insurmountable but here we can see how art can be used to project positive messages in the face of it.

Through this exhibition we are invited to discover tales from different corners of the world and gain an insight into art practices that go beyond walls.   ●

Bouddha fut originellement représenté en Inde, pour être ensuite repris et adapté de multiples manières alors que la tradition bouddhiste gagnait des pays tels que la Chine, le Viêtnam et le Japon. Nous construisons toujours du nouveau sur de l'ancien : l'art grec a influencé l'art étrusque, puis l'art romain et ainsi de suite. Aujourd'hui, ce phénomène d'hybridation culturelle n'a jamais été aussi à l'œuvre, et pourtant l'imaginaire traditionnel et les récits mythiques continuent de nous imprégner. Les traditions artistiques du monde sont notre trésor en commun – un patrimoine que le Street art contribue d'entretenir. Que nous vivions à Londres, Lima ou Lyon, nous nous sentons tous concernés par les traditions culturelles des différents peuples, villes et civilisations à travers le monde. Nous sommes capables de nous intéresser à des lieux que nous n'avons même jamais vus. De par notre humanité, nous sommes naturellement impliqués par des formes d'art qui donnent sens à notre vie et parlent à notre âme, quelles que soient leurs origines, et ce d'autant plus à une époque où la distance entre les peuples se réduit et que, de manière figurative, le monde rétrécit.

Le Street art a engendré un nouveau public artistique et, grâce aux médias sociaux qui permettent à chaque instant de partager de nouvelles œuvres partout dans le monde, il semble avoir atteint sa maturité. Aujourd'hui, des images d'œuvres réalisées à Mexico ou à Paris rencontrent autant de succès sur la toile, un nivellement artistique qui semble rapprocher des mondes en apparence si

éloignés. Bien que l'initiative d'exposer des œuvres de street artistes internationaux dans un musée offre un cadre nouveau, l'accès à des œuvres venues des quatre coins du monde n'est pas une nouveauté en soi pour la génération Instagram habituée à tout trouver en ligne. Cependant, l'appréhension physique des œuvres nous engage de manière bien plus profonde et nous fait davantage apprécier leur richesse et leurs textures, en même temps

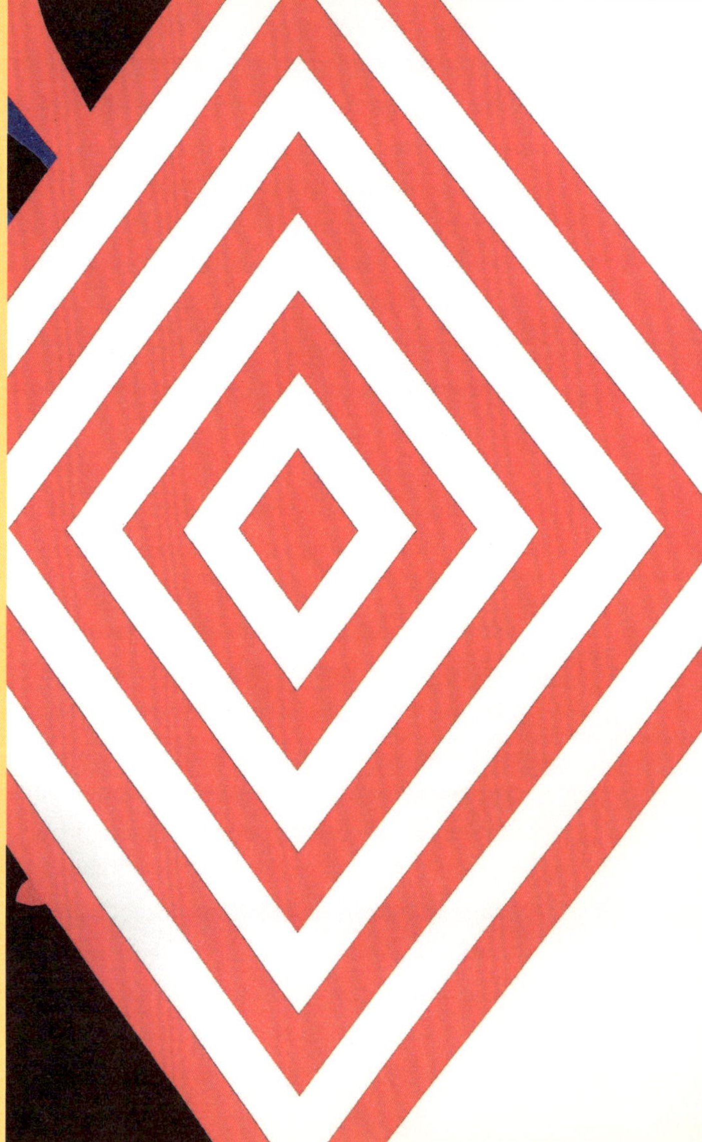

Vue de l'exposition/View of the exhibition *Wall Drawings, Icônes urbaines* ▶ au/at mac[LYON].

que l'intention de l'artiste. Par ailleurs, dans une exposition collective, les œuvres sont choisies pour se répondre, ne serait-ce qu'à travers la pratique artistique de Seth, qui a peint et s'est inspiré de diverses techniques artistiques employées par les autres artistes de cette exposition. Les œuvres ici présentées n'ont pas été sélectionnées selon des critères stylistiques superficiels, mais pour leur grande profondeur et richesse de signification. Bien que l'impact

de la mondialisation semble insurmontable, cette exposition montre comment l'art peut y porter un message d'espoir. Nous sommes ainsi invités à découvrir des récits venus des quatre coins du monde en même temps que la grande variété de pratiques artistiques au-delà des murs. •

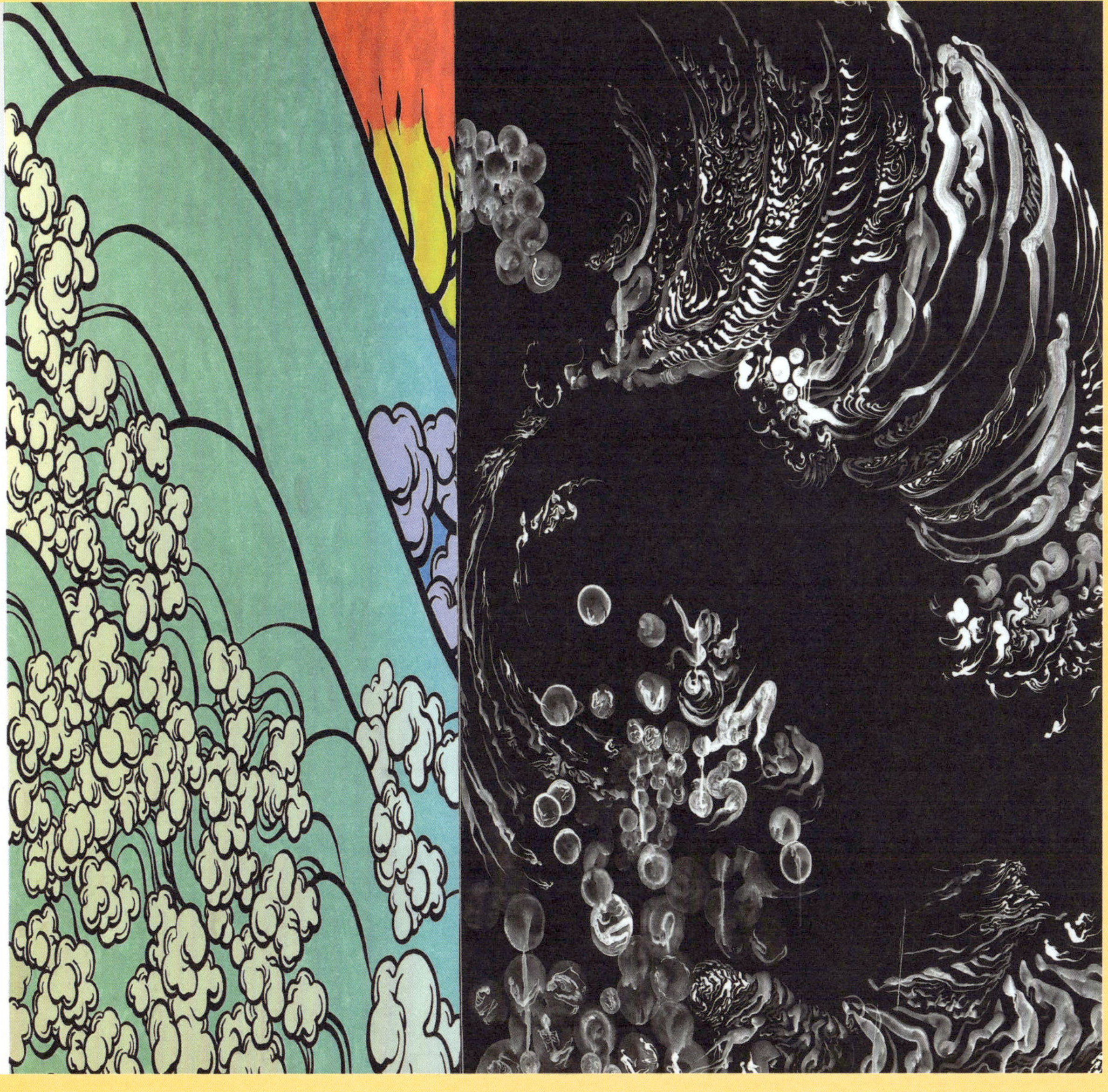

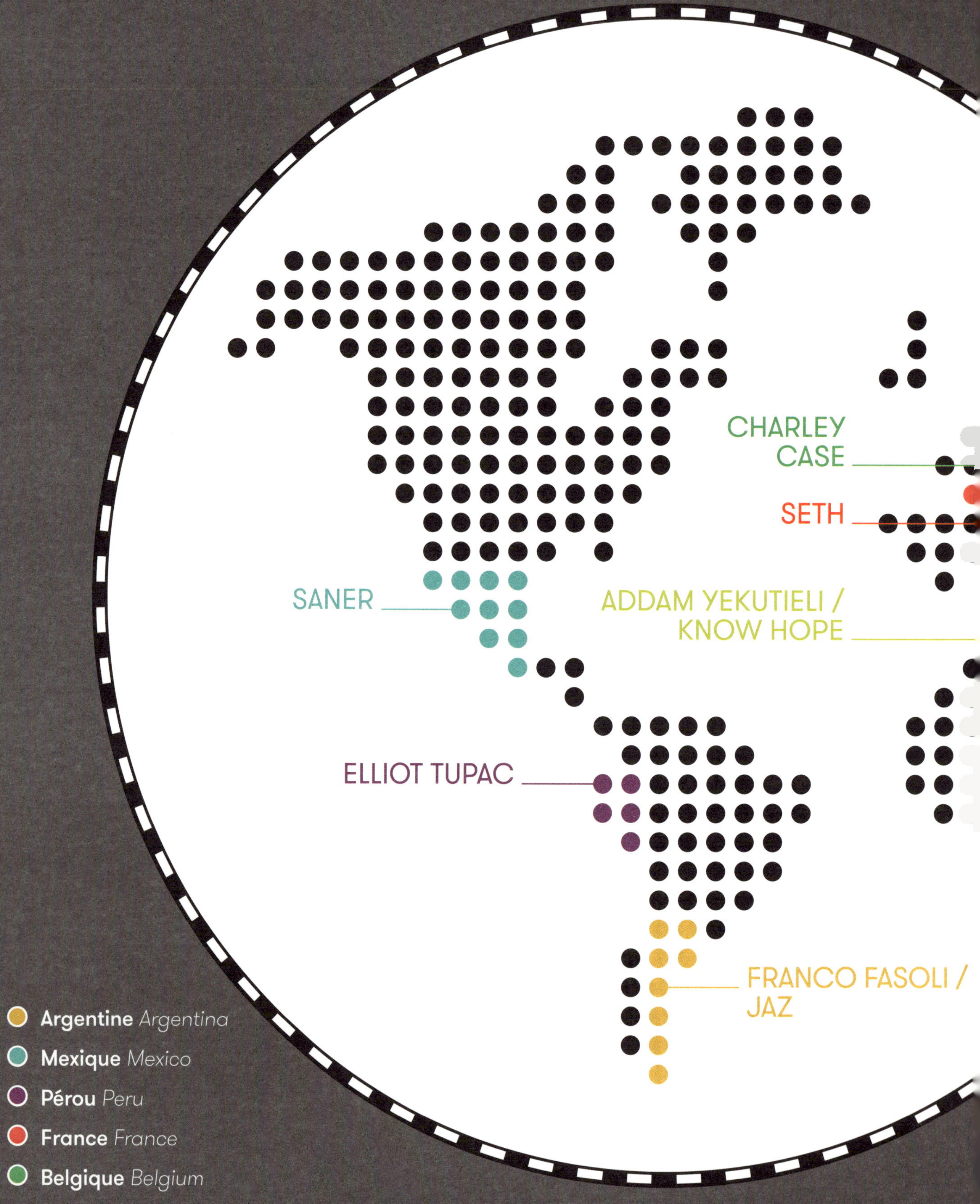
CHARLEY CASE
SETH
SANER
ADDAM YEKUTIELI /
KNOW HOPE
ELLIOT TUPAC
FRANCO FASOLI /
JAZ
Argentine Argentina
Mexique Mexico
Pérou Peru
France France
Belgique Belgium

Wall Drawings Icônes urbaines

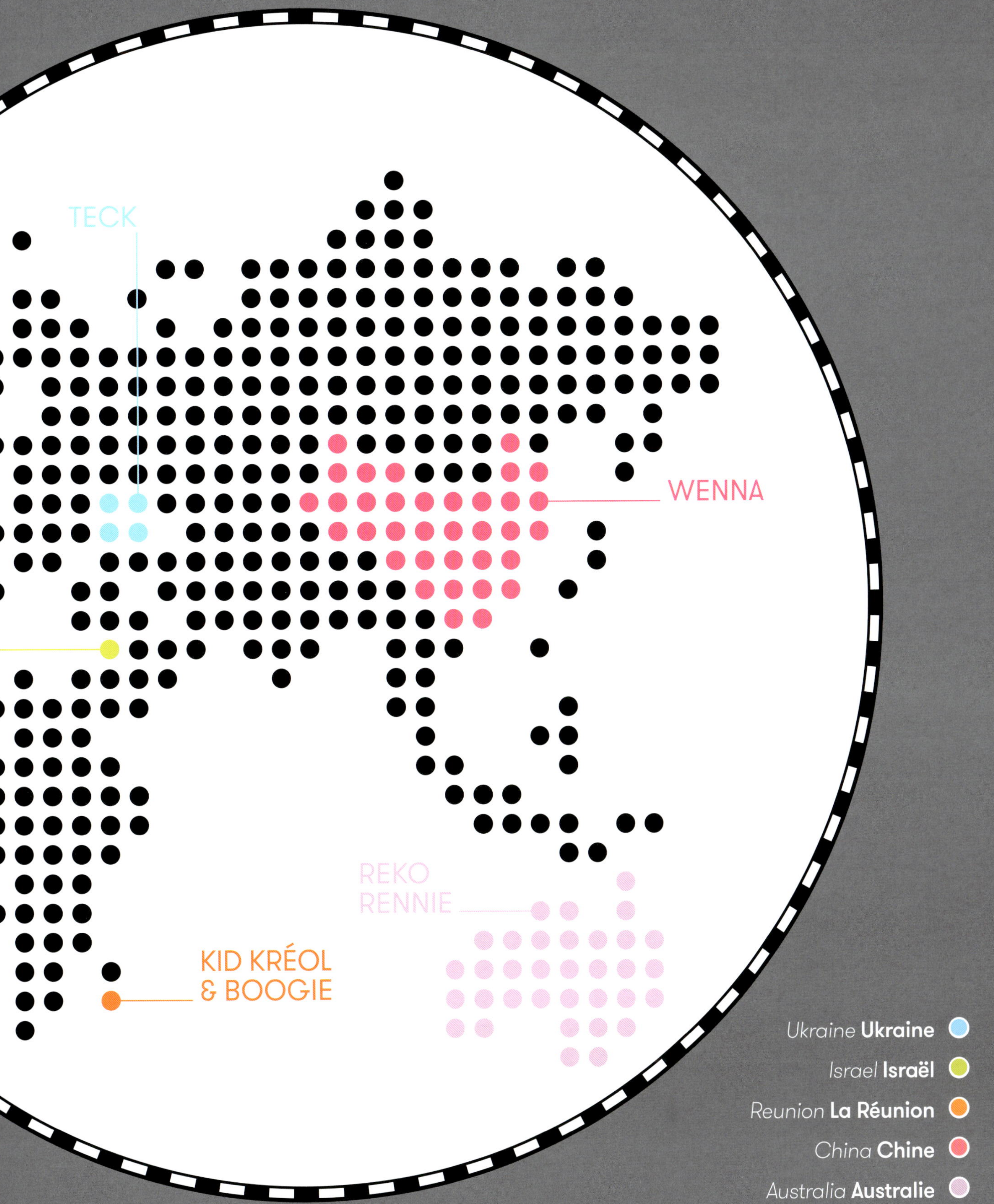

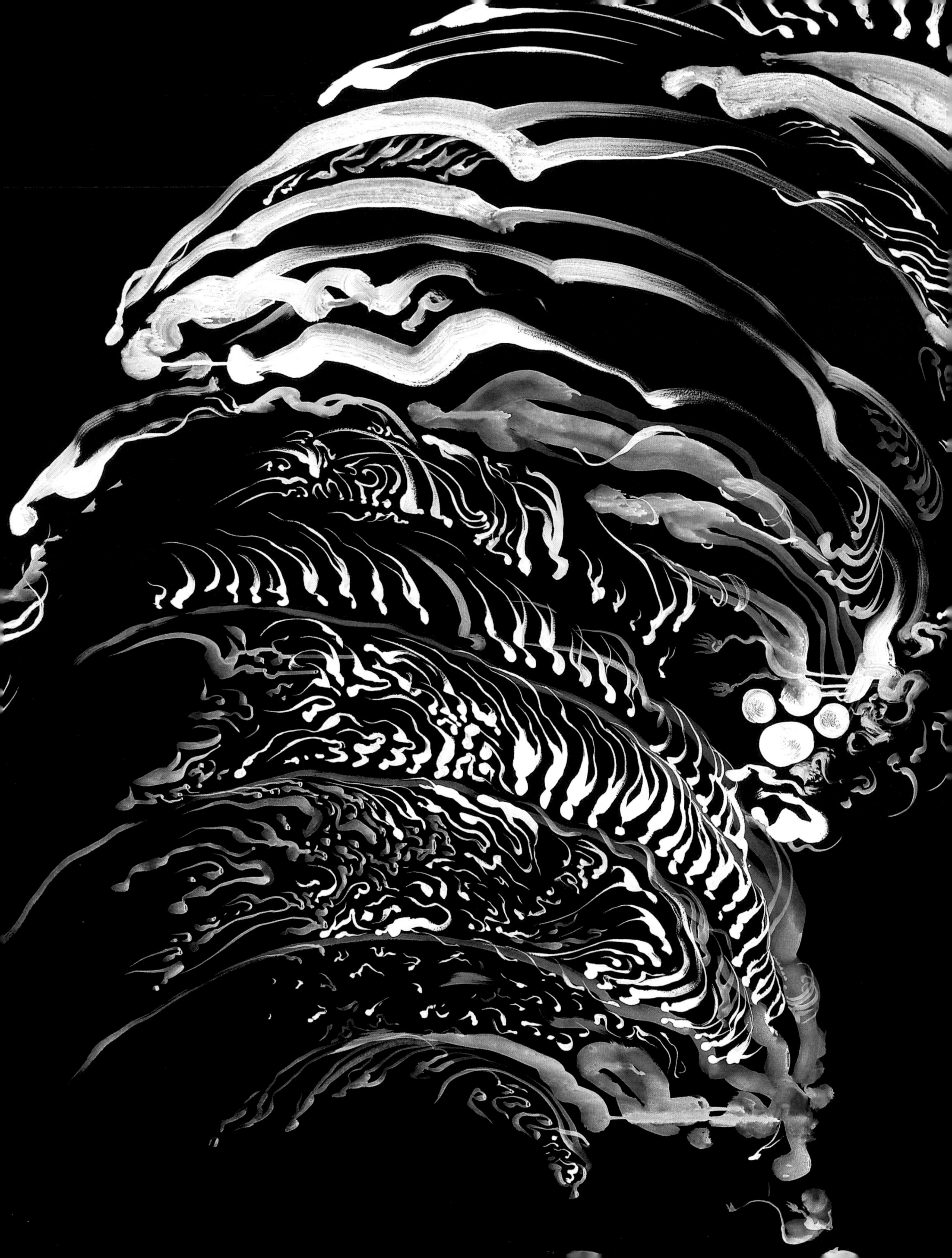

Né en 1969 à Bruxelles (Belgique).
Vit et travaille à Bruxelles (Belgique).

Belgique
Belgium

Born in 1969 in Brussels (Belgium).
Lives and works in Brussels (Belgium).

CHARLEY CASE

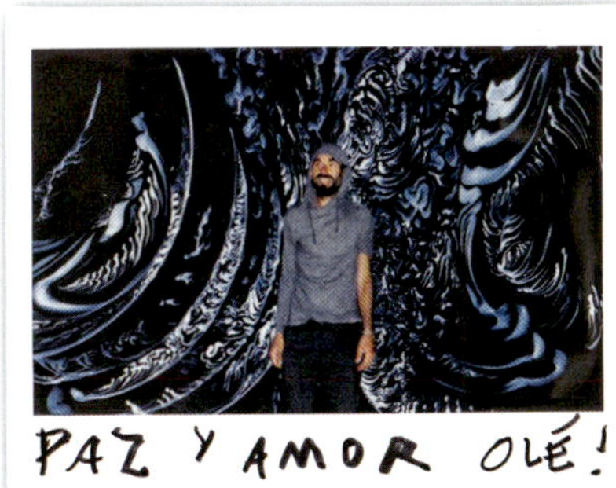

Dessinateur, illustrateur, photographe et vidéaste, Charley Case utilise aussi bien le fusain, l'encre de Chine, que l'aquarelle dans ses peintures. Sous des formes aux consonances abstraites, on discerne nettement son intérêt pour les énergies vitales, pour la nature et plus largement pour l'être humain, à la fois partenaire et acteur des cercles du vivant. Il puise son registre formel dans des symboles, sacrés ou non, et souvent très anciens tels que l'arbre de vie. Il s'oppose à l'uniformisation des esprits et des comportements. Conscient de la complexité et de la fragilité de la nature humaine, Charley Case est tout autant sensible aux relations humaines qu'aux conséquences tragiques de nos actions à l'égard de la planète.

L'œuvre *Gibraltar, vagues migratoires*, qu'il réalise au musée, est un hommage aux migrants de toutes origines. Il intervient également sur la façade du 66, quai Charles de Gaulle (Clinic All), Lyon 6e et sur le Mur La Gâche, Lyon 7e.

Drawer, illustrator, photographer and filmmaker, Charley Case uses charcoal, Indian ink and watercolour in his paintings. The shapes he draws appear abstract but they embody his particular interest in the vital energies of nature and the human life-cycle. He takes inspiration from trans-cultural symbols that go back to prehistory, like the tree of life and other sacred motifs. He seeks to escape from the globalization of minds and behaviour. Inspired by the complexity and frailty of human nature, Charley Case is very conscious of human relationships as well as the inevitable, direct impact our activities have on the planet.

Gibraltar, vagues migratoires, which Charley Case has painted for the museum, is a homage to migrants of all origins. He has also painted on the facade of 66, Quai Charles de Gaulle (Clinic All), Lyon 6, and on the 'Mur La Gâche' – Lyon 7.

◀ ***Gibraltar, vagues migratoires***, 2016 (détail/detail)
Peinture acrylique noire et blanche/Black and white acrylic paint, 19,70 × 3,95 m.

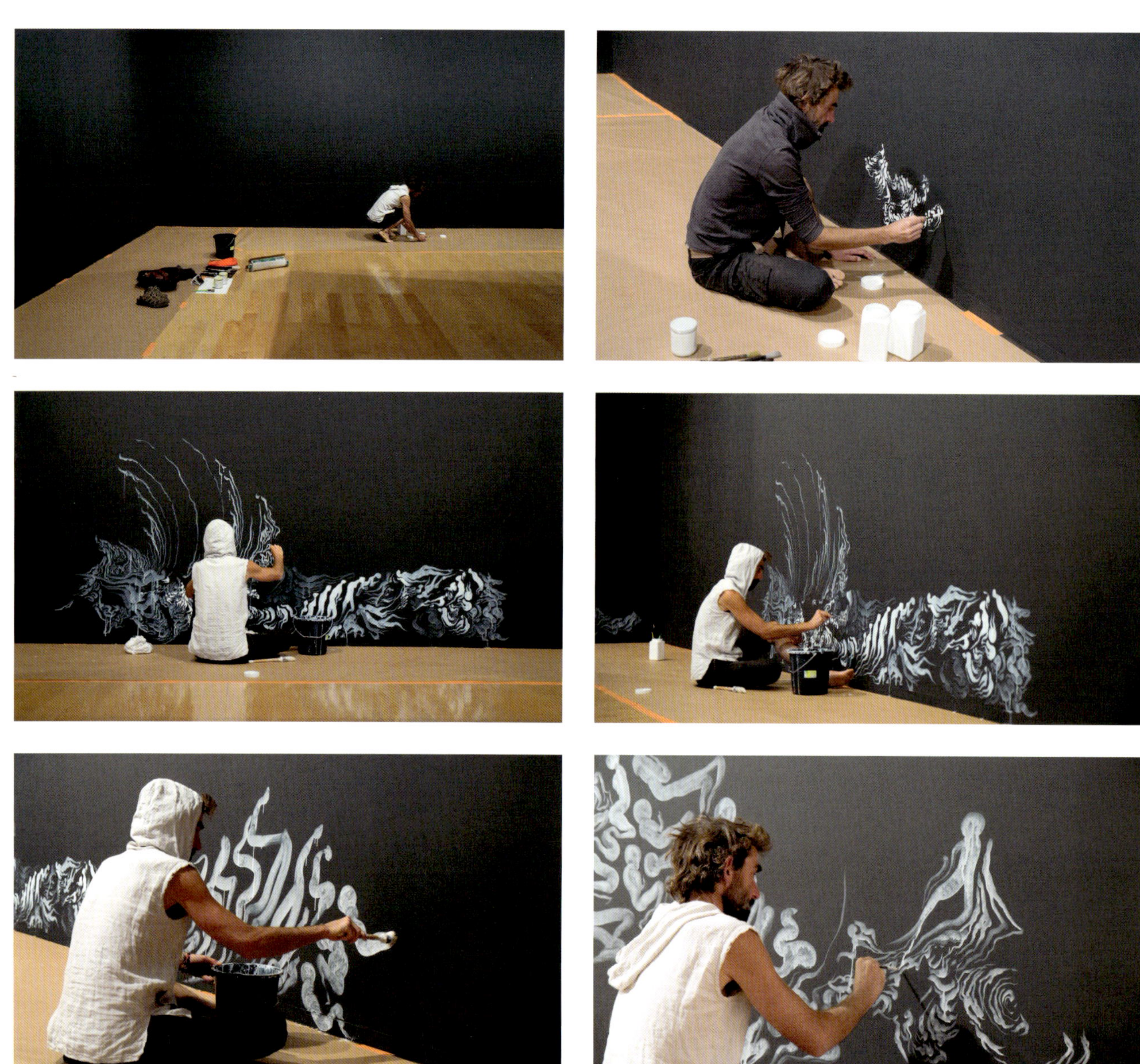

pp. 52-53
Charley Case réalisant/working on **Gibraltar, vagues migratoires**, 2016,
exposition/exhibition *Wall Drawings*, *Icônes urbaines* au/at mac[LYON].

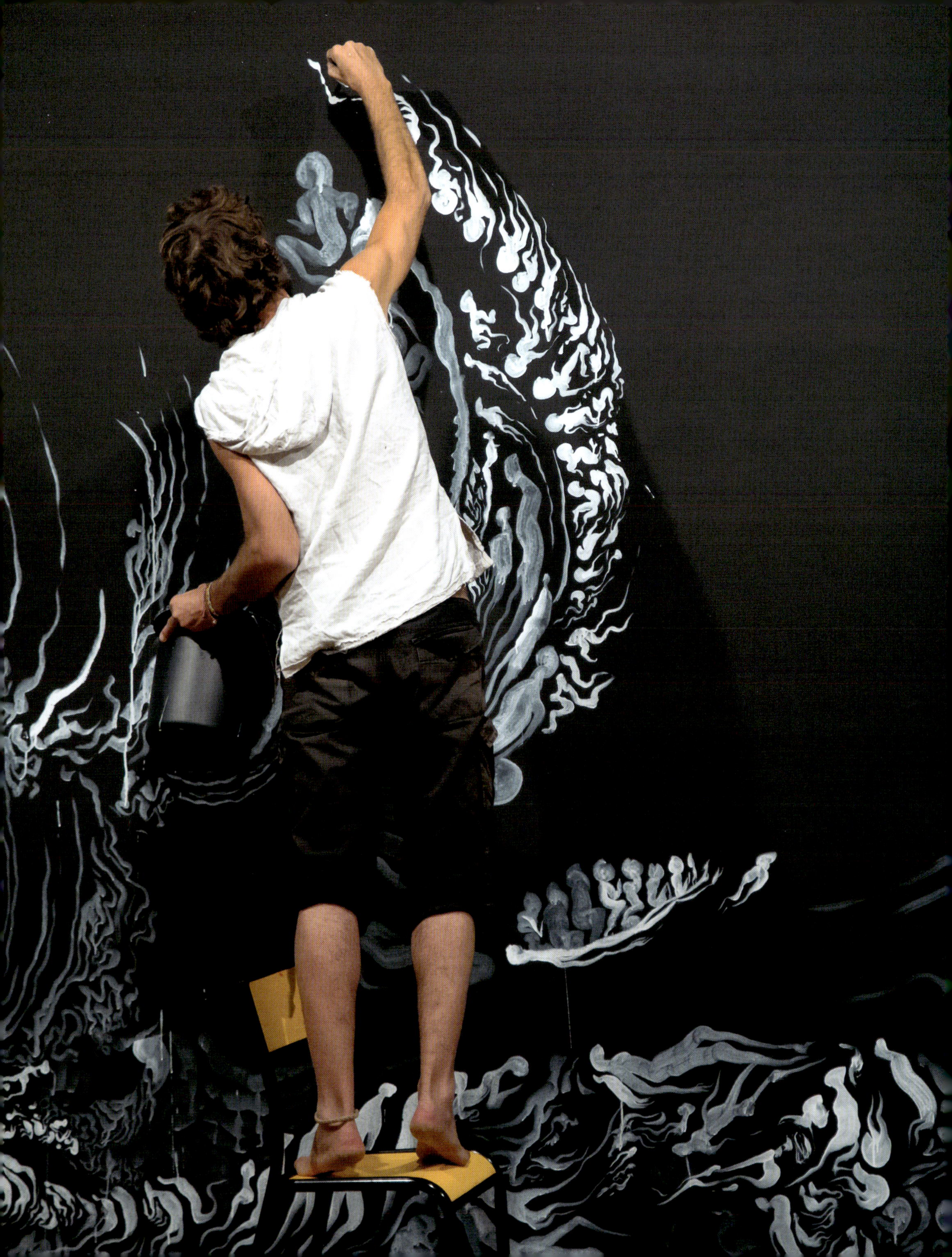

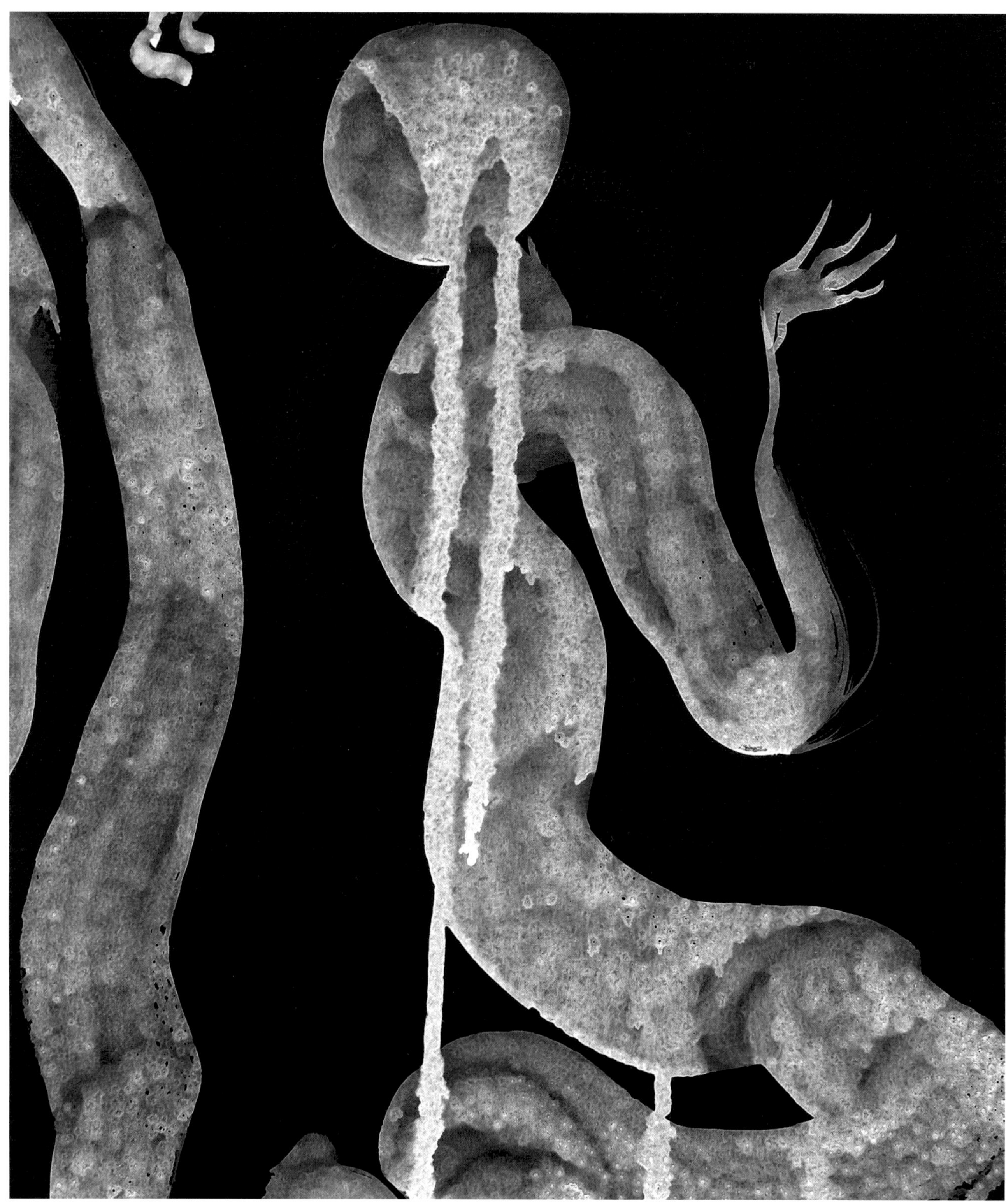

pp. 54-55
Gibraltar, vagues migratoires, 2016 (détails/details)
Peinture acrylique noire et blanche/Black and white acrylic paint, 19,70 × 3,95 m.

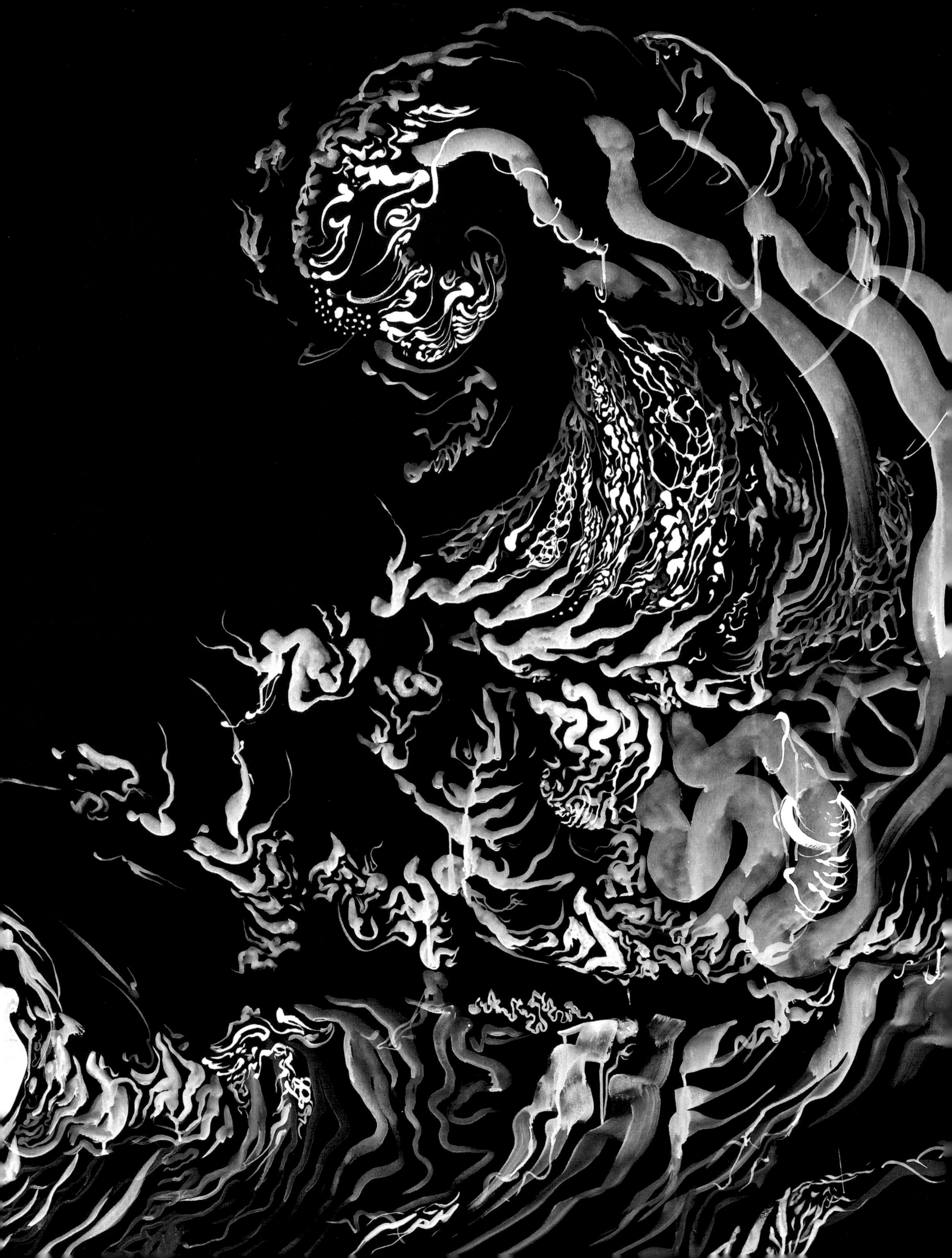

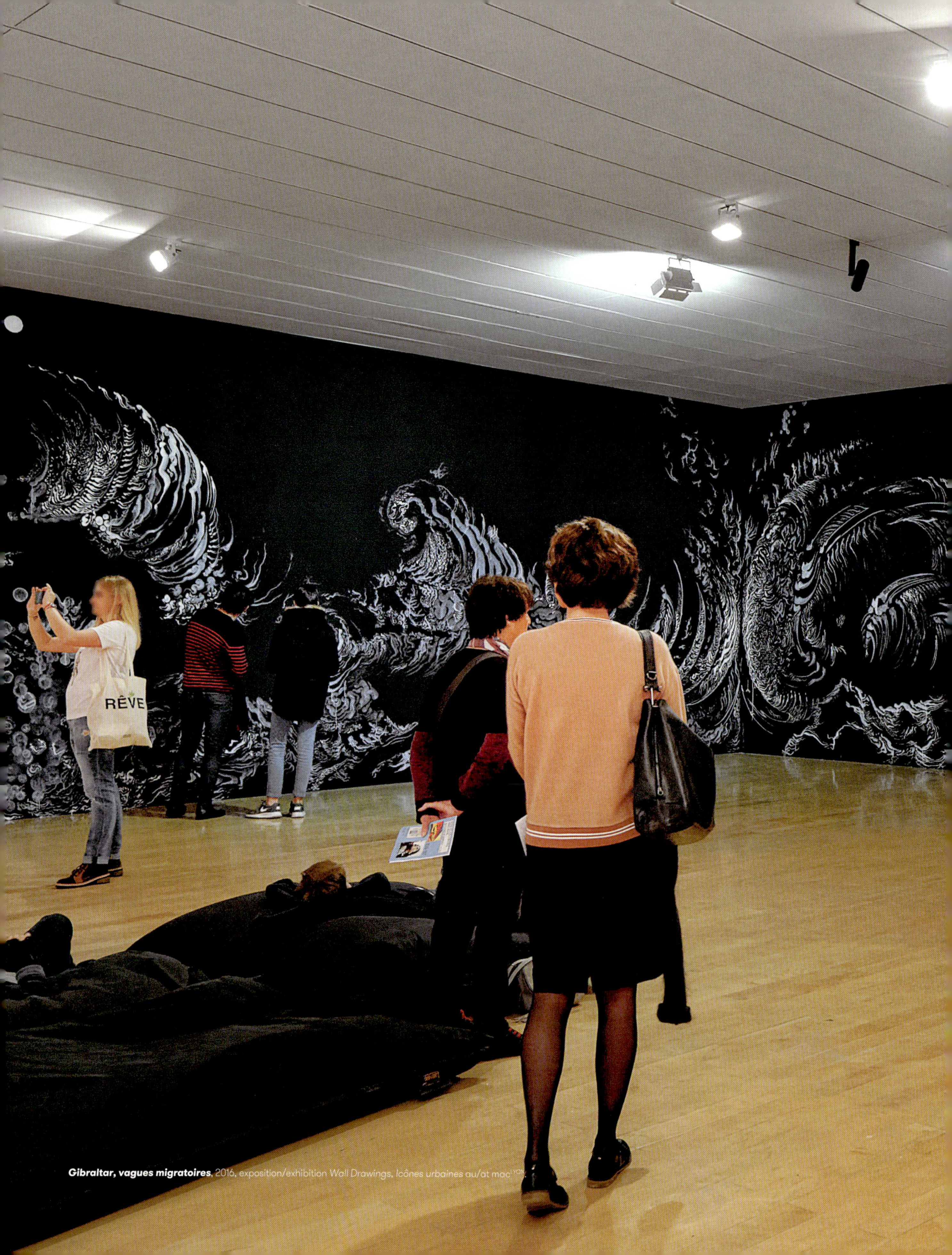

Gibraltar, vagues migratoires, 2016, exposition/exhibition *Wall Drawings, Icônes urbaines au/at mac*ᴸᴵᴼᴺ

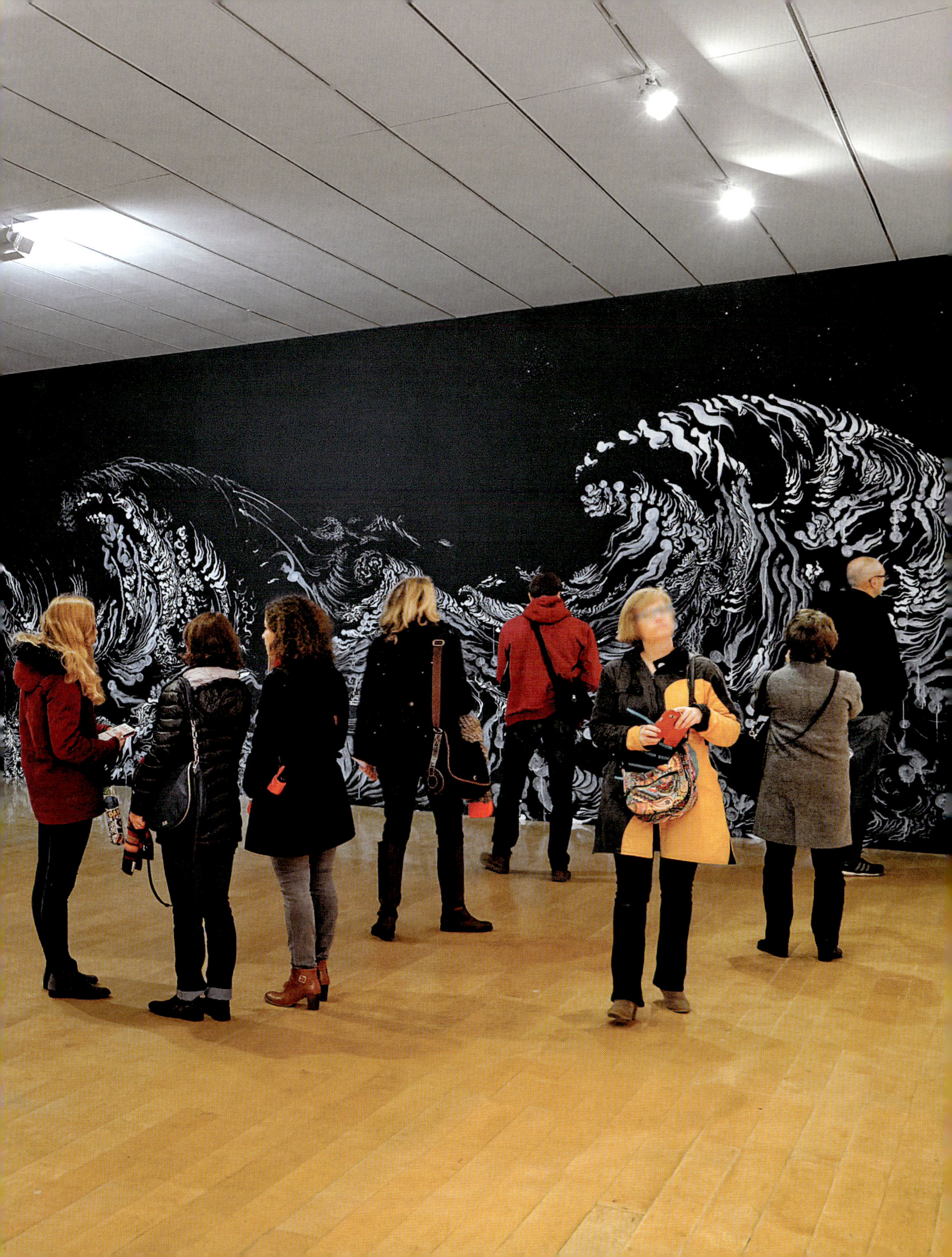

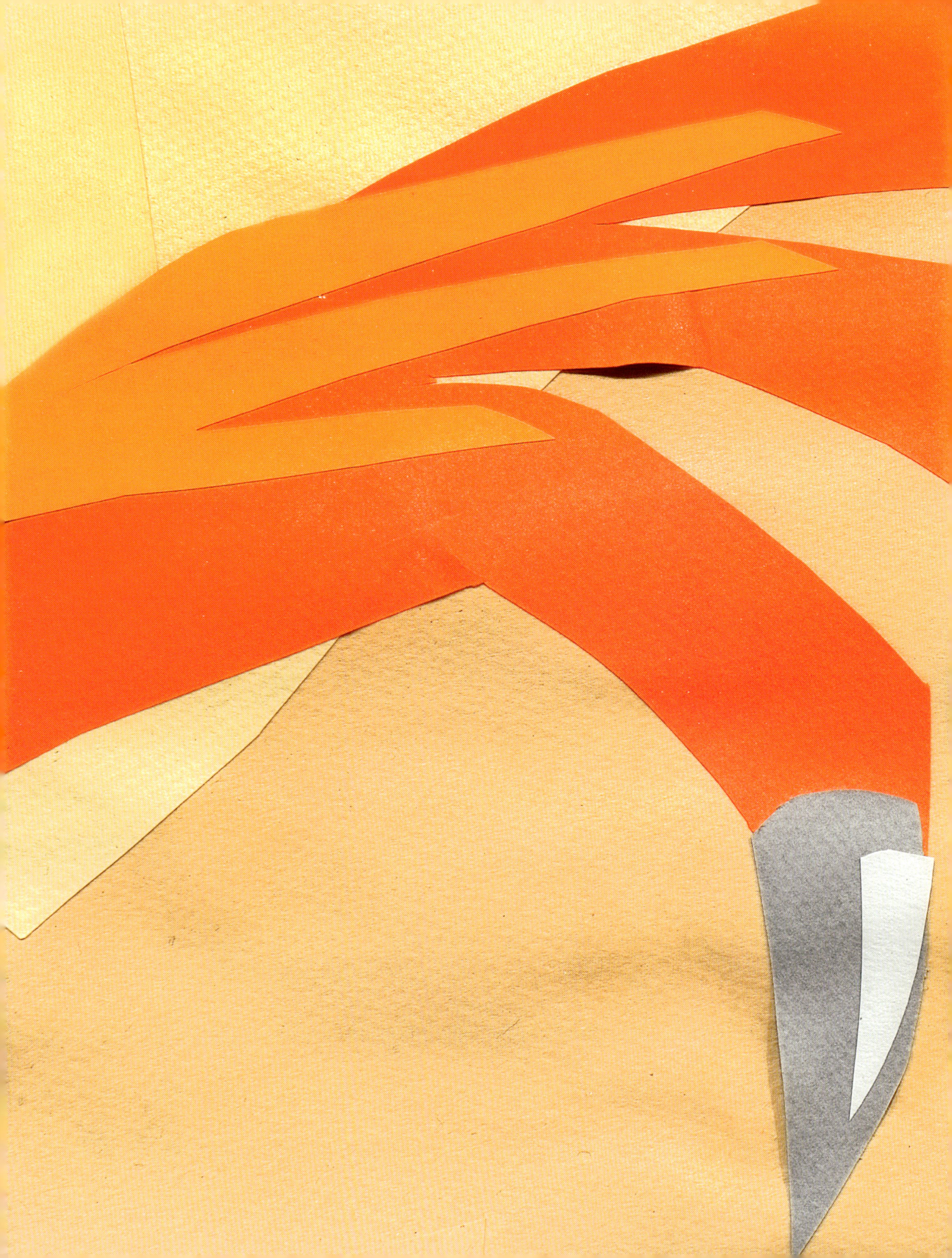

Né en 1981 à Buenos Aires (Argentine).
Vit et travaille à Barcelone (Espagne).

Born in 1981 in Buenos Aires (Argentina).
Lives and works in Barcelona (Spain).

FRANCO FASOLI/JAZ

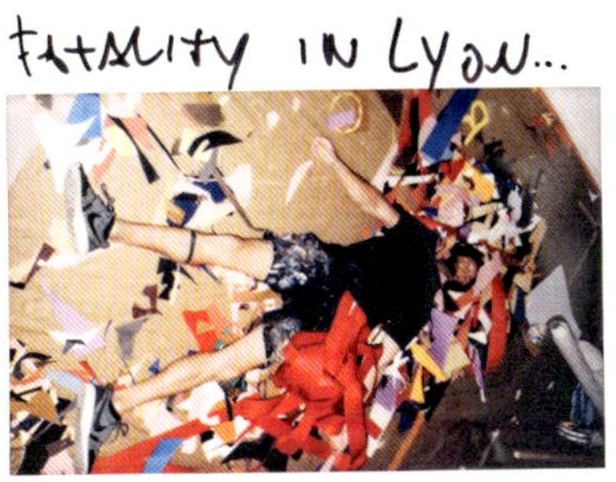

Surnommé JAZZ à la fin des années 1990 dans le milieu du BMX et du skateboard, l'artiste originaire d'Argentine Franco Fasoli efface le second « Z » pour devenir JAZ. S'éloignant peu à peu de sa pratique initiale de graffeur, il convoque, dans ses fresques monumentales, des figures d'animaux et de personnages inspirés de l'histoire mouvementée de la conquête du territoire argentin. De plus en plus ambitieux dans l'échelle et la complexité de ses œuvres, il introduit de nouveaux matériaux comme la peinture bitumeuse, le pétrole, le goudron et la chaux, selon le contexte dans lequel il se trouve. Les rites populaires, le football, les masques, la violence, les inégalités et la religion sont des sujets que l'on retrouve dans son œuvre.

Au musée, il réalise *Rito de Iniciación (Como Latinoamérica le da la bienvenida a sus nuevas dictaduras)* (Rituel d'initiation ou comment l'Amérique latine accueille les nouveaux dictateurs), immense collage évoquant un pouvoir arbitraire qui ne sert que ses propres intérêts, au détriment de cultures devenues amorphes et uniformisées.

Argentine artist Franco Fasoli picked up the nickname JAZZ from his BMX and skateboard friends in the 1990s. He knocked off the second Z and became JAZ. He started out as a graffiti artist but now his enormous frescoes involve animals and characters inspired by the turbulent history of the conquest of what is now Argentina. The scale and complexity of his works have grown enormously and over time he has introduced new materials like bituminous paint, petrol, tar and lime into their making, depending on where he is working. Popular ritual, football, masks, violence, inequality and religion are all subjects in his work.

For the museum, he has painted a large mural on cut-out pieces of paper entitled *Ritual de Iniciación (Como Latinoamérica le da la bienvenida a sus nuevas dictaduras)* ('Initiation Rite – or how Latin America welcomes dictators'). It is an immense collage evoking the way arbitrary power looks after nothing but its own interests, to the detriment of cultures that have become amorphous and standardised.

◄ *Rito de Iniciación (Como Latinoamérica le da la bienvenida a sus nuevas dictaduras)*, 2016 (détail/detail)
Collage de papiers découpés/Collage of cut papers, 3 × 14 m.

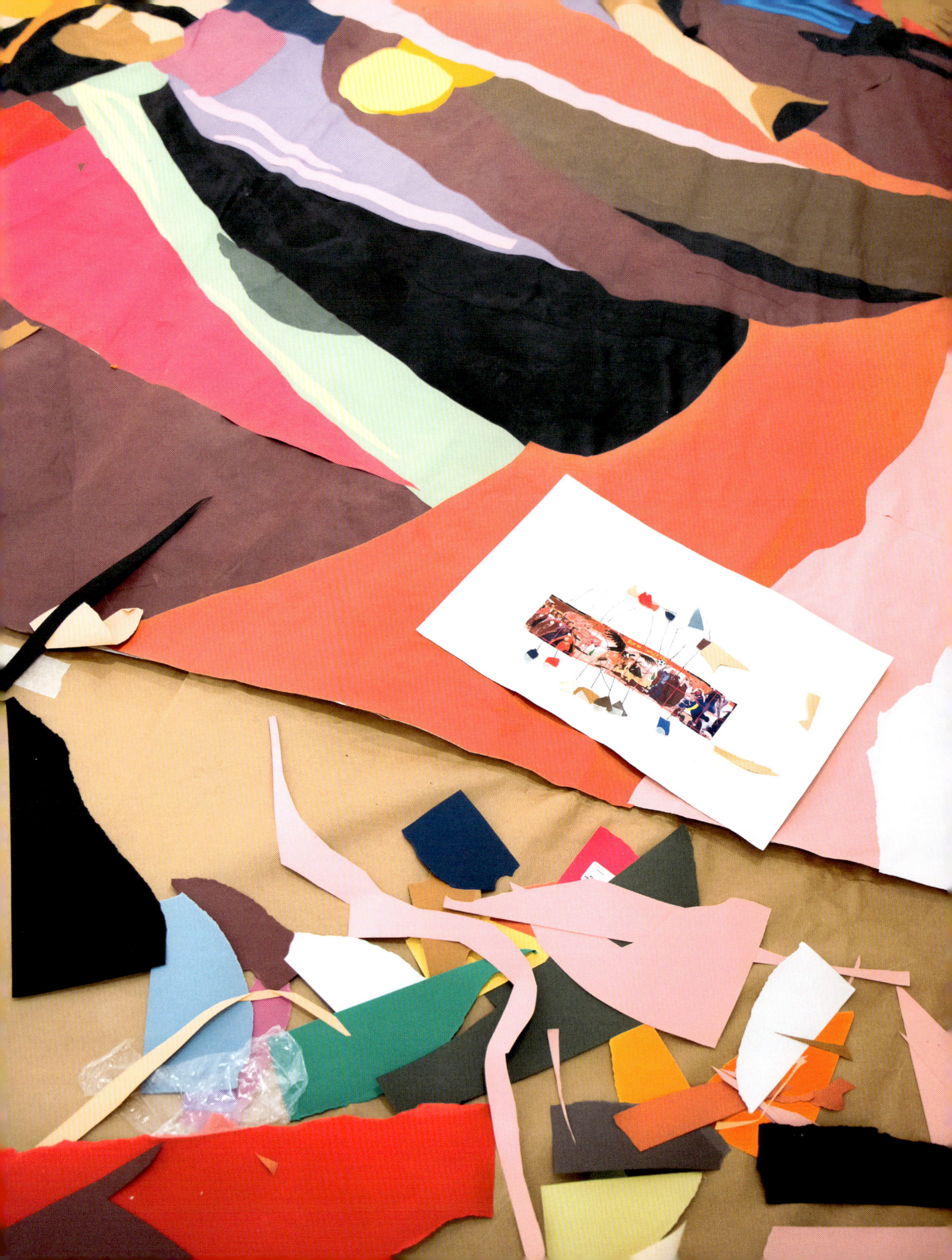

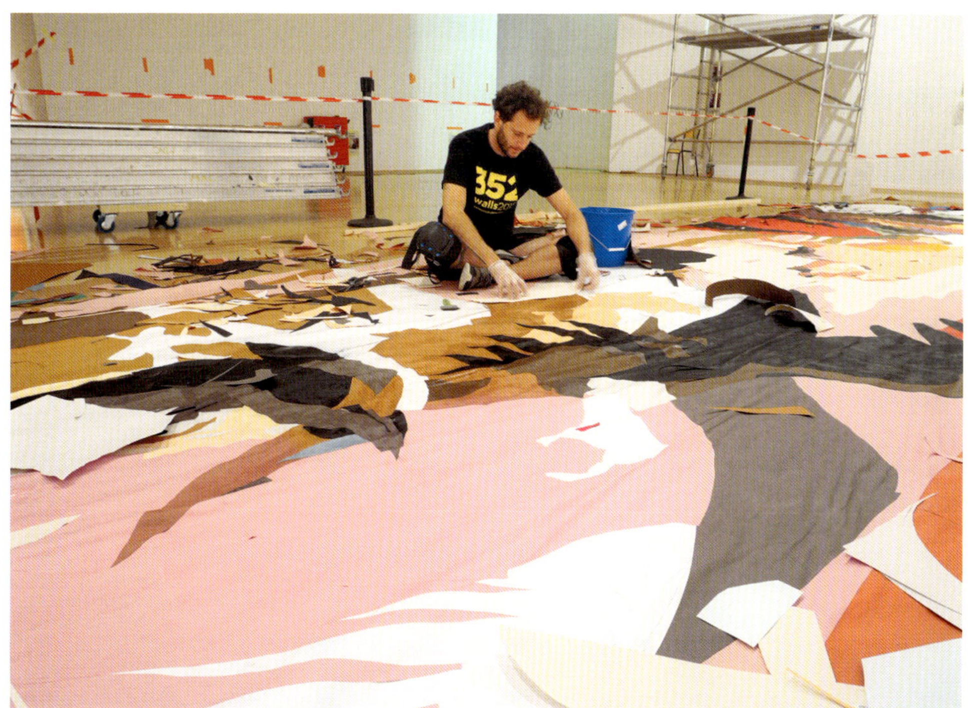

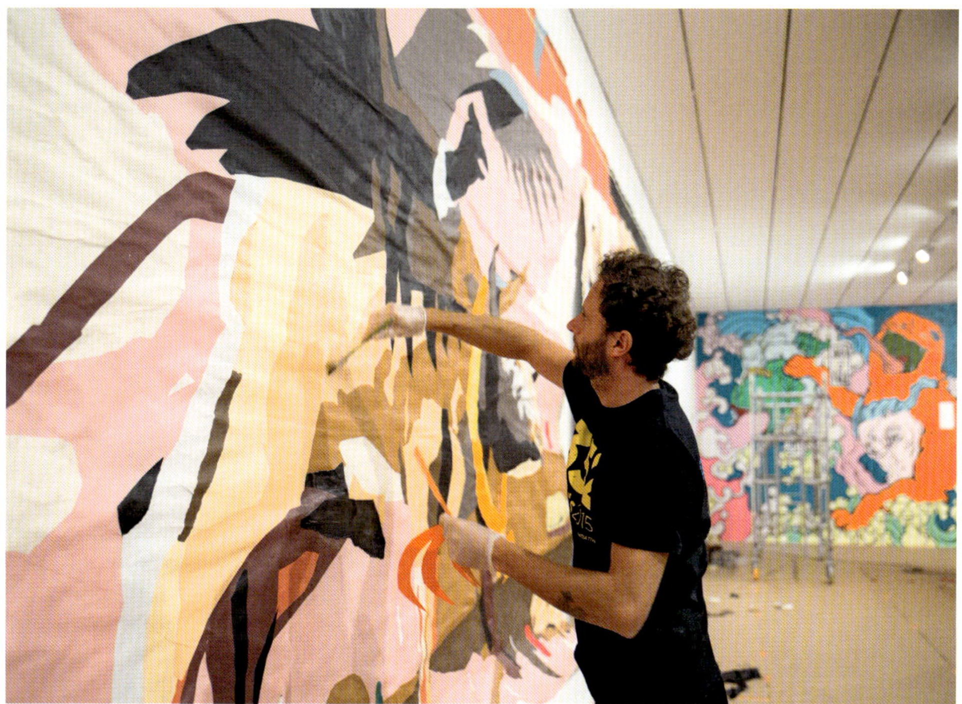

pp. 60-61
Franco Fasoli/Jaz réalisant/working on **Rito de Iniciación (Como Latinoamérica le da la bienvenida a sus nuevas dictaduras)**, 2016, exposition/exhibition *Wall Drawings*, *Icônes urbaines* au/at mac[LYON].

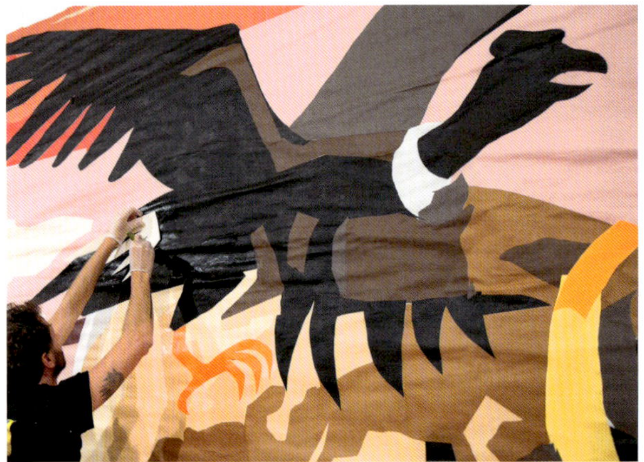

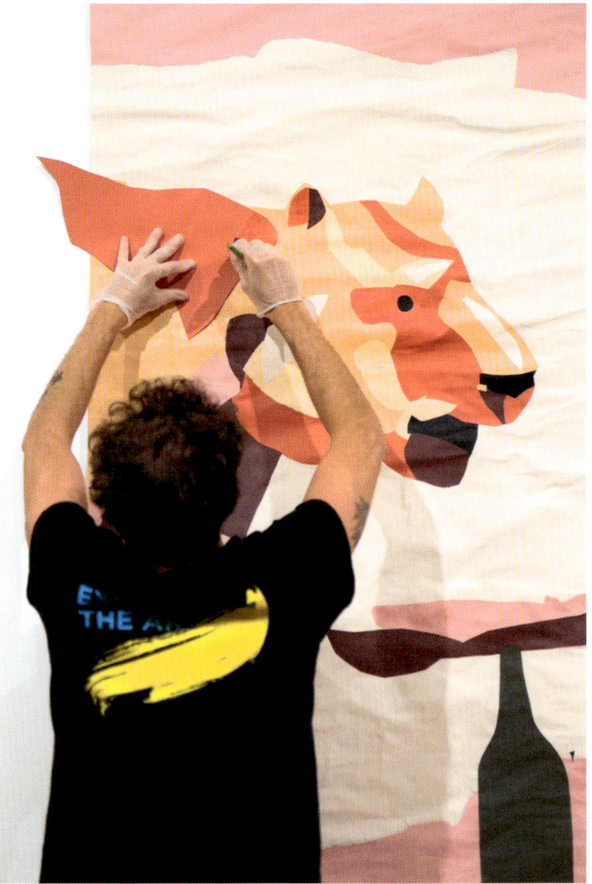

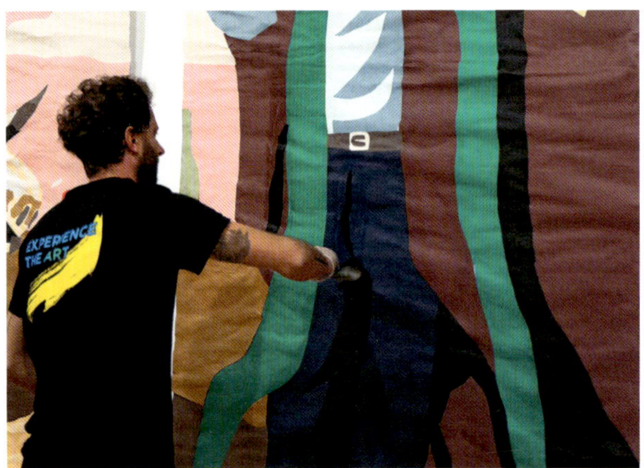

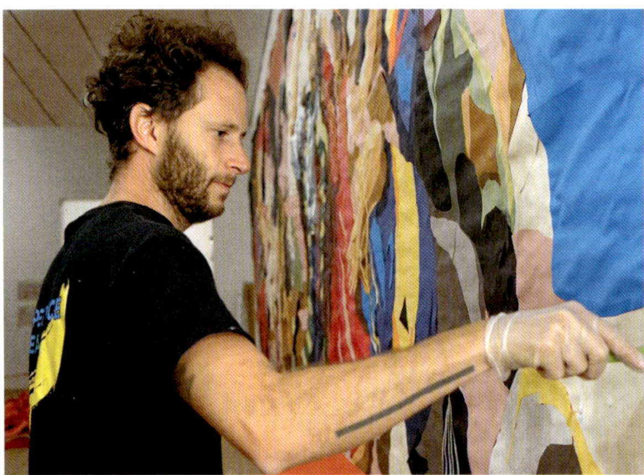

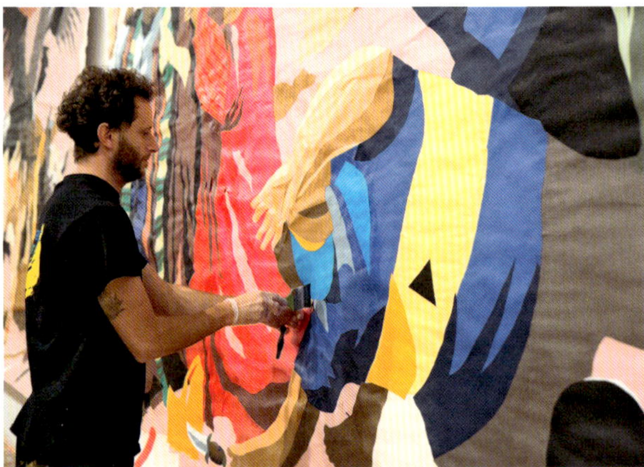

pp. 62-63
Franco Fasoli/Jaz réalisant/working on **Rito de Iniciación (Como Latinoamérica le da la bienvenida a sus nuevas dictaduras)**, 2016, exposition/exhibition *Wall Drawings*, *Icônes urbaines* au/at mac^{LYON}.

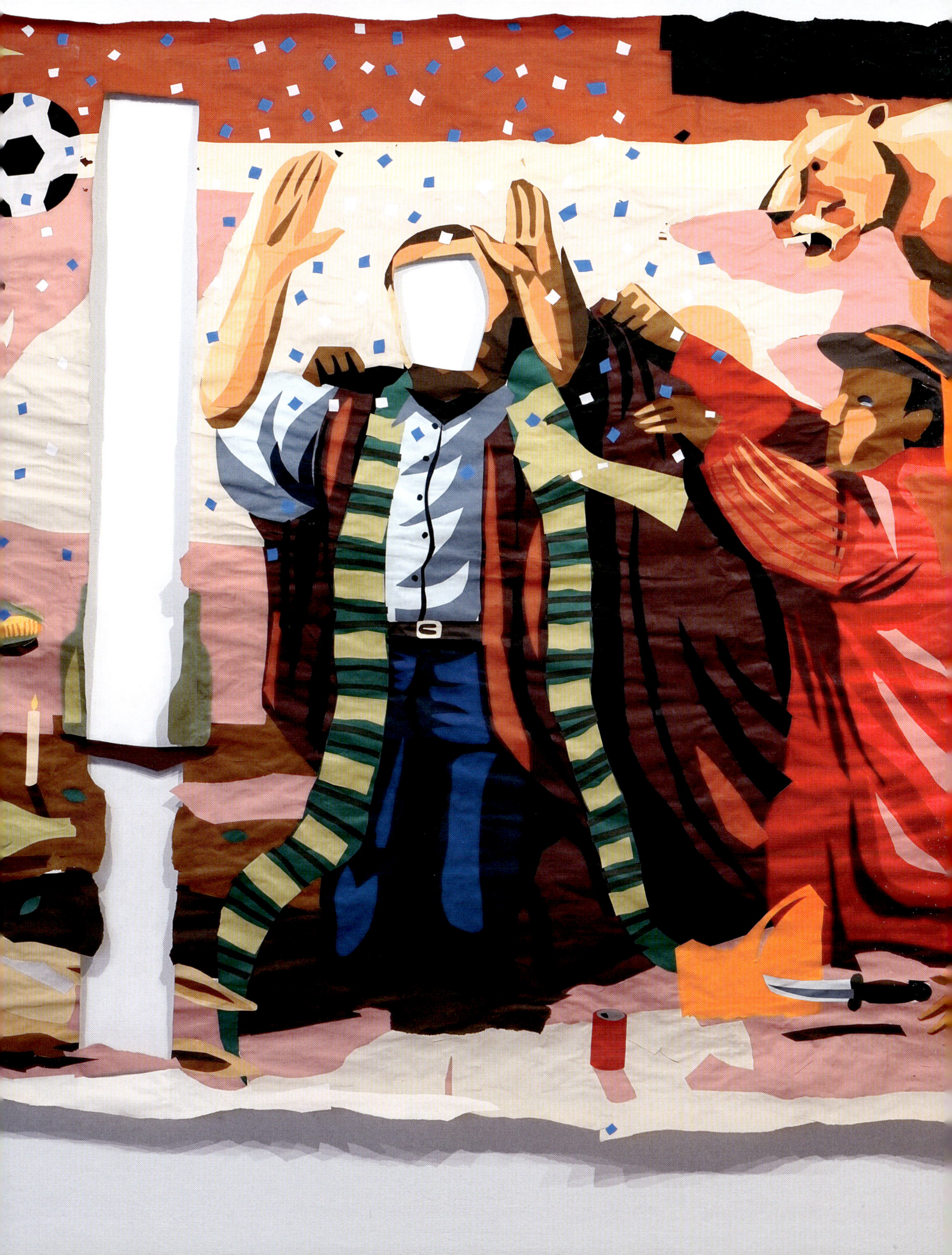

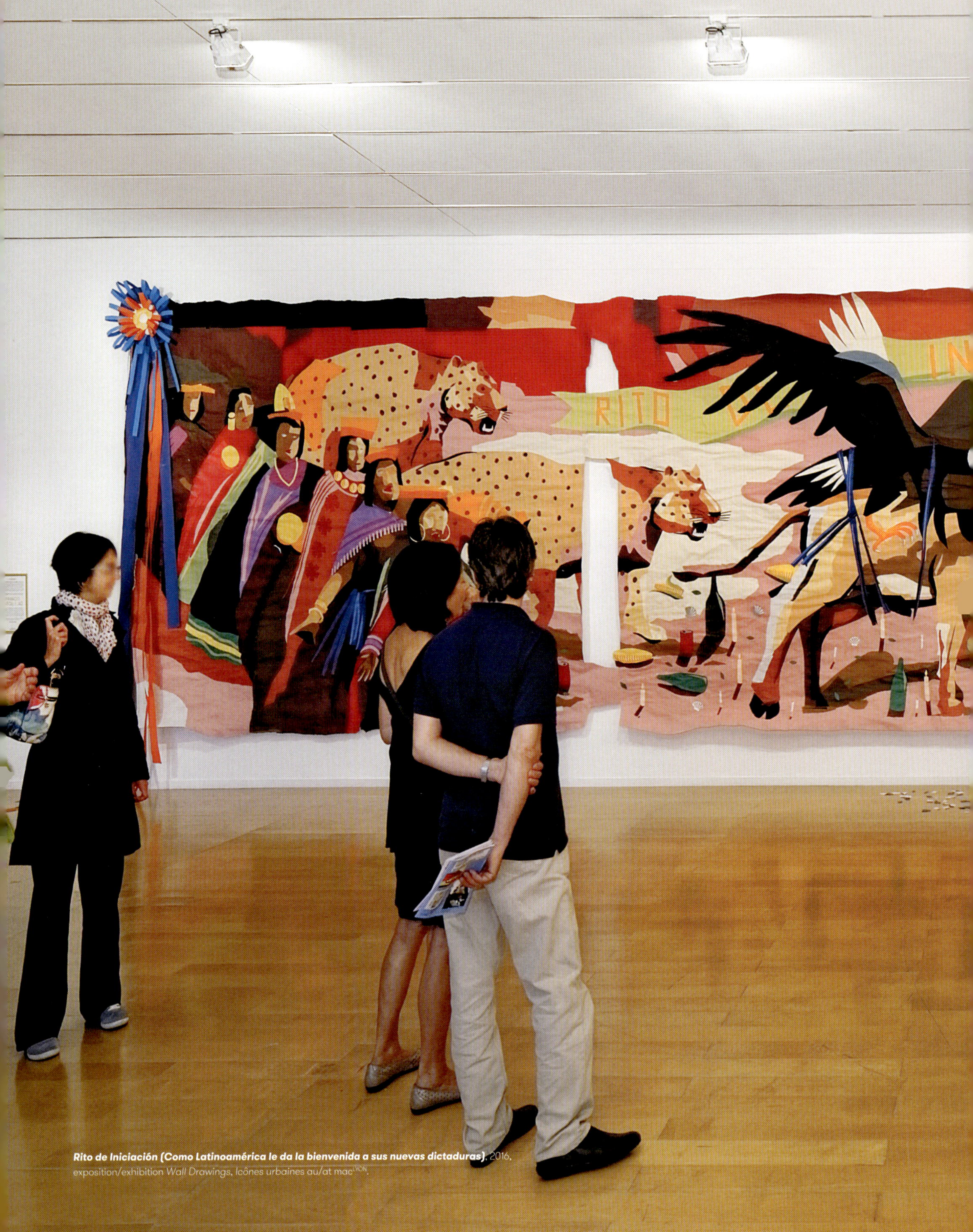

Rito de Iniciación (Como Latinoamérica le da la bienvenida a sus nuevas dictaduras), 2016,
exposition/exhibition *Wall Drawings, Icônes urbaines* au/at mac^{LYON}.

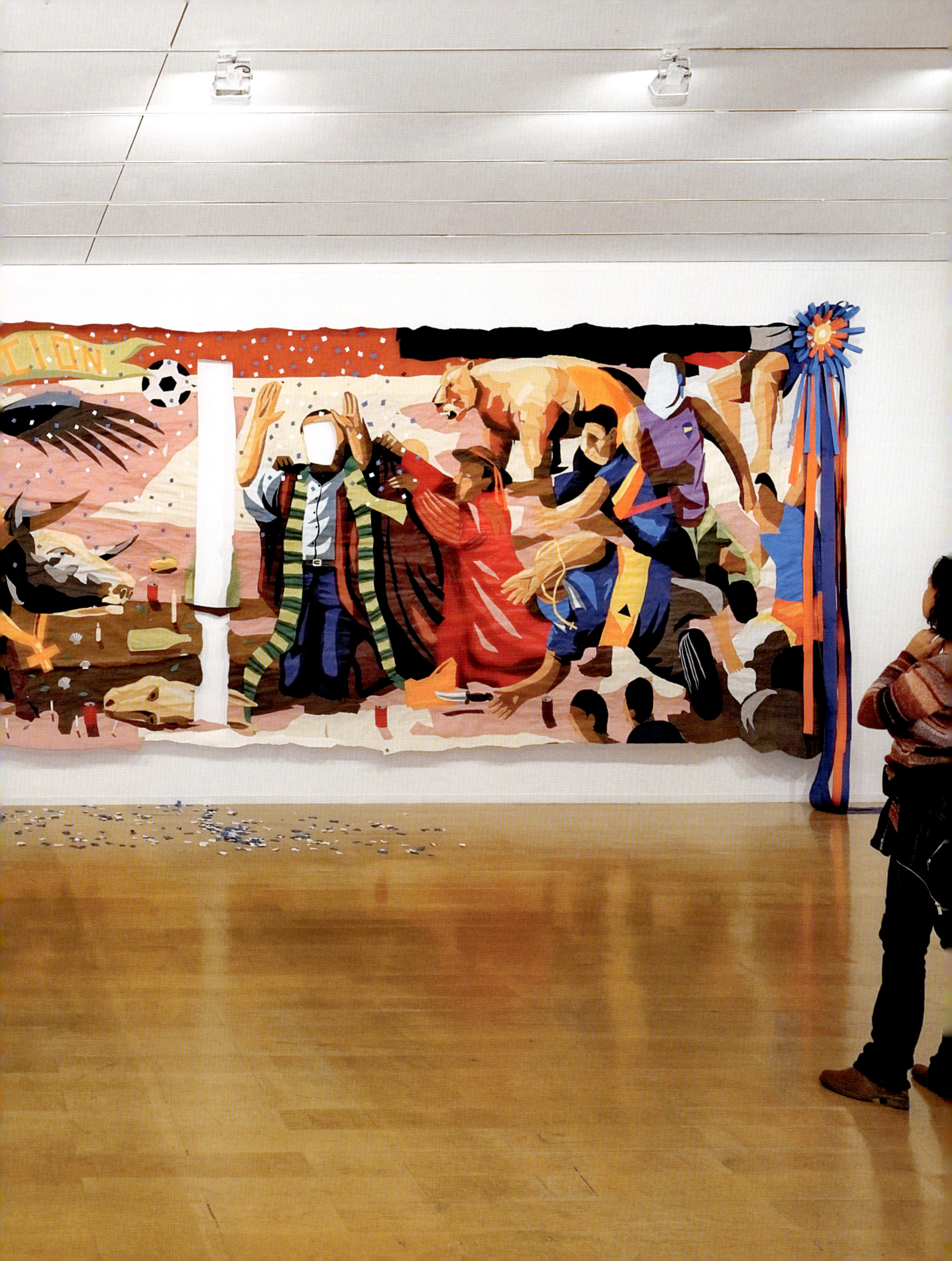

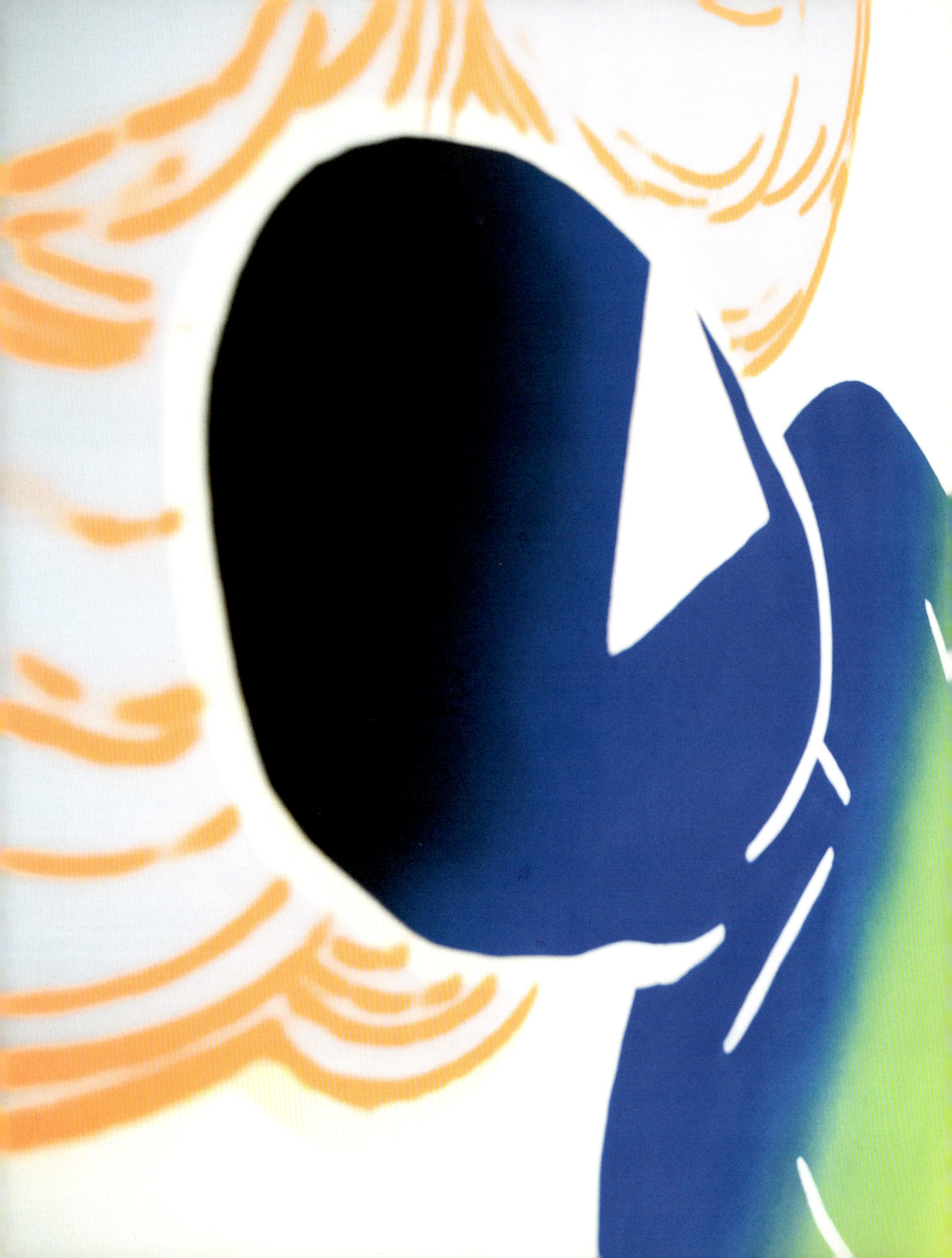

Nés en 1983 et 1984 à Saint-Denis (La Réunion, France).
Vivent et travaillent à Saint-Denis (La Réunion, France).

La Réunion
Reunion

Born in 1983 and 1984, in Saint-Denis (Reunion, France).
Live and work in Saint-Denis (Reunion, France).

KID KRÉOL & BOOGIE

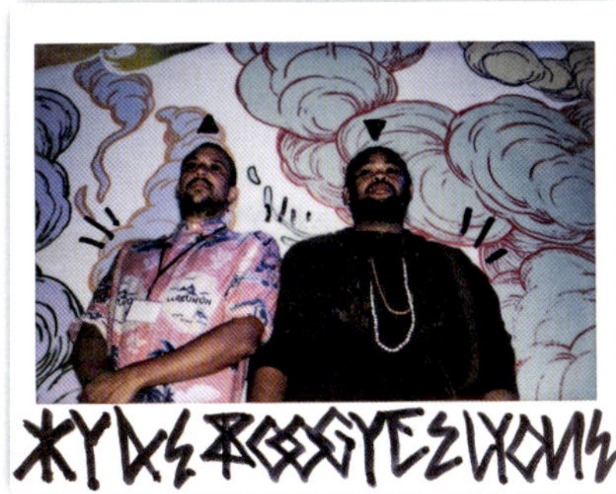

Jean-Sébastien Clain et Yannis Nanguet constituent le duo de street artistes Kid Kréol & Boogie durant leurs études à l'École des Beaux-Arts de Saint-Denis de La Réunion en 2008. Influencés par les rites, les mythes et les différents contes et légendes de l'océan indien, ils ont choisi d'utiliser l'image comme vecteur d'expression alors que la culture réunionnaise est majoritairement transmise par l'oralité et la musique. Ainsi, les fantômes, la nature, les chimères, l'architecture, les frontières, la « créolité », l'excès, les secrets, les croyances comptent parmi leurs nombreuses sources d'inspiration.

Au musée, l'œuvre *Sans titre, Remonter le temps par la lumière* qui couvre murs, sol et plafond, incite le visiteur à « entrer dans la couleur » par un jeu de lumières aléatoires qui fait vibrer les formes et les tonalités. Kid Kréol & Boogie réalisent également plusieurs fresques dans la ville : sur les façades des n°33, 44 et 45, quai Charles de Gaulle, Lyon 6ᵉ, ainsi qu'une fresque avec Julien Malland dans le métro Bellecour, Lyon 2ᵉ.

Jean-Sébastien Clain and Yannis Nanguet met at the École des Beaux-Arts de Saint-Denis (Reunion, France) in 2008 and created the street artist duo known by the pseudonym of Kid Kréol & Boogie. They are influenced by rituals, myths and the many tales and legends of the Indian Ocean. They opted for images as their means of expression, in spite of the fact that Reunion culture is largely transmitted orally and through music. As a consequence, ghosts, nature, chimeras, architecture, frontiers, 'Creolité', excess, secrets, and beliefs are among their many sources of inspiration.

Their work at the museum, *Sans titre, Remonter le temps par la lumière*, which covers walls, floor and ceiling, encourages visitors to 'enter the realm of colour' by means of random lights that cause the shapes and tones to shimmer. Kid Kréole & Boogie also realised several murals in different parts of Lyon: on the facades of numbers 33, 44 and 45, quai Charles de Gaulle, Lyon 6, and with Julien Malland at Bellecour metro station, Lyon 2.

◄ ***Sans titre, Remonter le temps par la lumière***, 2016 (détail/detail)
Installation, peinture acrylique, spray, système lumineux/
Installation, acrylic paint, spray, light system, 300 m².

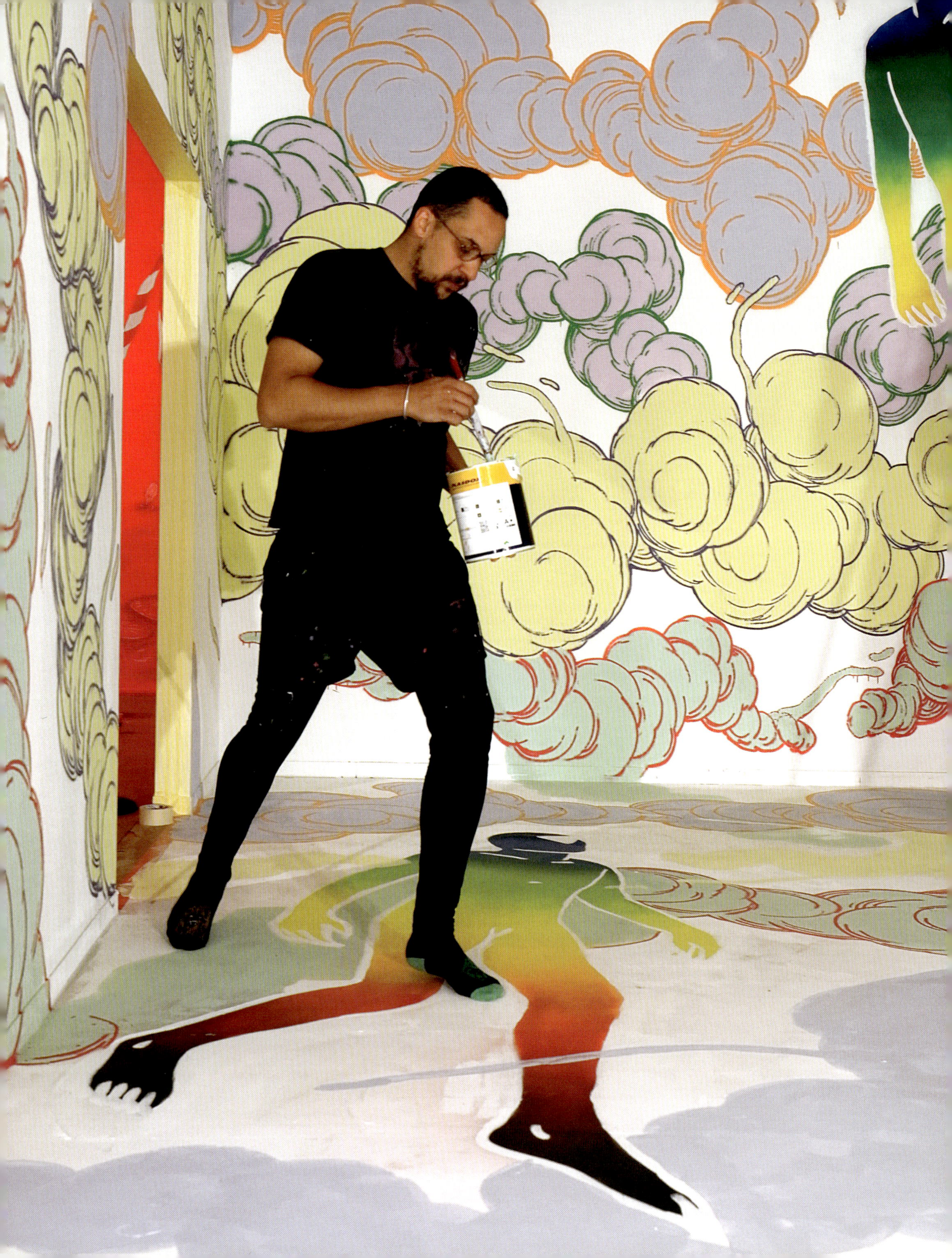

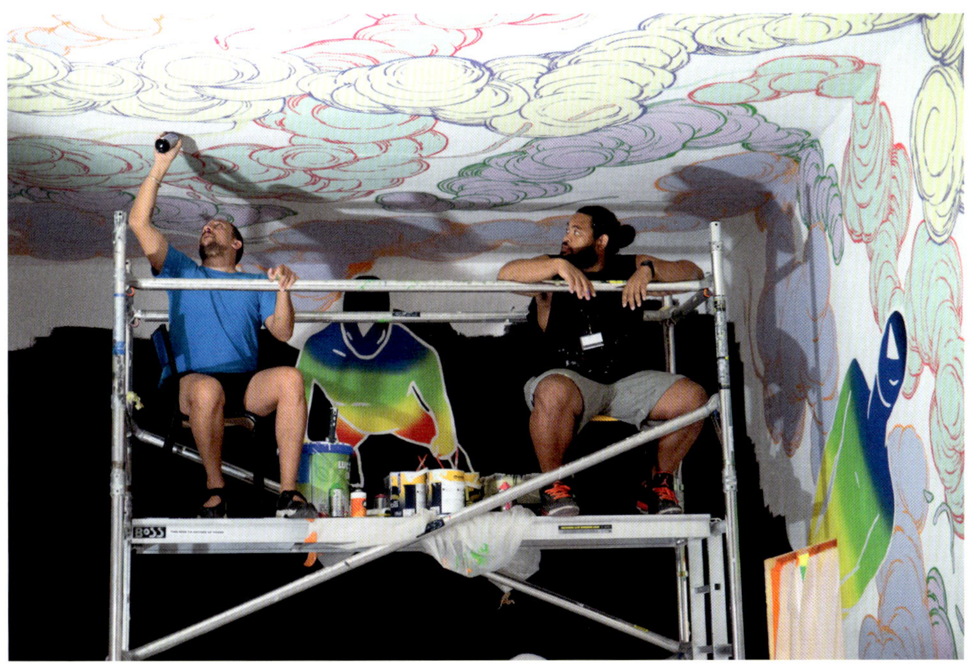

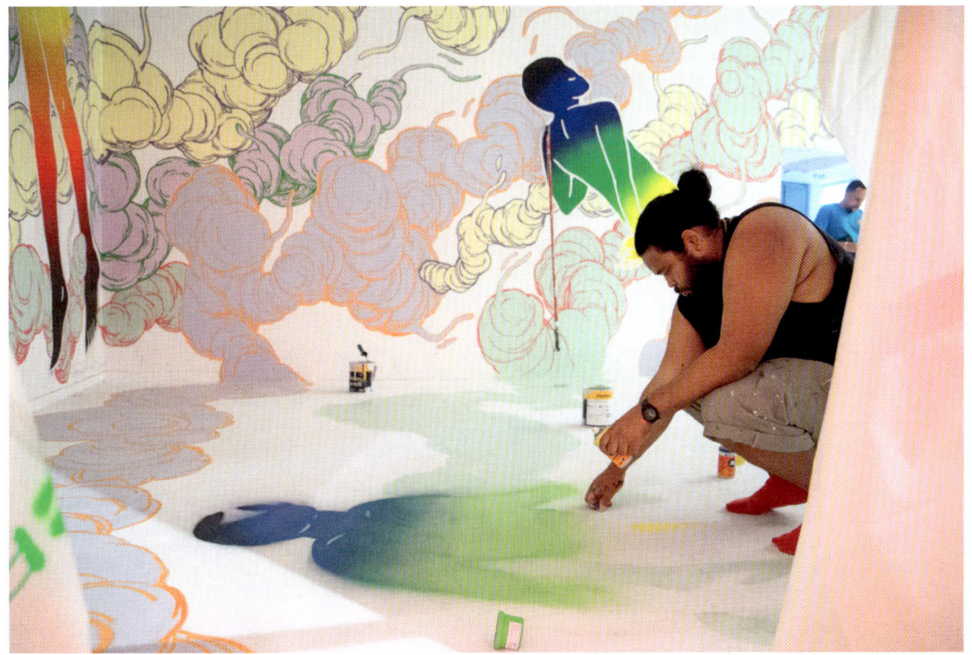

pp. 68-69
Kid Kréol & Boogie réalisant/working on **Sans titre, Remonter le temps par la lumière**, 2016,
exposition/exhibition *Wall Drawings*, *Icônes urbaines* au/at mac[LYON].

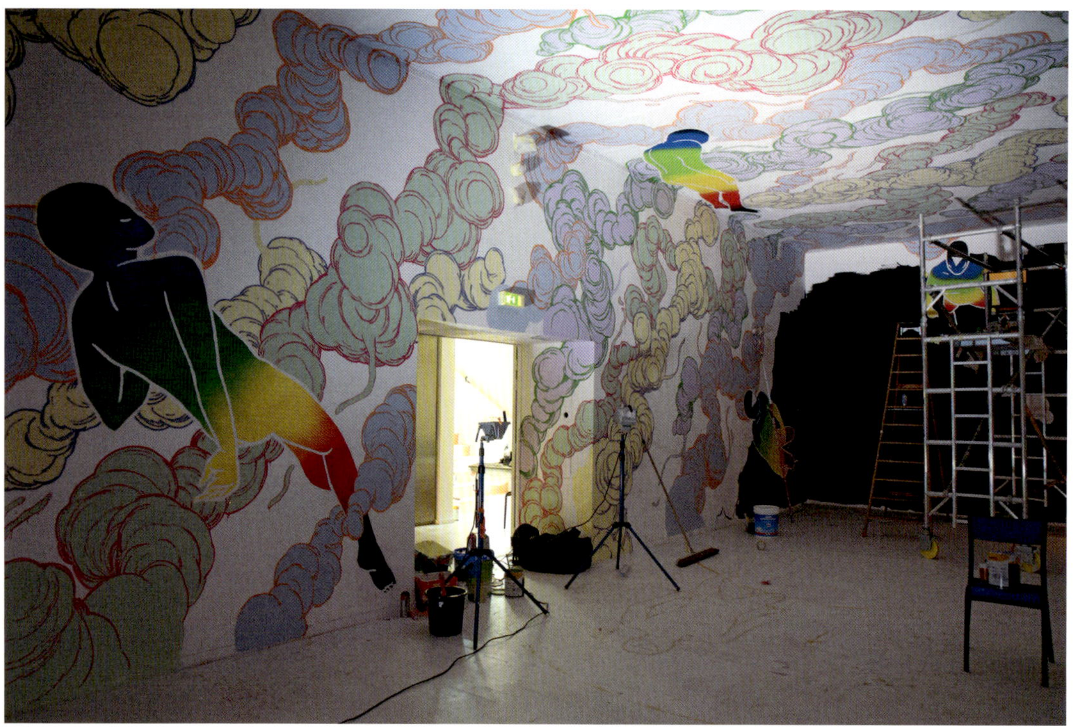

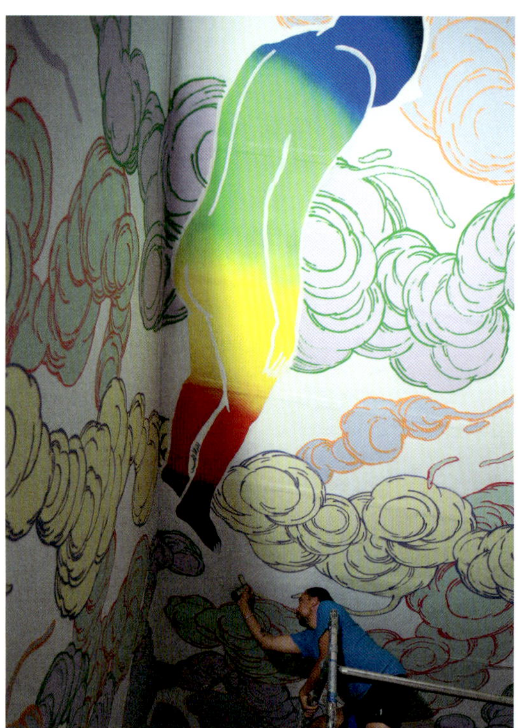

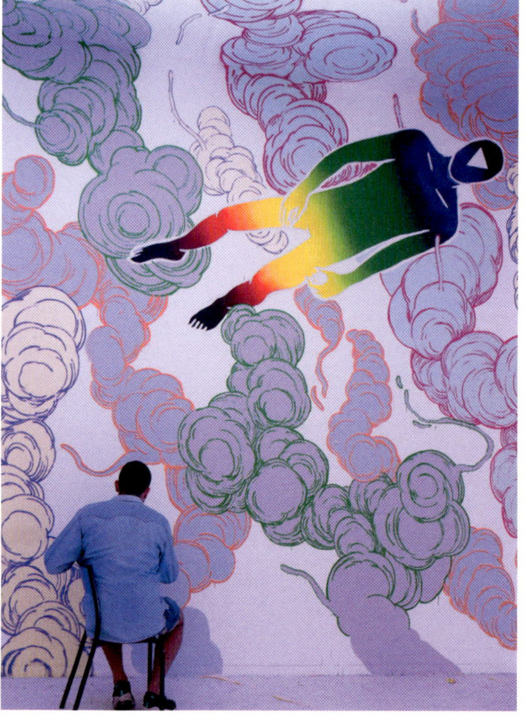

Kid Kréol & Boogie réalisant/working on **Sans titre, Remonter le temps par la lumière**, 2016,
exposition/exhibition *Wall Drawings*, *Icônes urbaines* au/at mac[LYON].

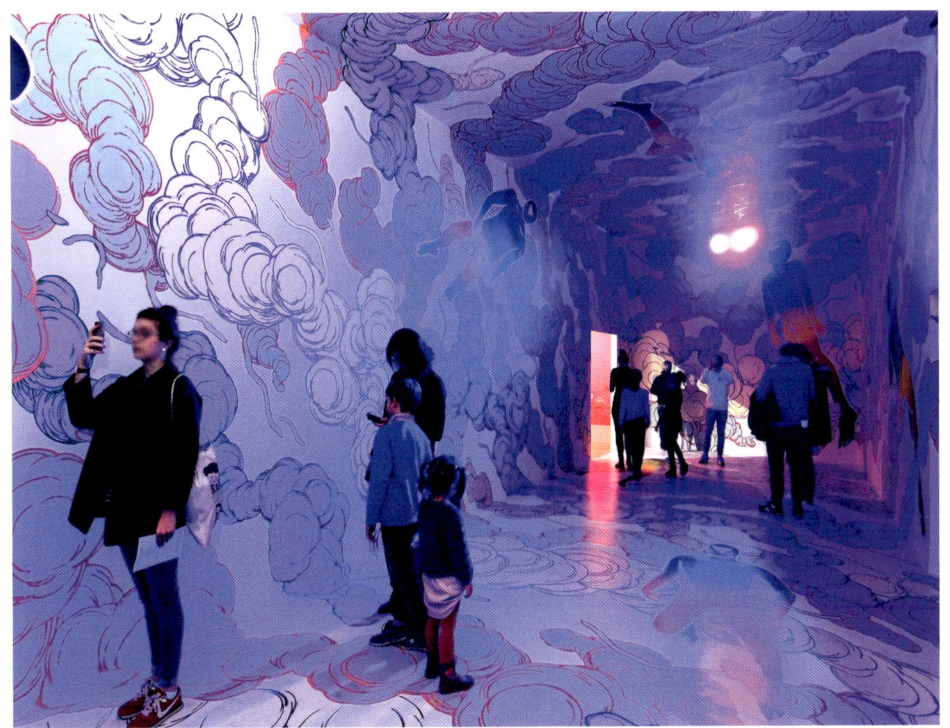

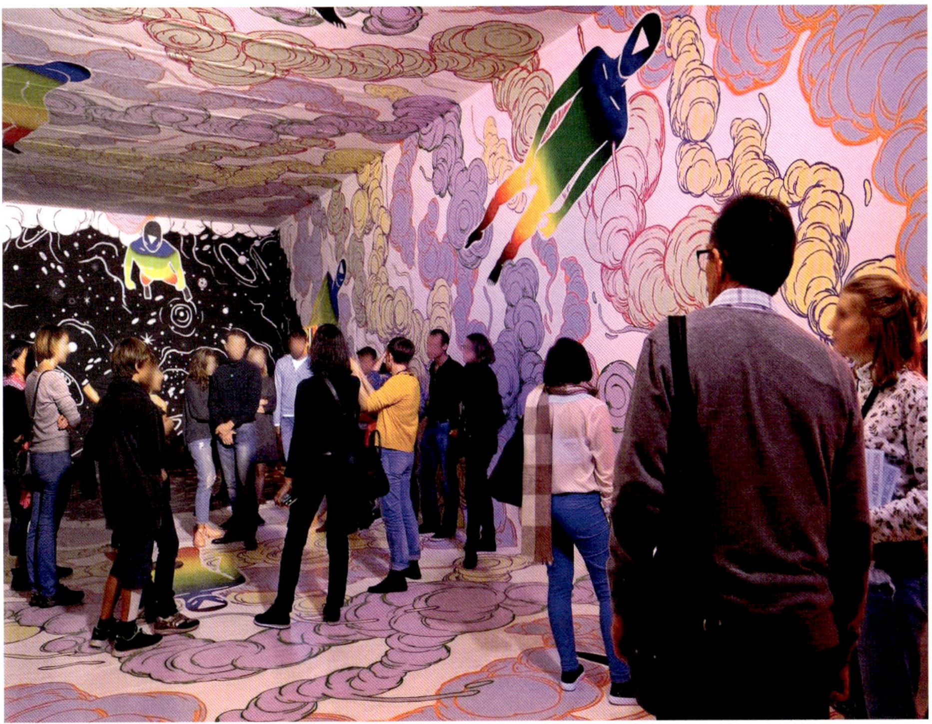

Sans titre, Remonter le temps par la lumière, 2016, exposition/exhibition *Wall Drawings, Icônes urbaines* au/at mac[LYON].

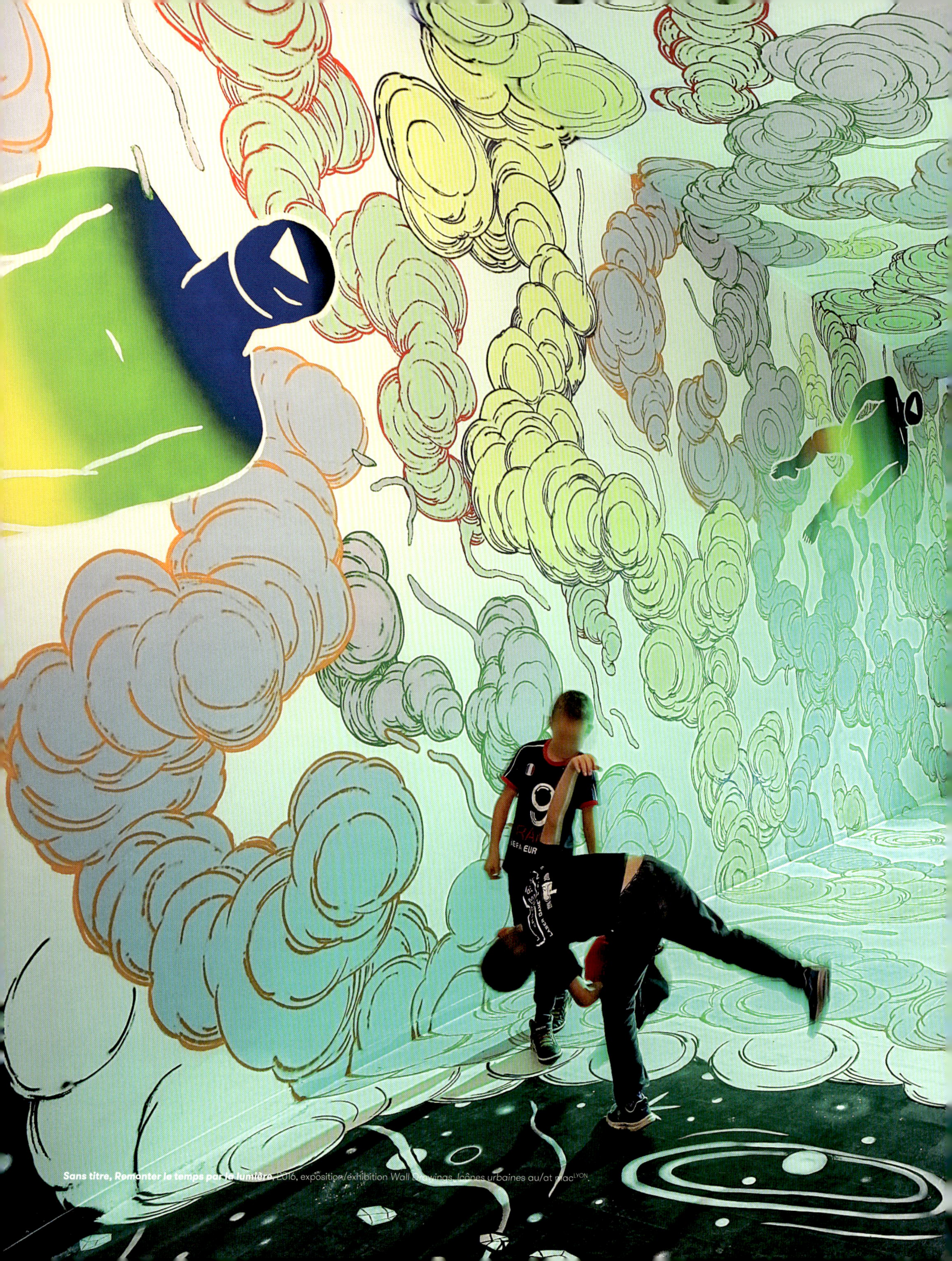

Sans titre, Remonter le temps par le Jupiter, 2016, exposition/exhibition *Wall Drawings, Icônes urbaines* au/at mac LYON

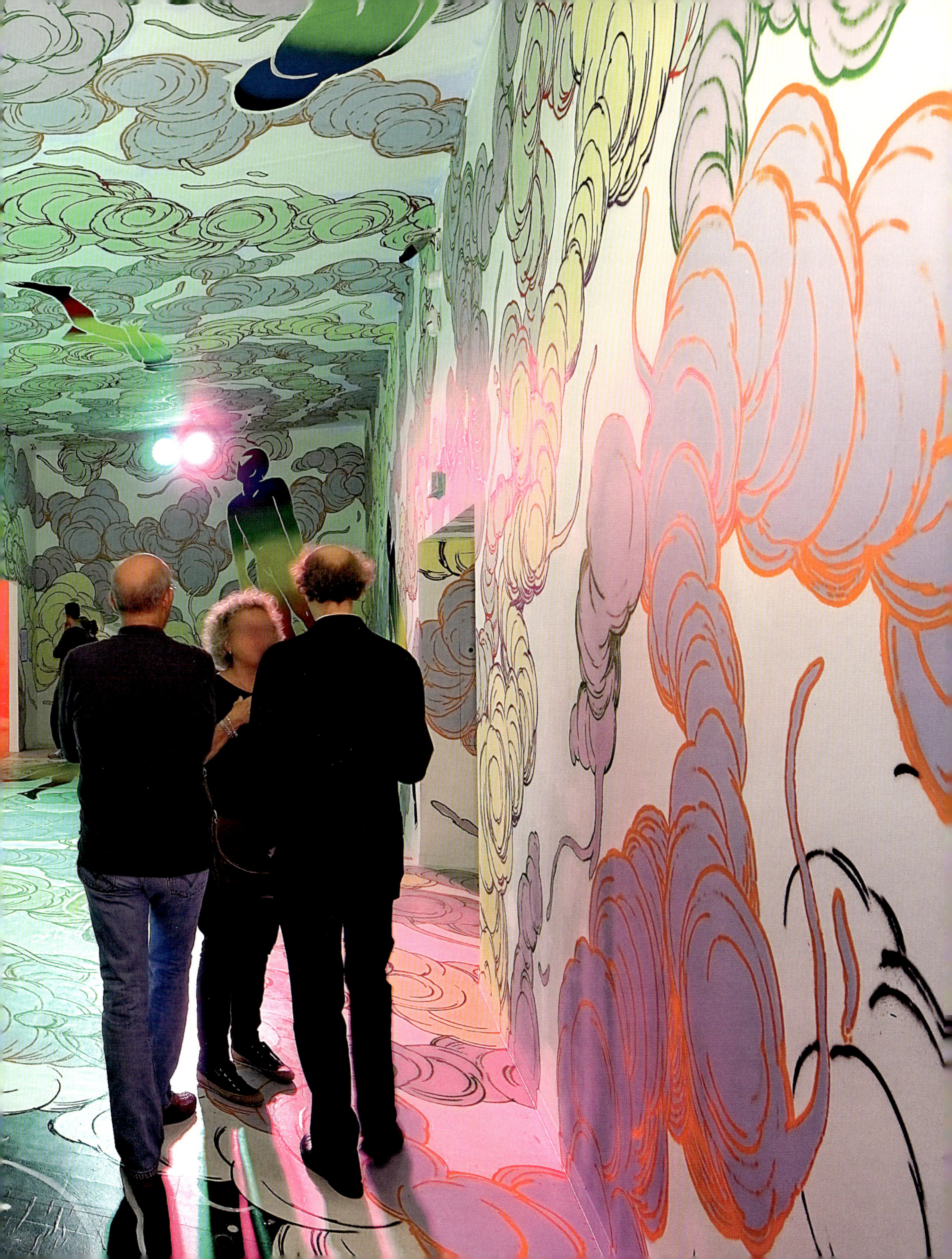

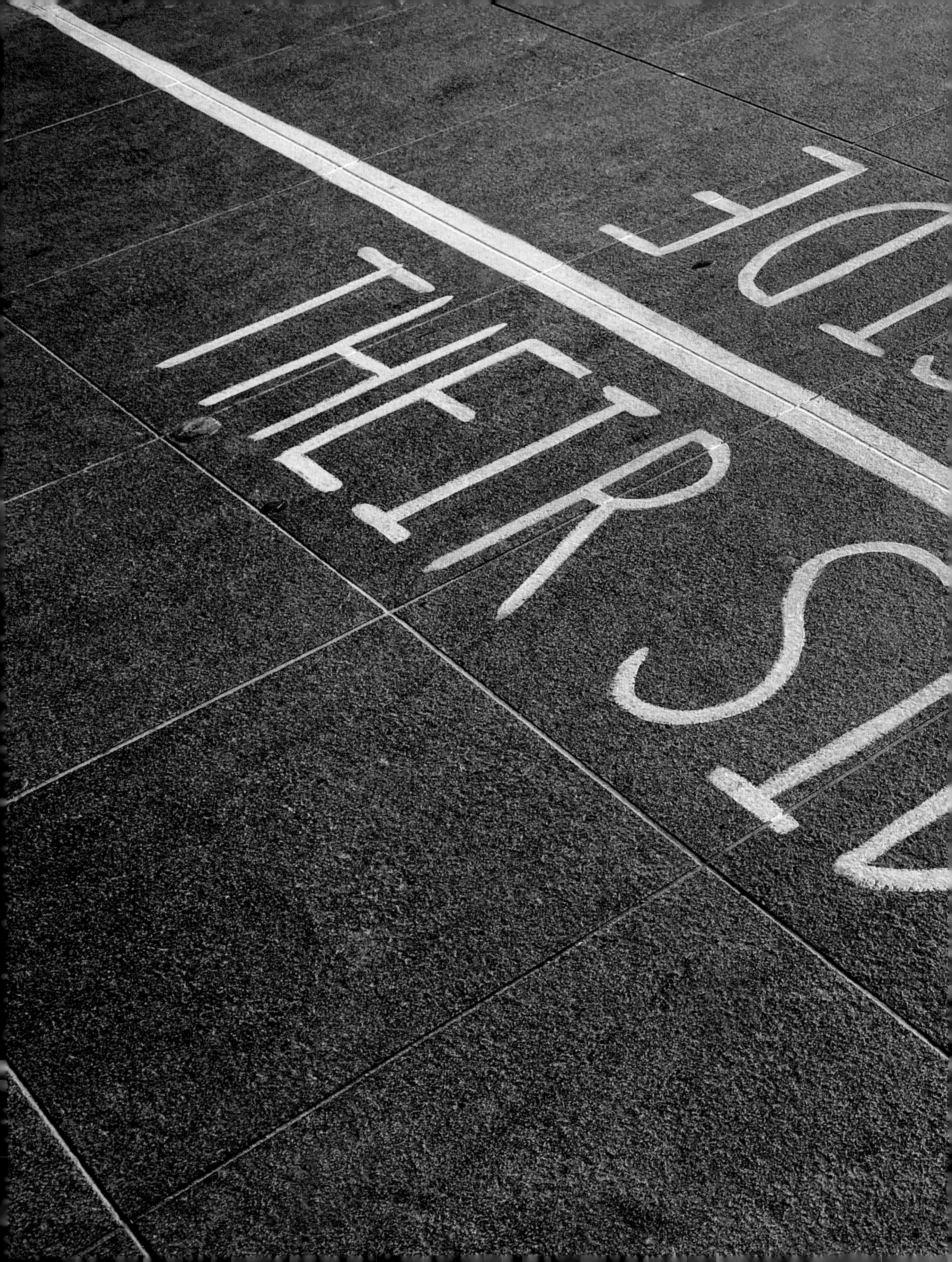

Né en 1986 à Fountain Valley (États-Unis).
Vit et travaille à Tel Aviv (Israël).

Born in 1986 in Fountain Valley (USA).
Lives and works in Tel Aviv (Israel).

ADDAM YEKUTIELI/

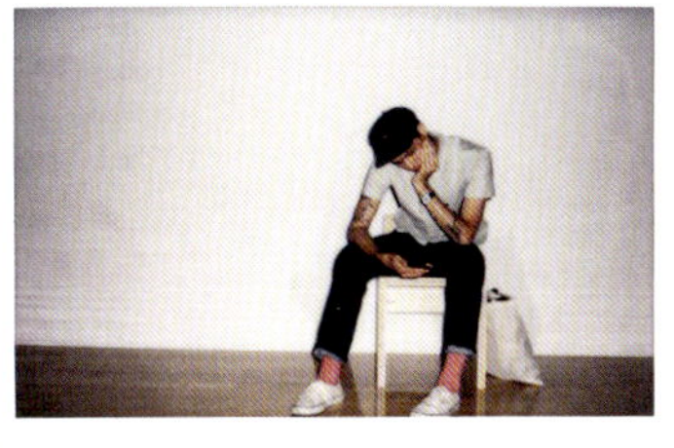

KNOW HOPE

Ses interventions ont lieu en intérieur comme en extérieur, sous la forme d'installations, de photographies, de vidéos ou encore de peintures au mur ou au sol. L'écrit, les mots, sont toujours très présents. Il amène le spectateur à s'interroger sur la place de l'art dans la rue et sur la subjectivité du système dans lequel nous vivons.

Il cherche, par des interventions souvent légères dans l'espace public, à distiller un message critique convoquant politique, poésie et humour. À Lyon, il intervient sur le sol de différents lieux publics (cimetière de la Guillotière, métro Gare d'Oullins, Basilique de Fourvière, quartier Confluence, etc.) puis filme la réaction des passants devant ses « inscriptions ». Il projette ensuite ses vidéos au musée en regard d'autres films évoquant les frontières ou les points de rencontres de deux réalités qui souvent s'opposent (Calais, Rishpon, Lesbos, Abu Dis), dans son installation intitulée *Parallels*.

Know Hope's interventions take place in both outside and interior spaces and take the form of installations, photographs, videos and paintings on the wall or on the ground. Writing and words are always very present. He involves the spectator in questioning the place of art in the street and the subjectivity of the system in which we live.

He positions his works in public space and his often light-hearted interventions seek to distil a critical message combining politics, poetry and humour. In Lyon, he graffitied on the ground in various public places (including La Guillotière new cemetery, Gare d'Oullins metro station, the Fourvière Basilica, and in Quartier Confluence); he then filmed the reactions of passers-by to his 'inscriptions'. After that his videos are projected at the museum at the same time as other films concerning frontiers, or places where two, often opposing realities meet (Calais, Rishpon, Lesbos, Abu Dis). The installation is called *Parallels*.

◀ *Parallels*, 2016 (détail/detail)
Installation vidéo, 8 films en boucle, 8 vidéoprojecteurs/
Video installation, 8 films loop, 8 video projectors, 5,60 × 2,20 m.

Parallels, 2016
Our Side / Their Side
Notre côté / Leur côté
Diptyque n°1 / *Diptych #1*
Métro Gare d'Oullins, Oullins, France
Abu Dis, West Bank, Palestine

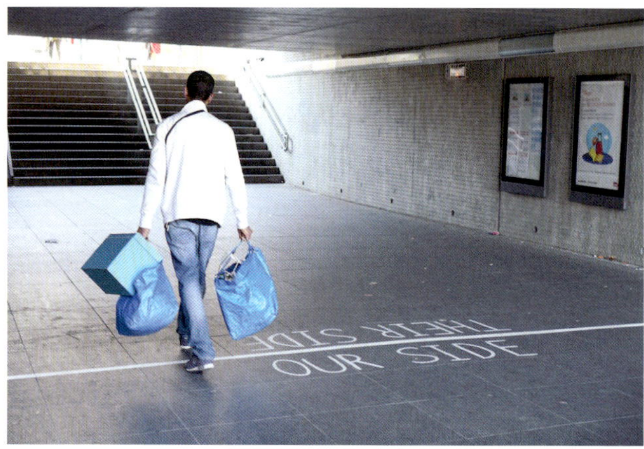

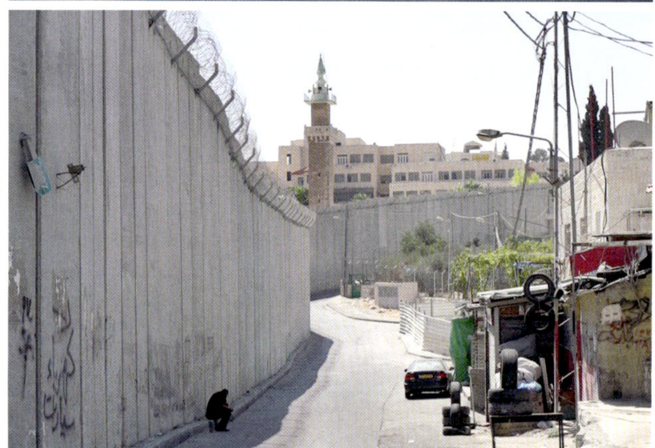

Parallels, 2016
Who We Were / What We've Become
Qui étions-nous / Que sommes-nous devenus
Diptyque n°2 / Diptych #2
Quai Arlès-Dufour/Confluence, Lyon, France
Tunnel sous la Manche, Calais, France

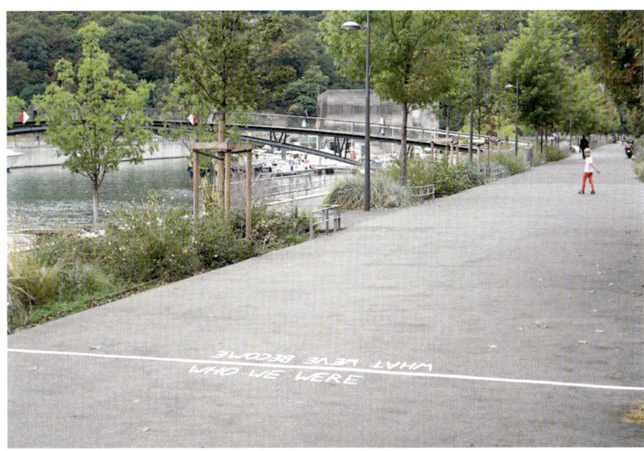

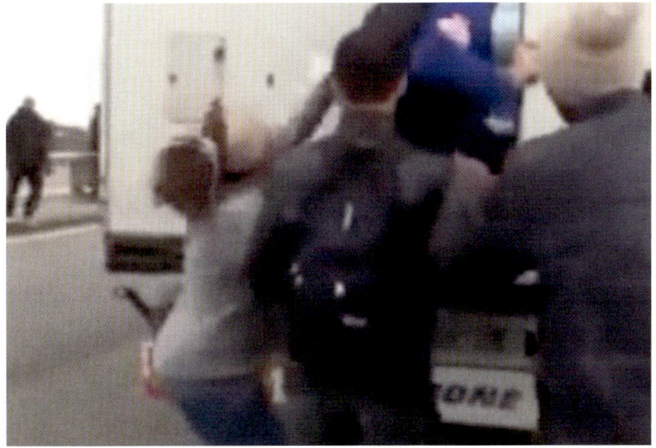

Parallels, 2016
What We Believe / What We Know
Ce que nous croyons / Ce que nous savons
Diptyque n°3 / *Diptych #3*
Esplanade de Fourvière, Lyon, France
Rishpon Farm, Rishpon, Israël

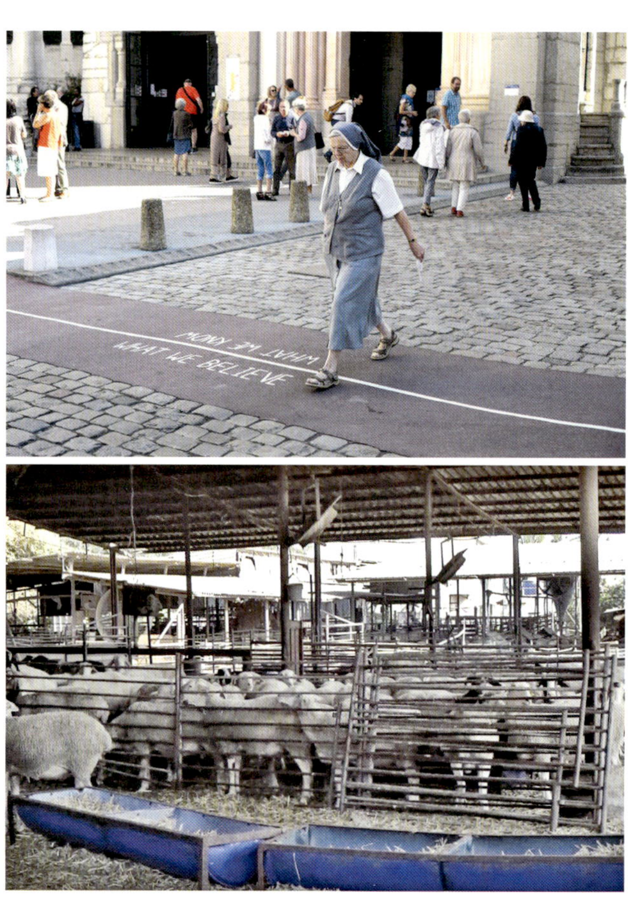

Parallels, 2016
The Longing / The Present
La nostalgie / Le présent
Diptyque n°4 / Diptych #4
Nouveau cimetière de la Guillotière, Lyon, France
Skala Sikaminias and Kagia Shorelines, Lesbos, Grèce

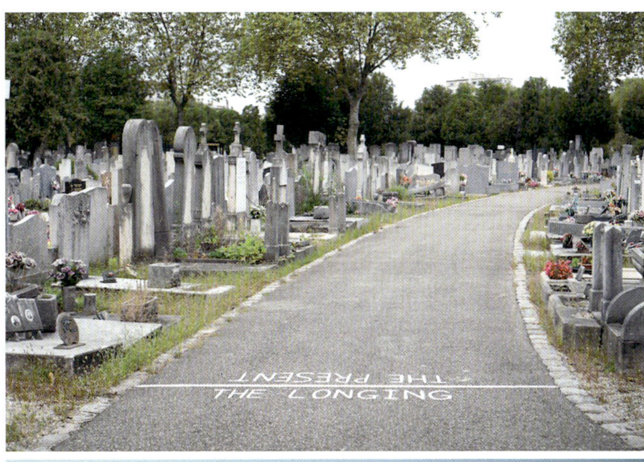

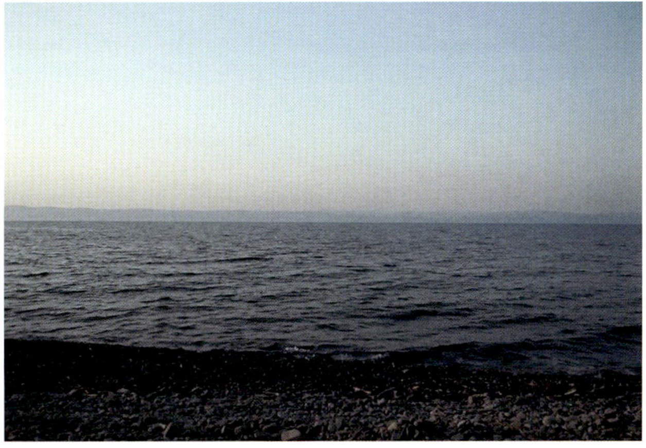

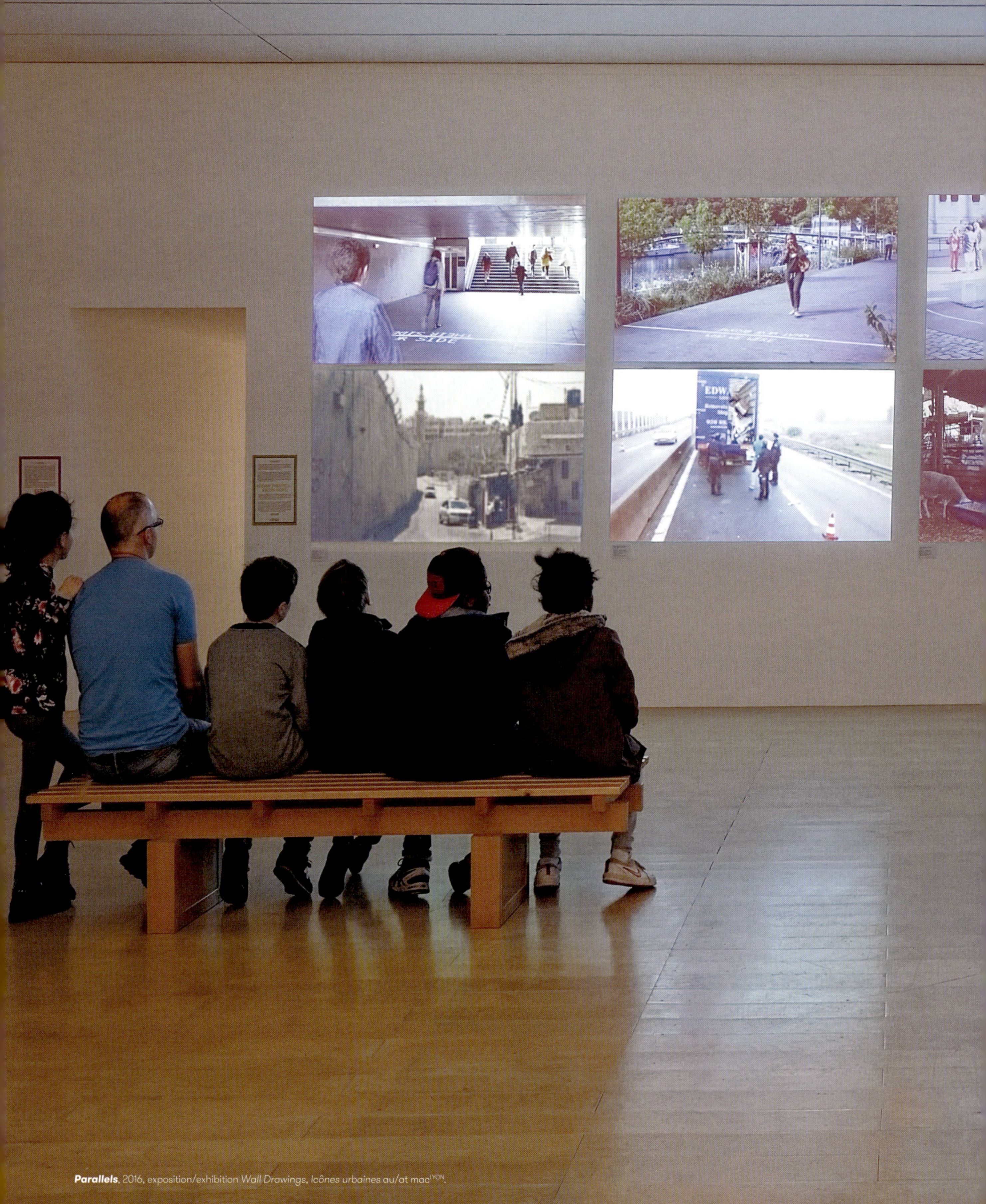

Parallels, 2016, exposition/exhibition *Wall Drawings, Icônes urbaines* au/at mac[LYON].

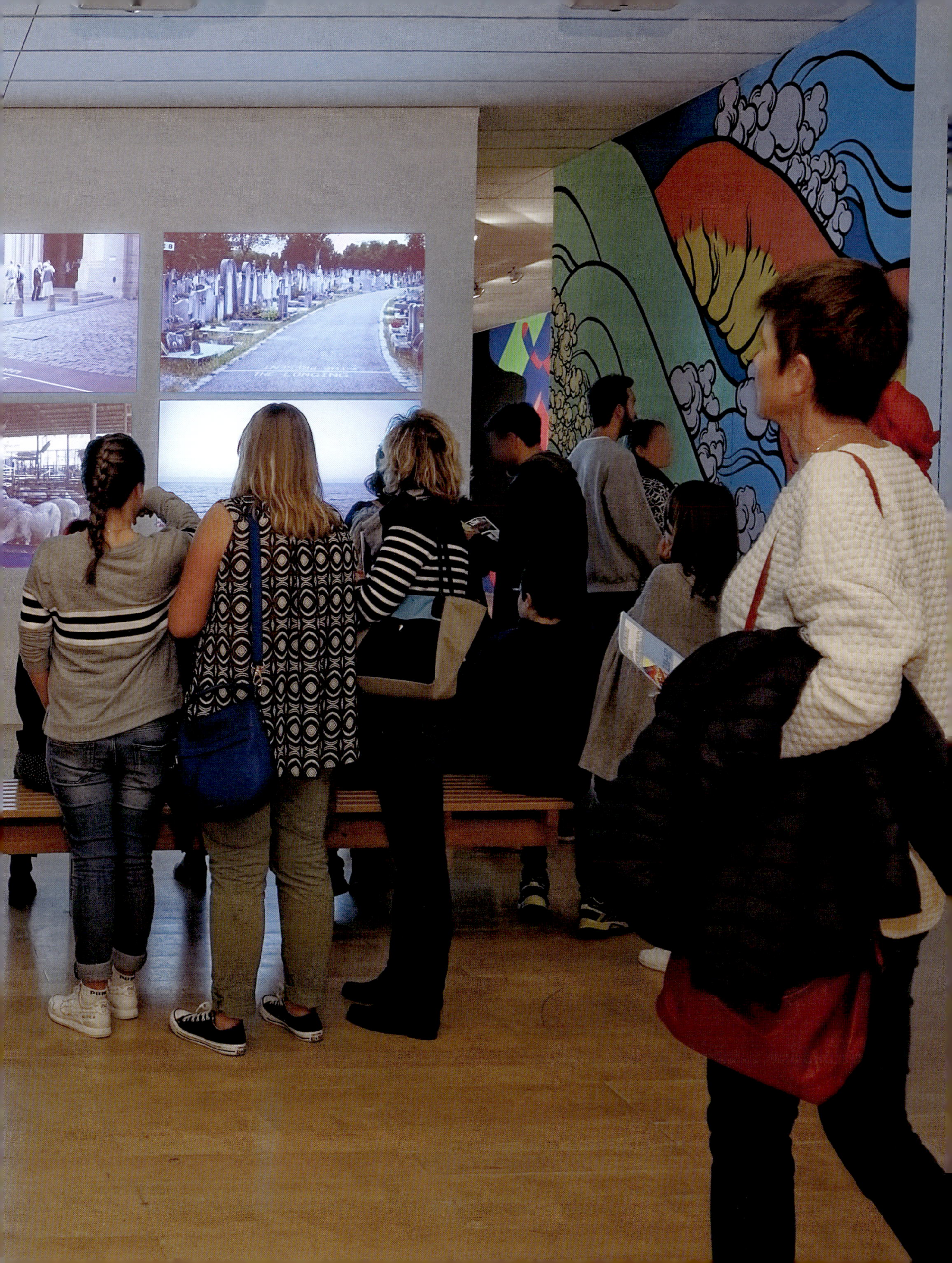

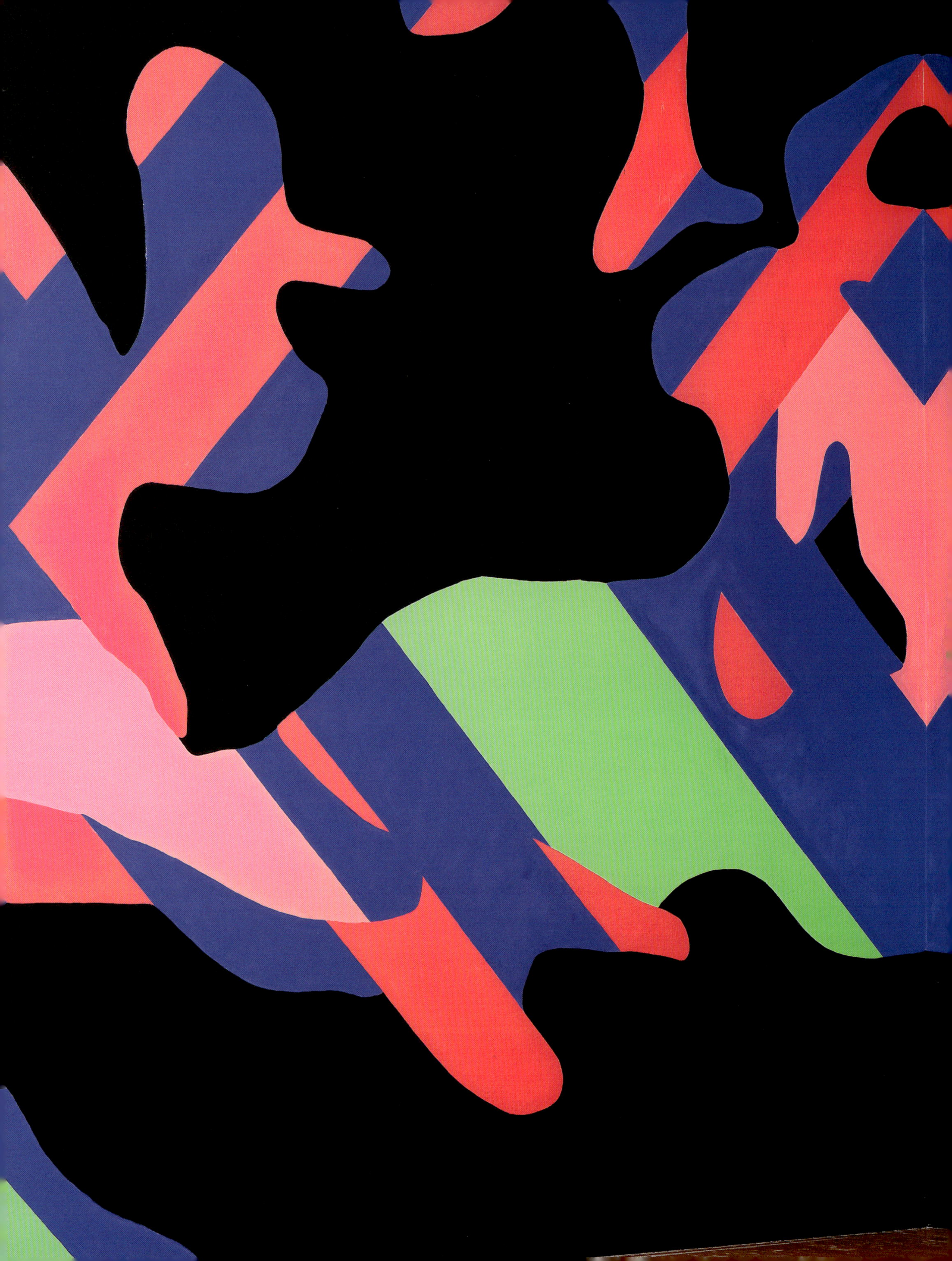

Né en 1974 à Melbourne (Australie).
Vit et travaille à Melbourne (Australie).

Born in 1974 in Melbourne (Australia).
Lives and works in Melbourne (Australia).

REKO RENNIE

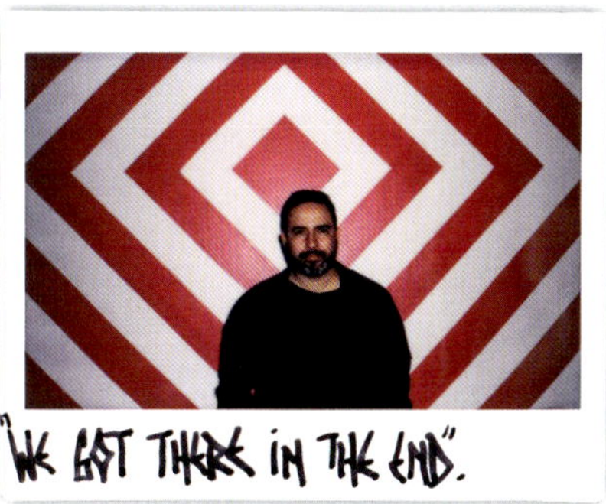

Reko Rennie décline son identité aborigène au moyen de techniques contemporaines. Il interroge l'héritage historique de son pays, notamment la colonisation et les questions de droit ou de politique intérieure. Il développe ainsi un répertoire de formes géométriques très complexes et aux couleurs vibrantes, rappelant les symboles traditionnels Kamilaroi (peuple du Sud-Est de l'Australie) qu'il combine à l'univers visuel du Street art et de la pop culture.

Au musée, il crée *Camouflage* une peinture murale qui cherche à dévoiler plutôt qu'à cacher son identité, soulignant la subjectivité de la perception visuelle. Il intervient également au Parking République (Lyon Parc Auto), Lyon 2e.

Reko Rennie explores his Aboriginal identity using contemporary media and techniques. He quizzes the history and heritage of Australia, particularly in relation to colonisation and questions of law and internal politics. He has developed a repertory of extremely complex geometrical shapes and vibrant colours, reminiscent of the traditional symbols of the South-East Australian Kamilaroi people. He combines all these with the visual grammar of Street art and pop culture.

At the museum, he has painted *Camouflage*, a mural seeking to reveal rather than to hide his identity, and intended to emphasise the subjectivity of visual perception. He has intervened at Parking République (Lyon Parc Auto) – Lyon 2.

◄ *Camouflage*, 2016 (détail/detail)
Peinture acrylique/Acrylic paint, 28,40 × 3,95 m.

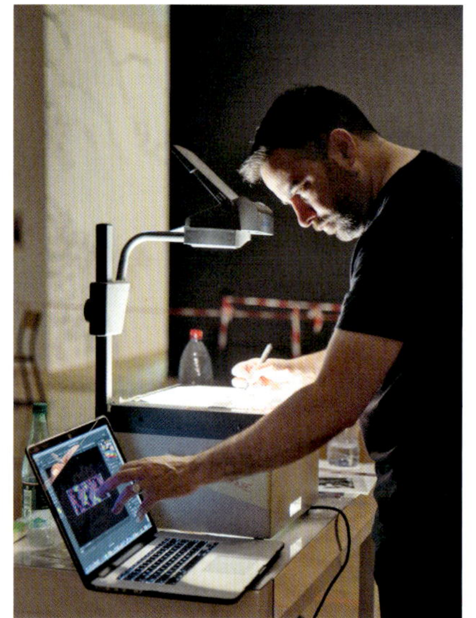

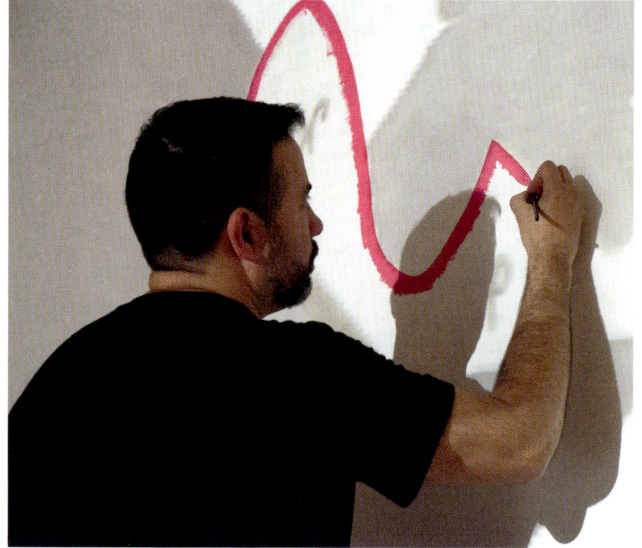

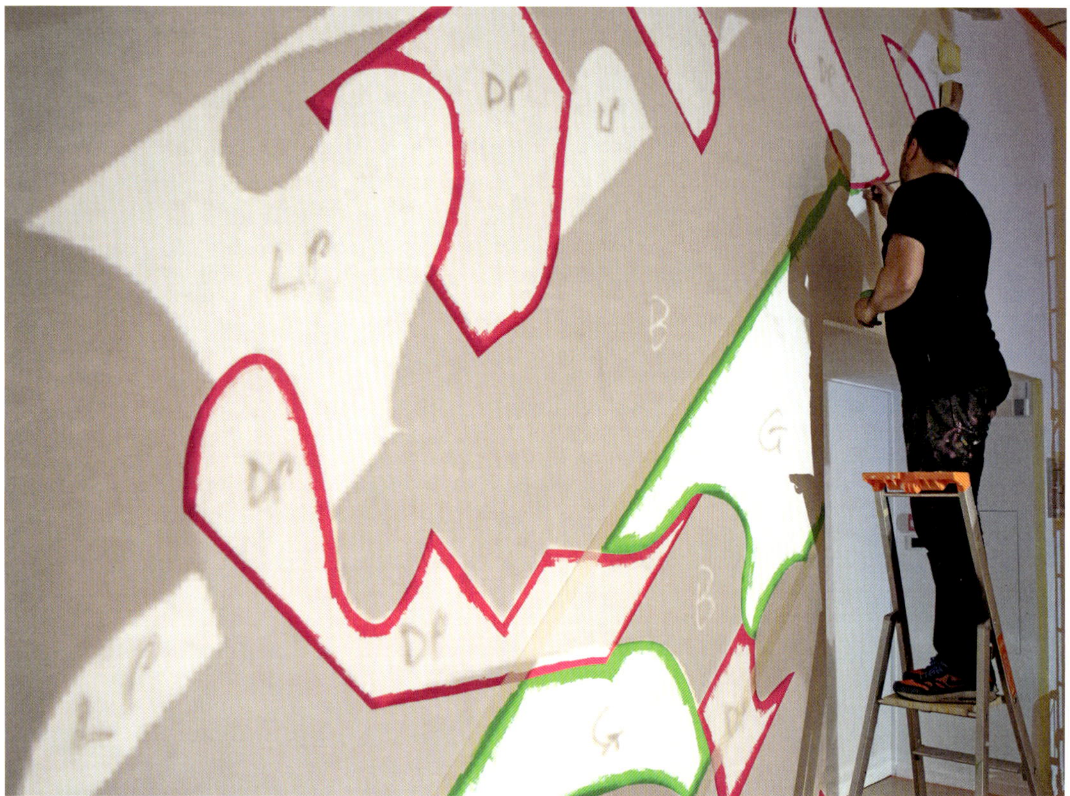

pp. 84-86
Reko Rennie réalisant/working on **Camouflage**, 2016, exposition/exhibition Wall Drawings, Icônes urbaines au/at mac[LYON].

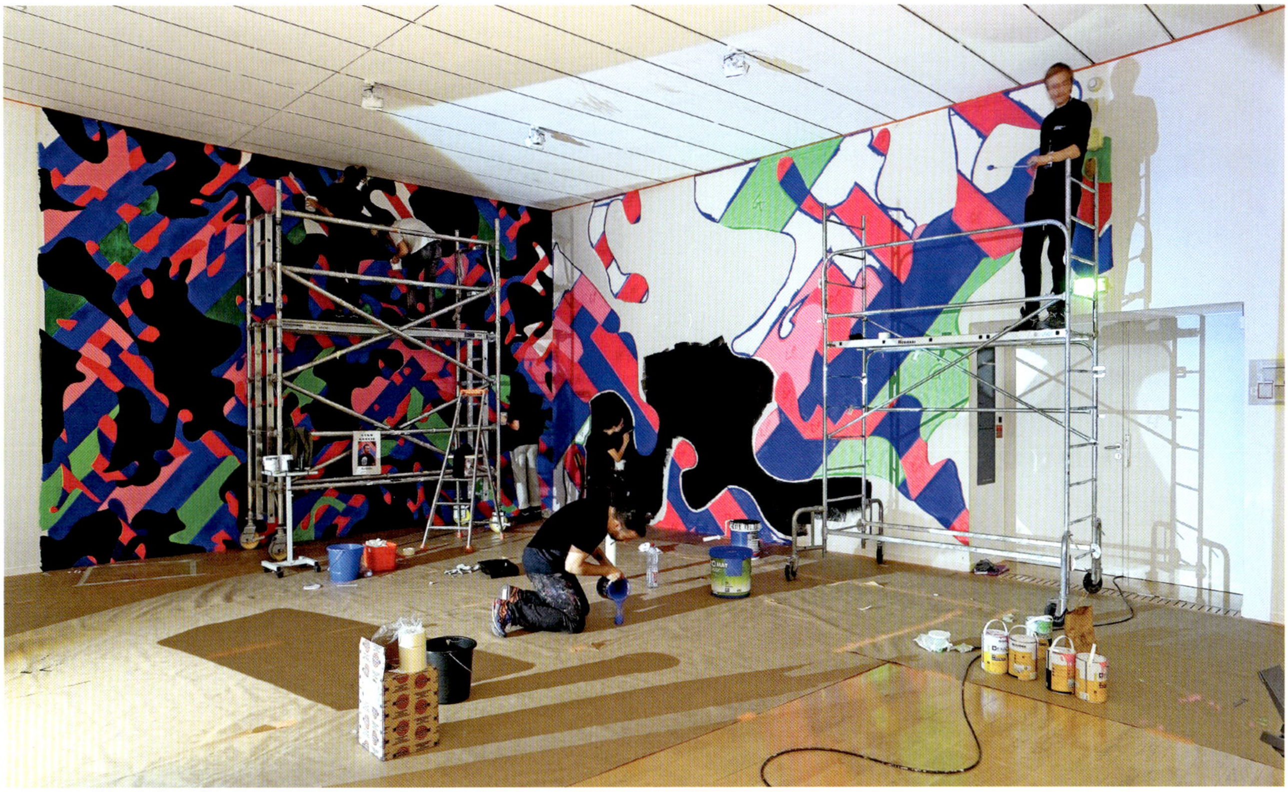

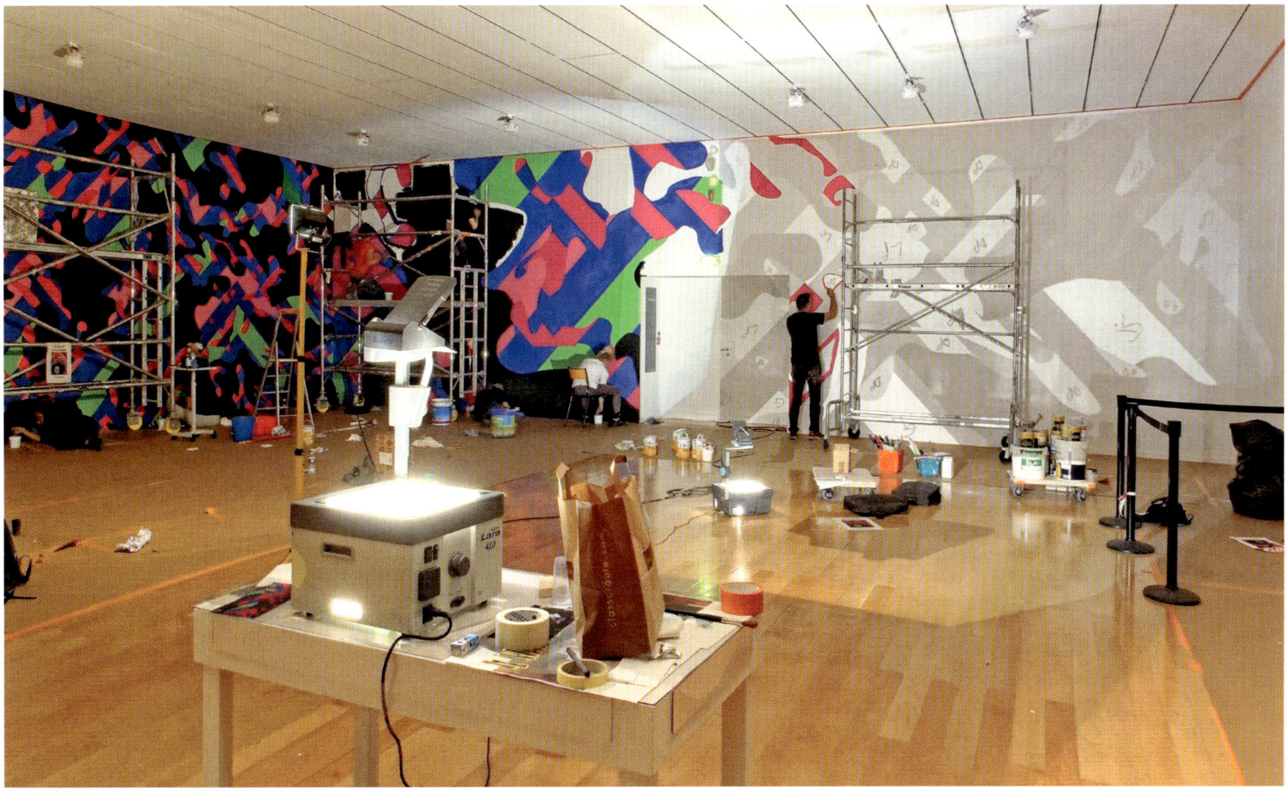

Reko Rennie

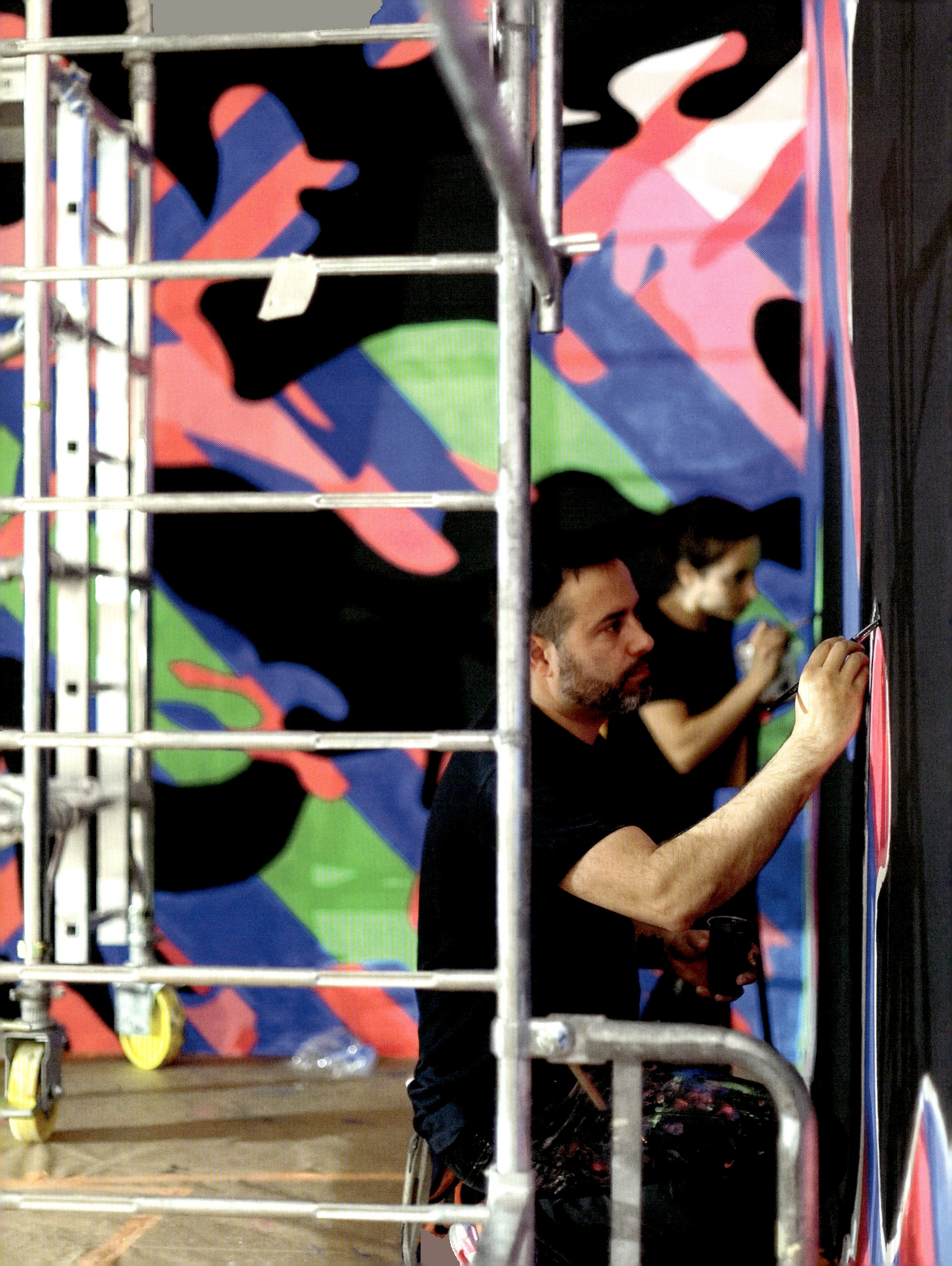

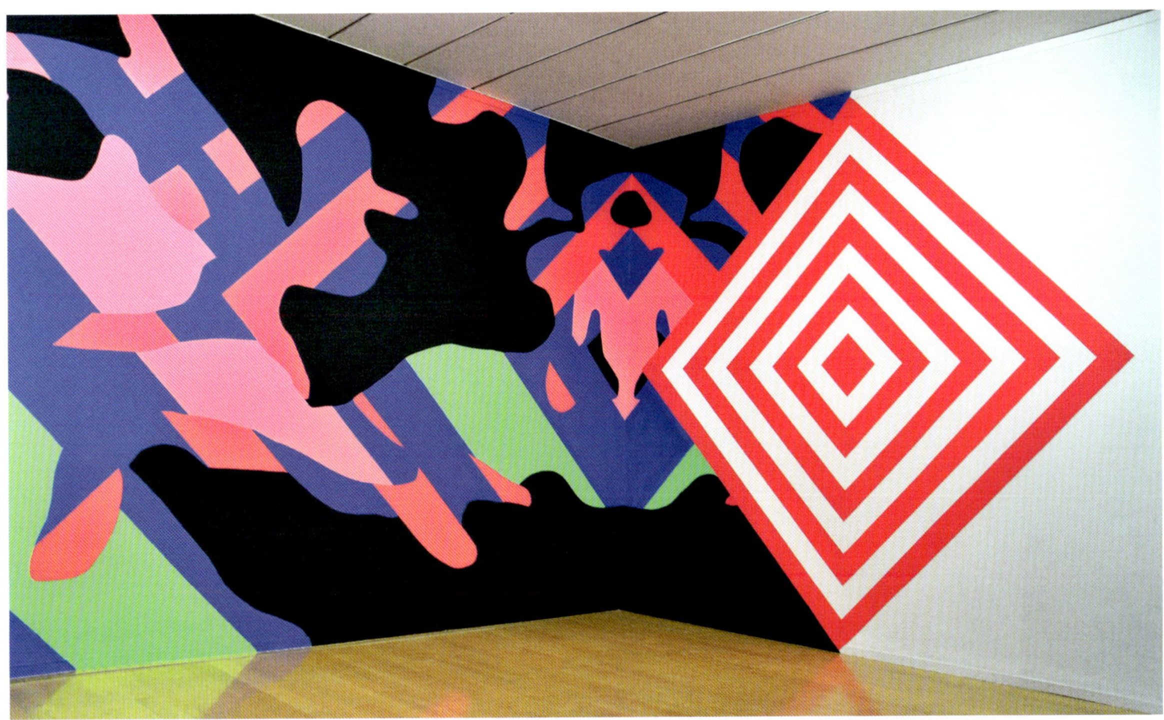

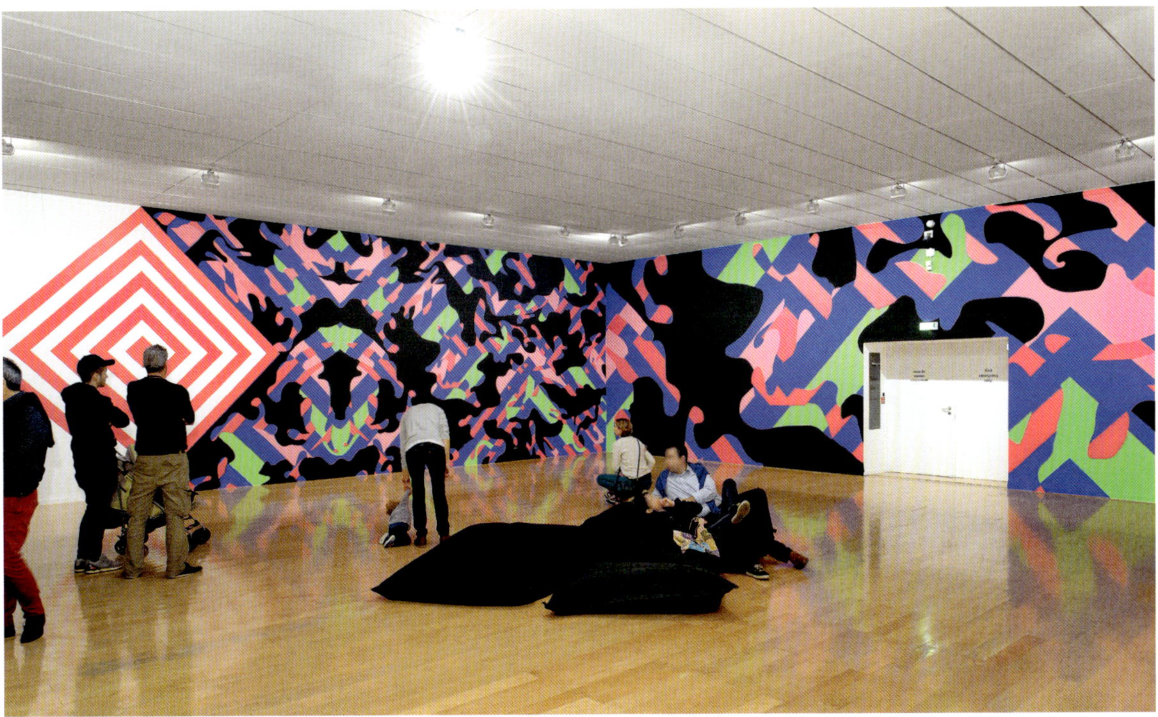

Camouflage, 2016, exposition/exhibition *Wall Drawings, Icônes urbaines* au/at mac[LYON].

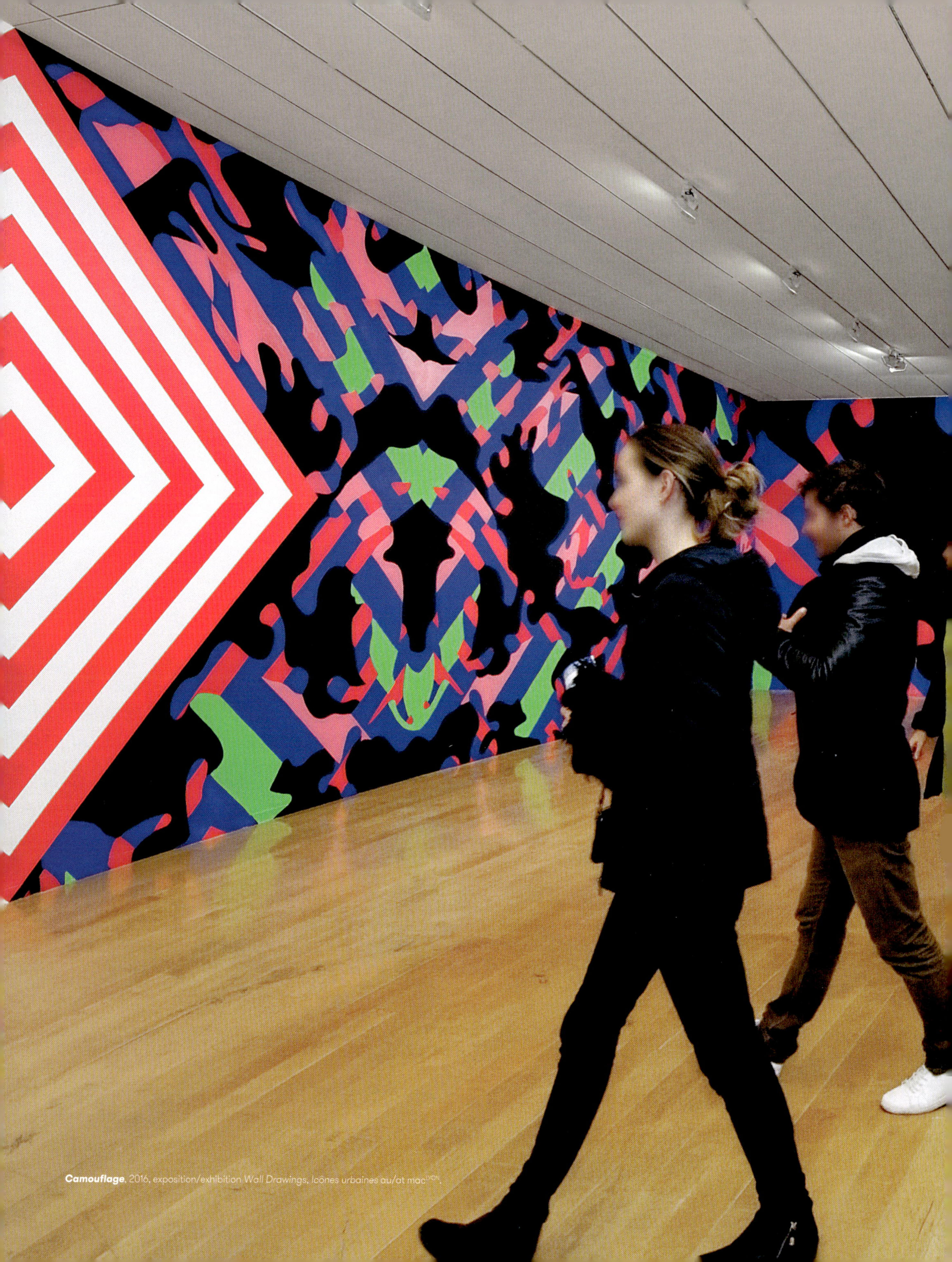

Camouflage, 2016, exposition/exhibition Wall Drawings, Icônes urbaines au/at mac^{LYON}.

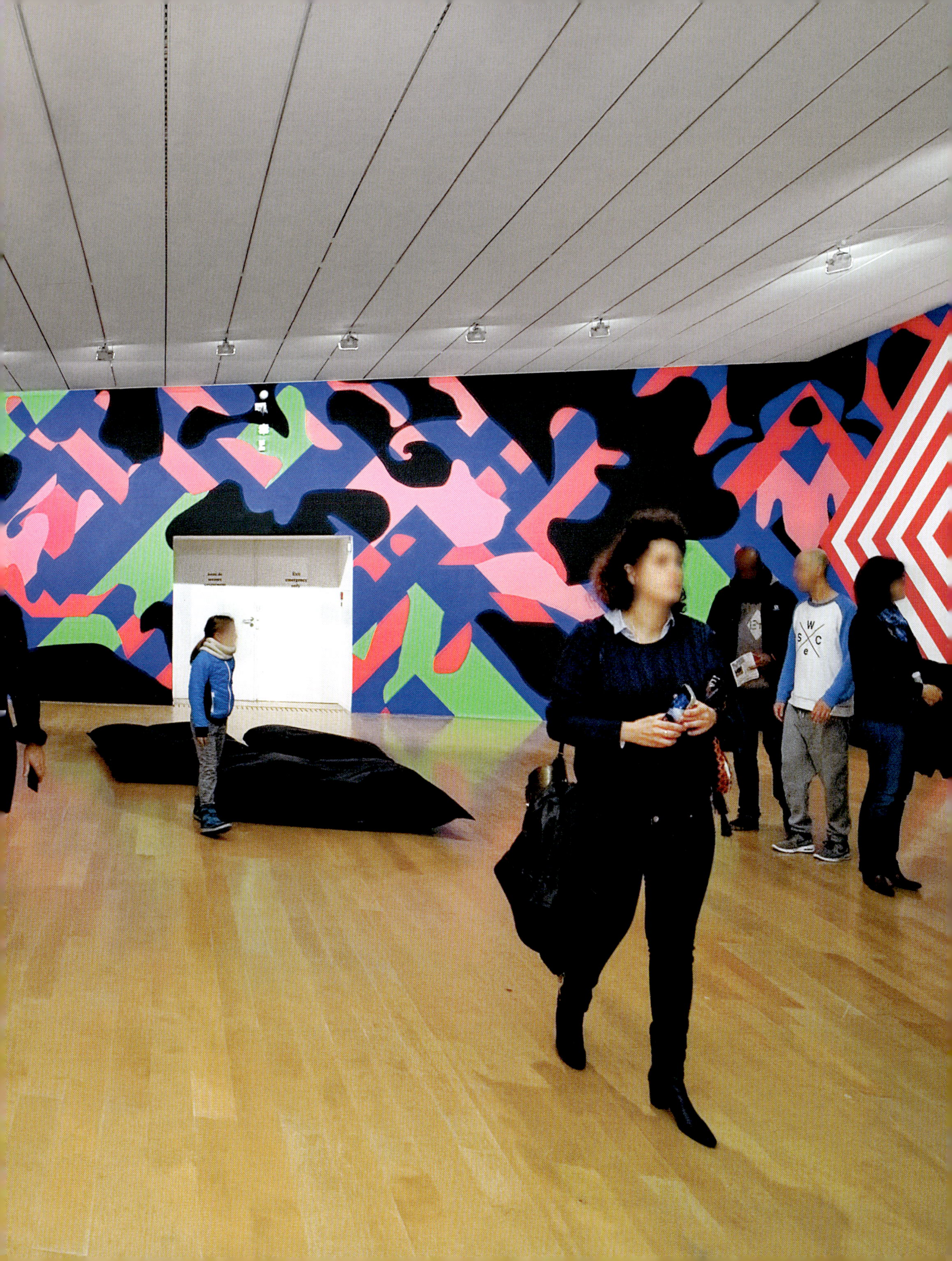

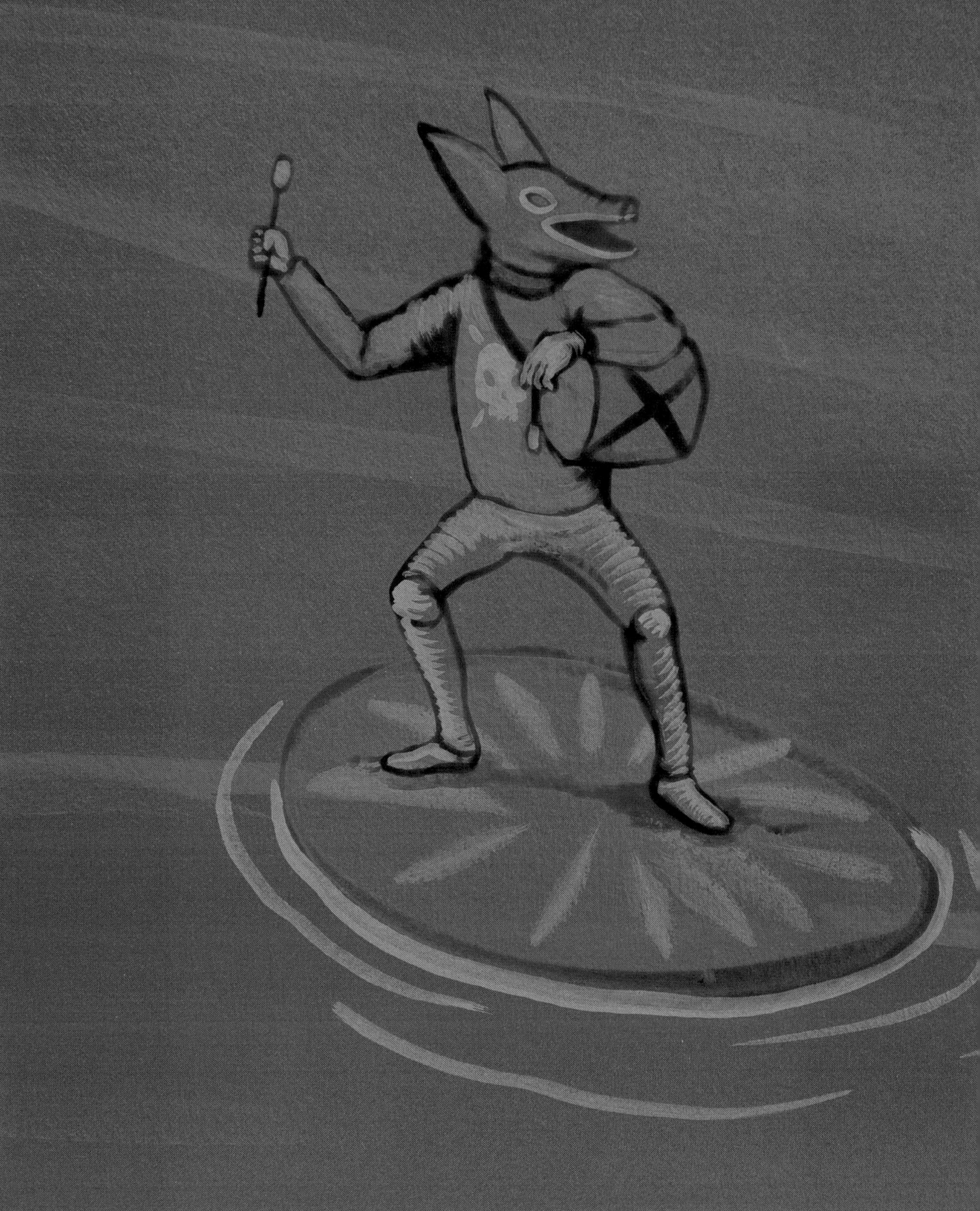

Né en 1981 à Mexico (Mexique).
Vit et travaille à Mexico (Mexique).

Born in 1981 in Mexico City (Mexico).
Lives and works in Mexico City (Mexico).

SANER

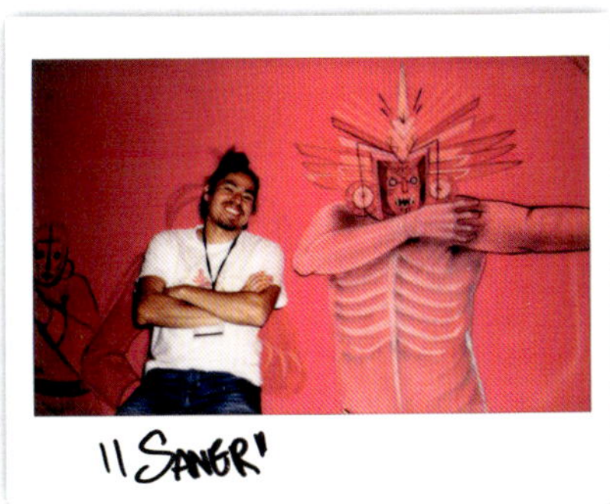

Artiste urbain, illustrateur et graphiste-designer issu de l'univers du graffiti et du Street art, Edgar Flores, alias Saner, participe au renouveau du mouvement muraliste au Mexique avec ses personnages masqués inspirés des costumes de carnavals paysans et des rites préhispaniques. Ayant grandi entouré des riches couleurs des traditions mexicaines, il commence d'abord à s'exprimer sur papier puis à travers l'art du graffiti. Il peint surtout de très grandes fresques murales, vives et colorées, à travers le Mexique, les États-Unis et l'Europe, influencées par le folklore mexicain, ses couleurs, son mysticisme, ses légendes urbaines, ses masques et ses têtes de morts.

Conscient de la réalité politique de son pays, il dépeint également les luttes populaires contre un gouvernement corrompu et la violence des cartels, tout en nuançant son message, et en revisitant les épisodes de l'histoire mexicaine, celle particulièrement meurtrière de la colonisation.

Au musée, il peint la légende de *Sac y Conek* qui évoque le sentiment amoureux « nécessaire à nos vies, unissant les personnes quels que soient la race, la tribu, le sexe ou les idées ».

Edgar Flores, alias Saner, is an urban artist, illustrator and graphic designer who emerged from the world of graffiti and Street art. He is part of the revival of the muralist movement in Mexico. He grew up surrounded by the rich colours of the Mexican tradition and his masked characters are inspired by peasant carnival costumes and pre-Columbian rituals. His early work was on paper, before he turned to graffiti art as a means of expression. He mainly paints very big, brightly coloured murals, all over Mexico, the United States and Europe. His creations are influenced by the colours and mysticism of Mexican folklore with its urban myths, its masks and its skulls.
Saner is well aware of the political reality of his country and he depicts popular opposition to a corrupt government and the violence of the cartels, though slightly softening his message. And he revisits episodes of Mexican history, particularly the murderous period of colonisation.

At the museum, he has painted the legend of *Sac y Conek*, which concerns the feeling of love 'necessary to our lives, and something that unifies people, whatever their race, tribe, sex or ideas'.

◁ *Sac y Conek*, 2016 (détail/detail)
Peinture acrylique, spray/Acrylic paint, spray, 24,26 × 3,95 m.

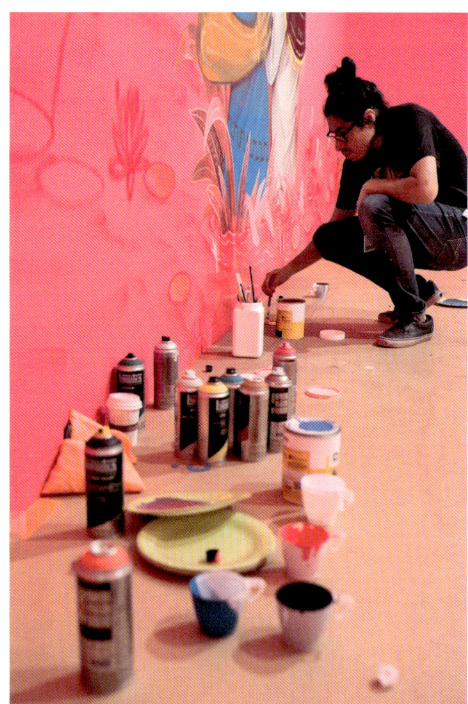
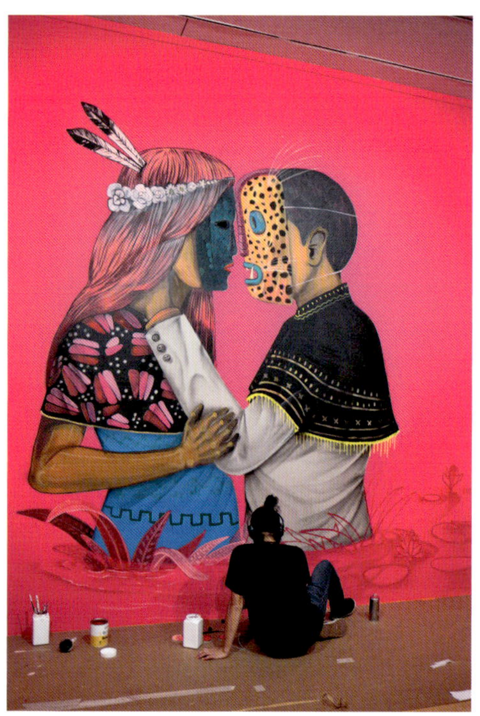
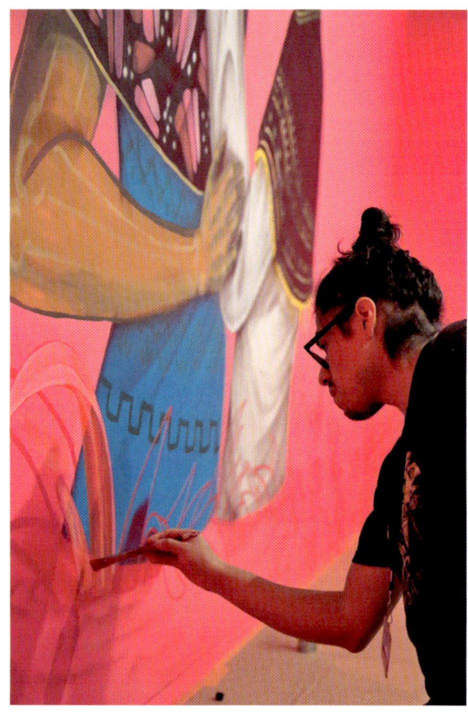
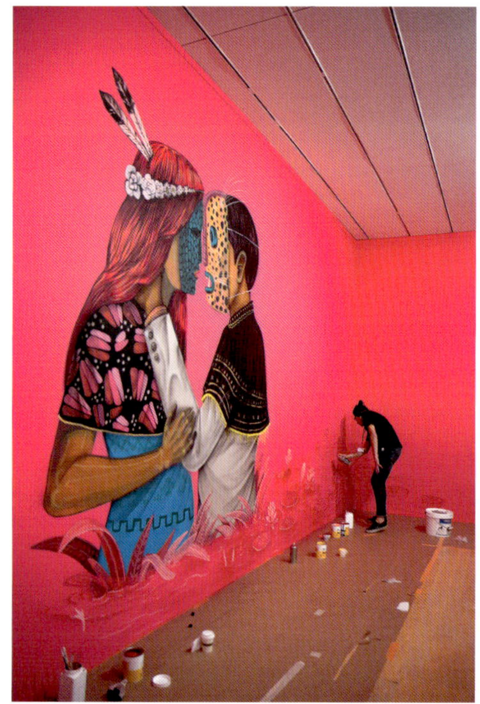

pp. 92-93
Saner réalisant/working on **Sac y Conek**, 2016, exposition/exhibition *Wall Drawings*, *Icônes urbaines* au/at mac[LYON].

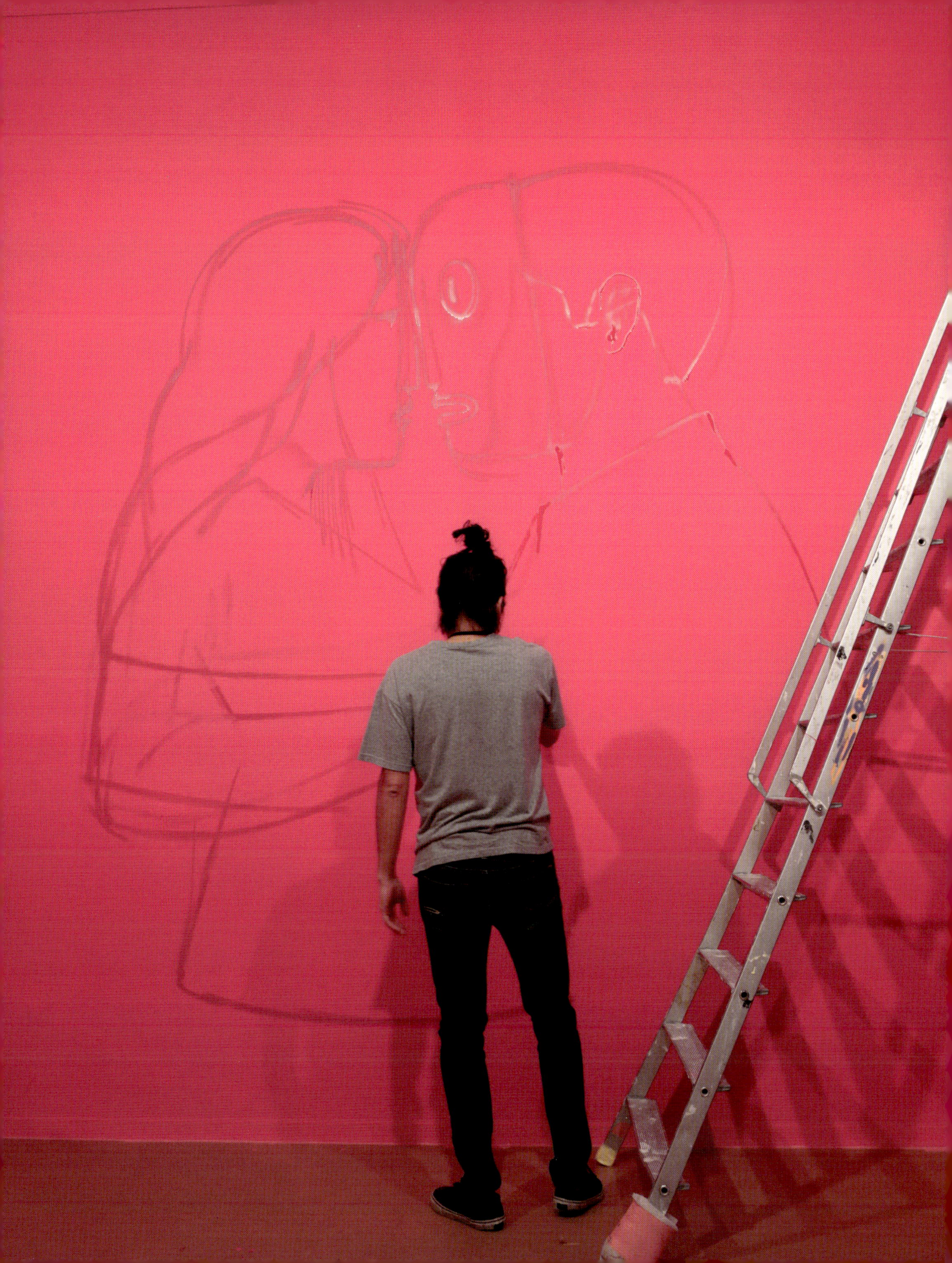

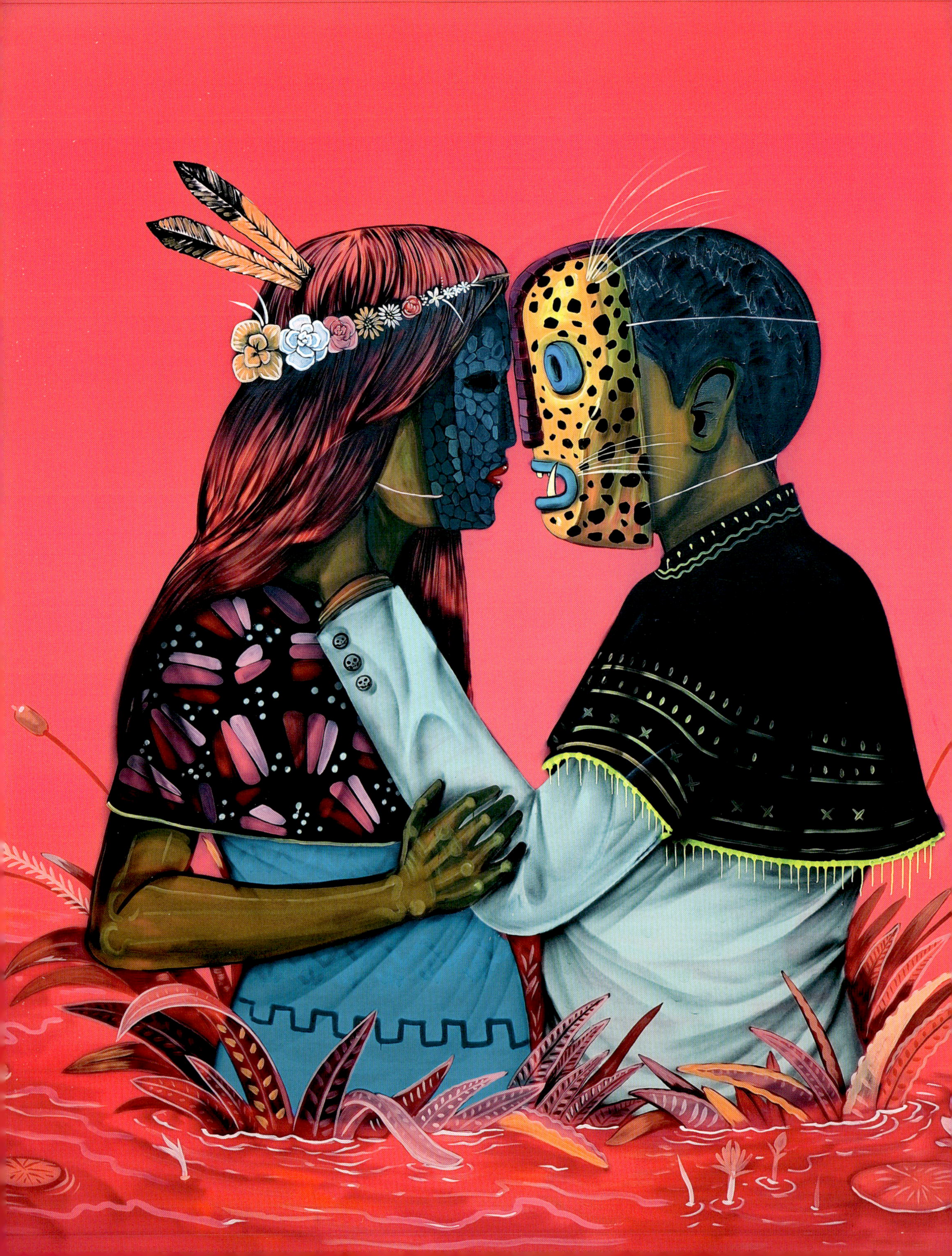

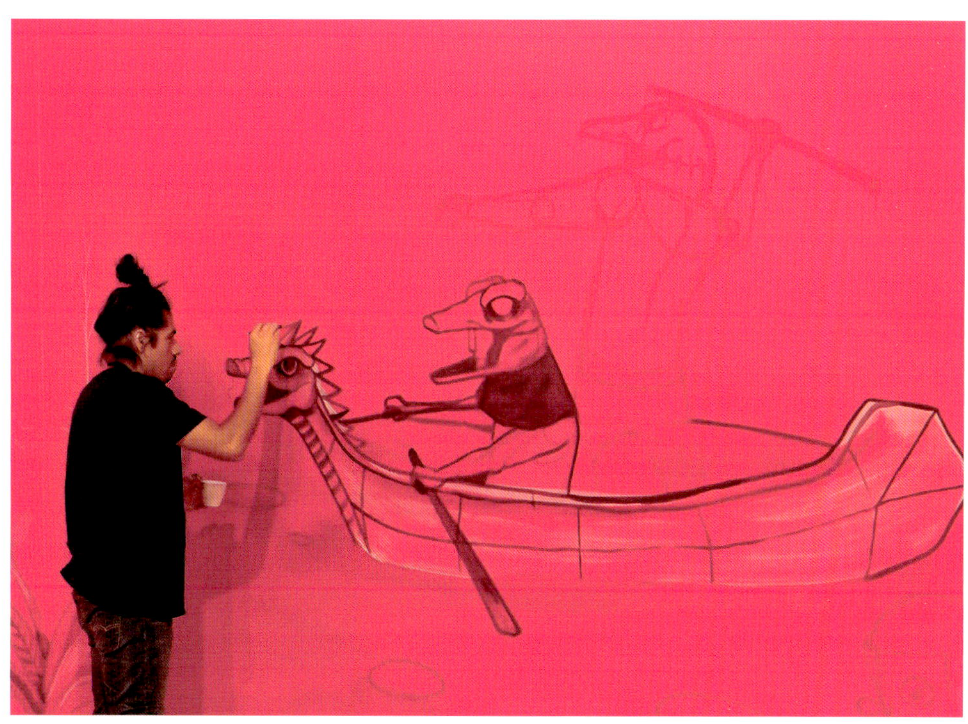

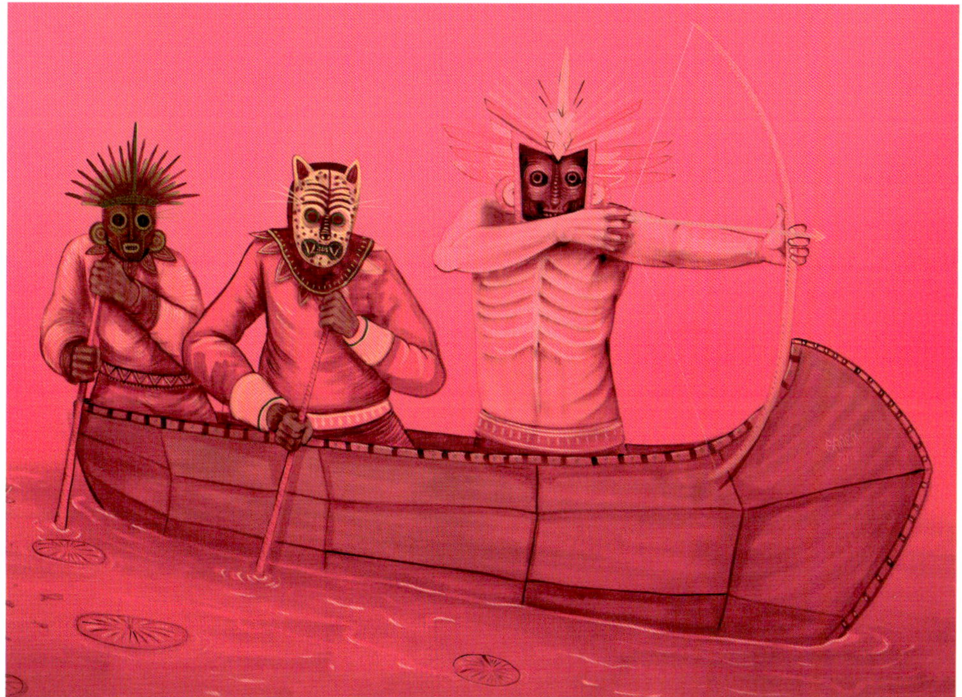

pp. 94-95

Sac y Conek, 2016, exposition/exhibition *Wall Drawings*, *Icônes urbaines* au/at mac[LYON].

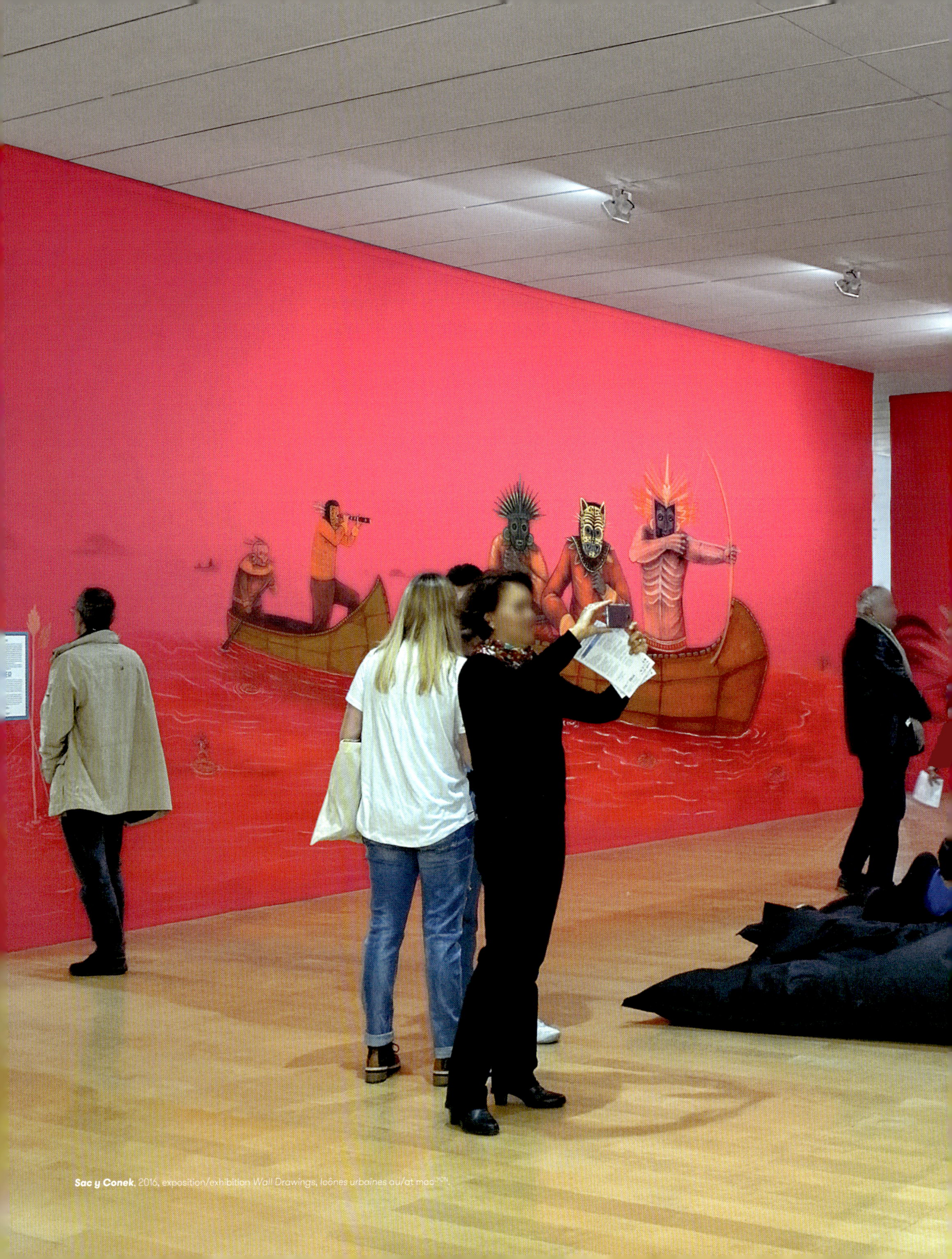

Sac y Conek, 2016, exposition/exhibition *Wall Drawings, Icônes urbaines* au/at mac° LYON.

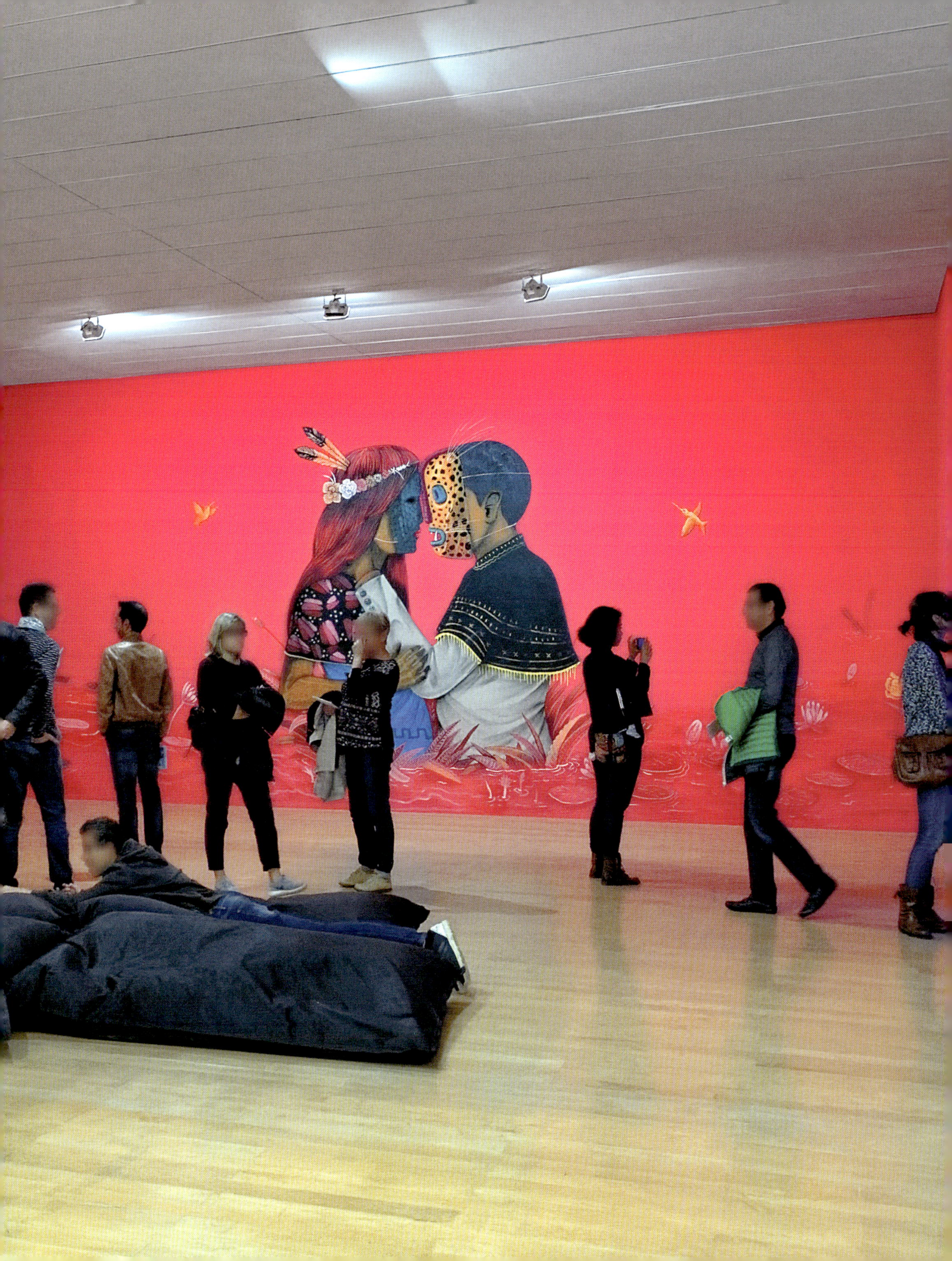

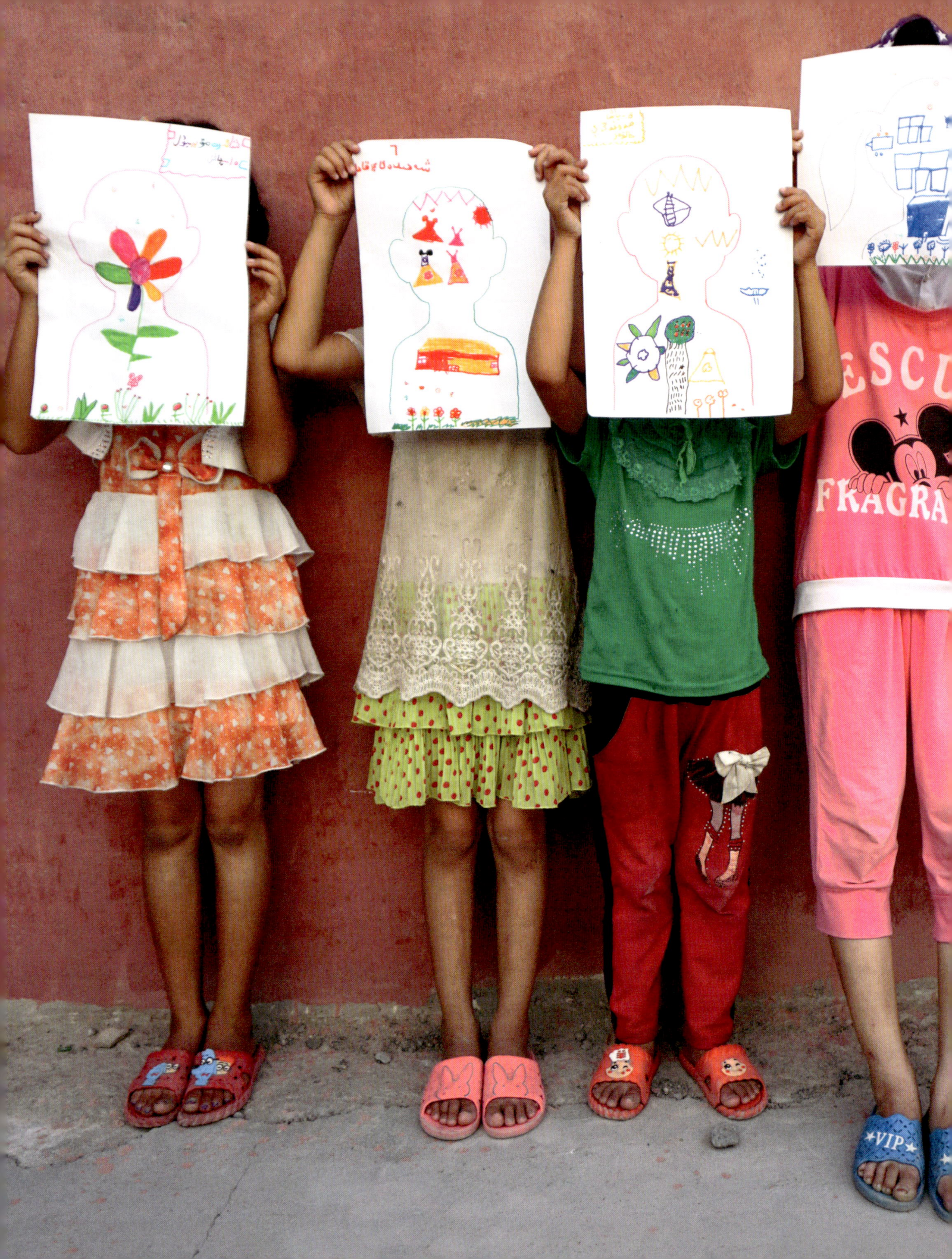

Né en 1972 à Paris (France).
Vit et travaille à Paris (France).

Born in 1972 in Paris (France).
Lives and works in Paris (France).

SETH

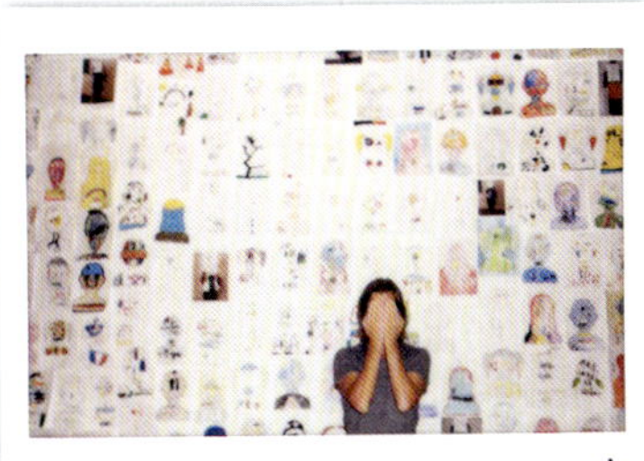

Julien Malland prend le pseudonyme de Seth en commençant à peindre sur les murs de Paris au milieu des années 1990, en pleine explosion du mouvement graffiti. Depuis 2003, il parcourt le monde, partageant ses expériences artistiques avec des street artistes issus de cultures différentes. Il peint des personnages souvent sans visage, aux allures enfantines. Témoin des conséquences de la globalisation, il privilégie les traditions locales et tente de créer une hybridité culturelle entre technique moderne et représentation traditionnelle.

Au musée, il réalise *Dans ma tête*, une installation qui rassemble plus de 1000 dessins d'enfants du monde entier. Une tête d'enfant vue de dos, nous invite à la traverser par un tunnel multicolore, tel le terrier du lapin blanc d'Alice au pays des Merveilles, pour arriver dans une salle lumineuse remplie de dessins, représentant le monde intérieur de leurs auteurs : des autoportraits sans portraits. Ce patchwork, concentré de créativité dans un monde où le *selfie* et la superficialité sont rois, nous ramène à notre propre enfance où nous n'étions que rêves, espoir et liberté. Il intervient également avec Kid Kréol & Boogie dans le métro Bellecour, Lyon 2ᵉ.

Julien Malland adopted the alias Seth when he began painting on the walls of Paris in the mid-1990s, when the graffiti movement was in full swing. Since 2003, he has travelled all over the world sharing artistic experiences with street artists from different cultures. It has also been a spur to painting simple, often childlike, characters. Having seen the consequences of globalization, Seth celebrates local traditions in his works, creating in the process a cultural hybrid of modern expressive technique and traditional representation.

At the Museum, he has created *Dans ma tête*, an installation bringing together more than 1000 children's drawings from all over the world. The back view of a child's head is an invitation to cross through into a multi-coloured tunnel like the rabbit hole in Alice in Wonderland. We arrive in a brightly lit room full of drawings. Each of the drawings represents the inner world of its creator – they are self-portraits but not portraits. This concentrated patchwork of creativity, in a world where selfies and superficiality are the norm, takes us back to our own childhood with its dreams, its hopes and its freedom. Seth has also painted a mural with Kid Kréol & Boogie at Bellecour metro station, Lyon 2.

◀ Projet/Project **Dans ma tête**, 2016.

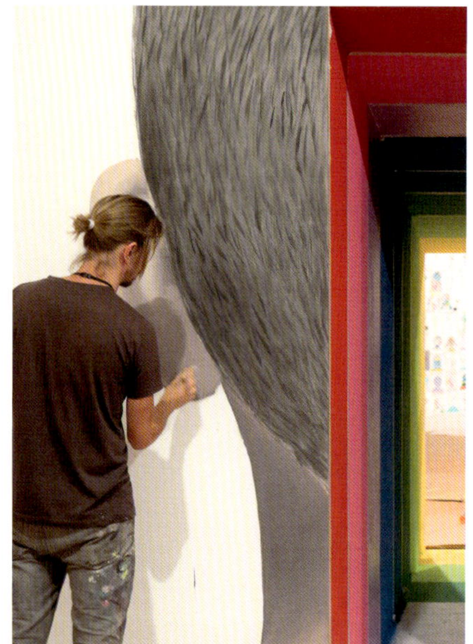
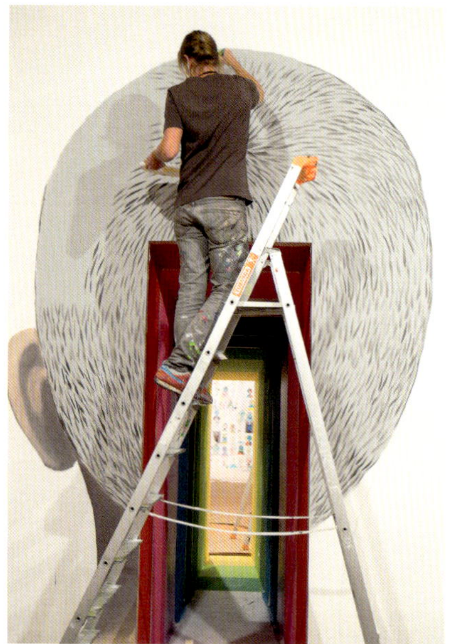
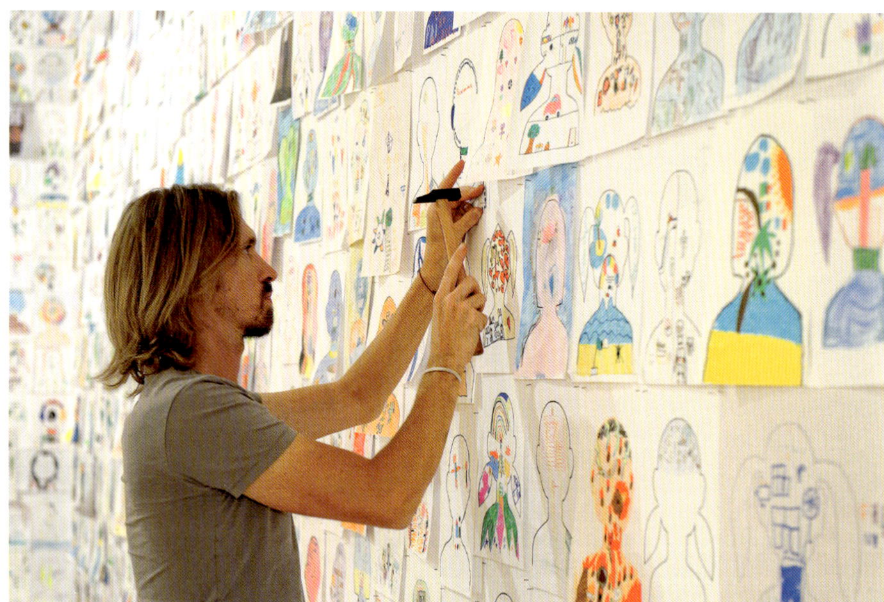

Seth réalisant/working on **Dans ma tête**, 2016, exposition/exhibition Wall Drawings, Icônes urbaines au/at mac[LYON].

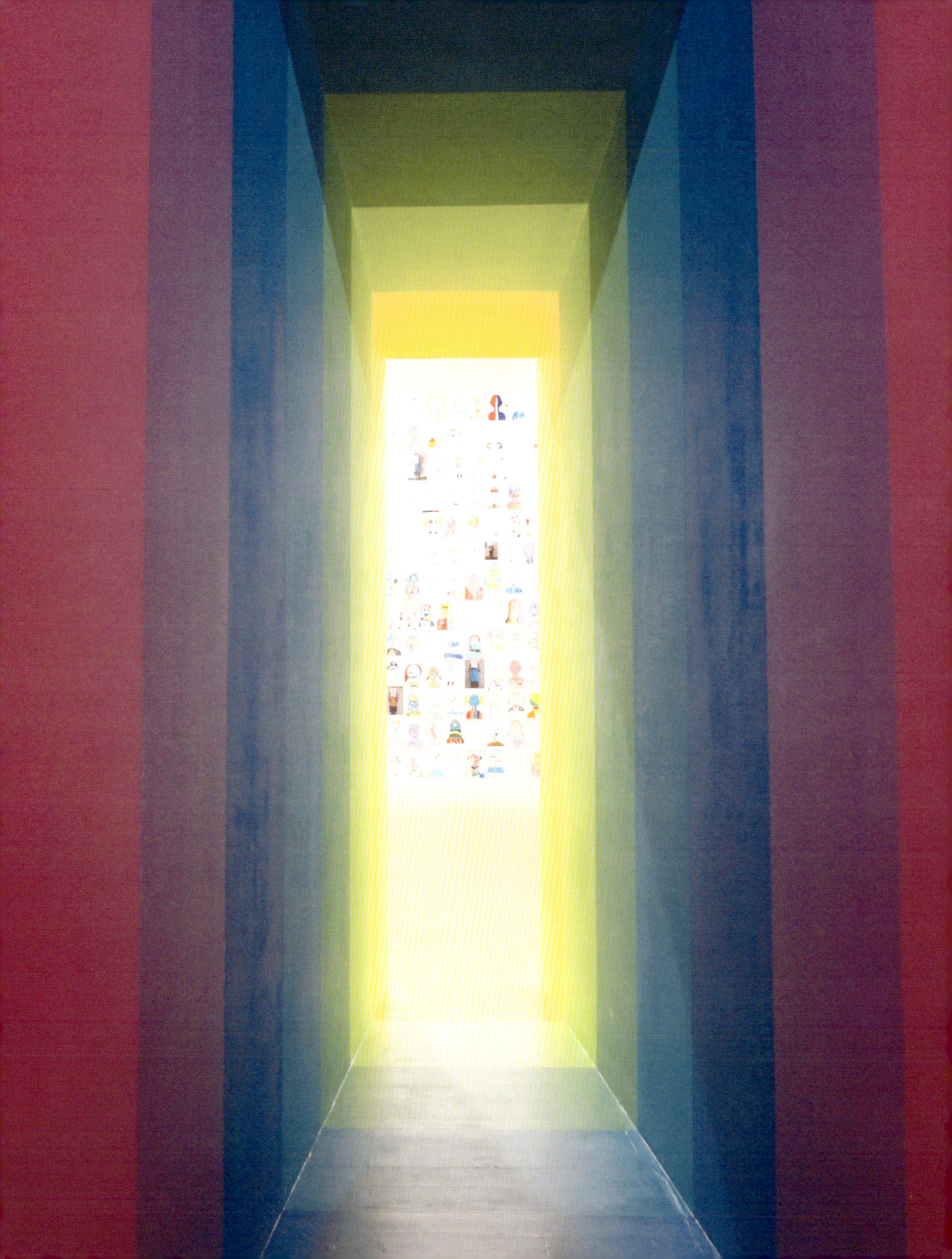

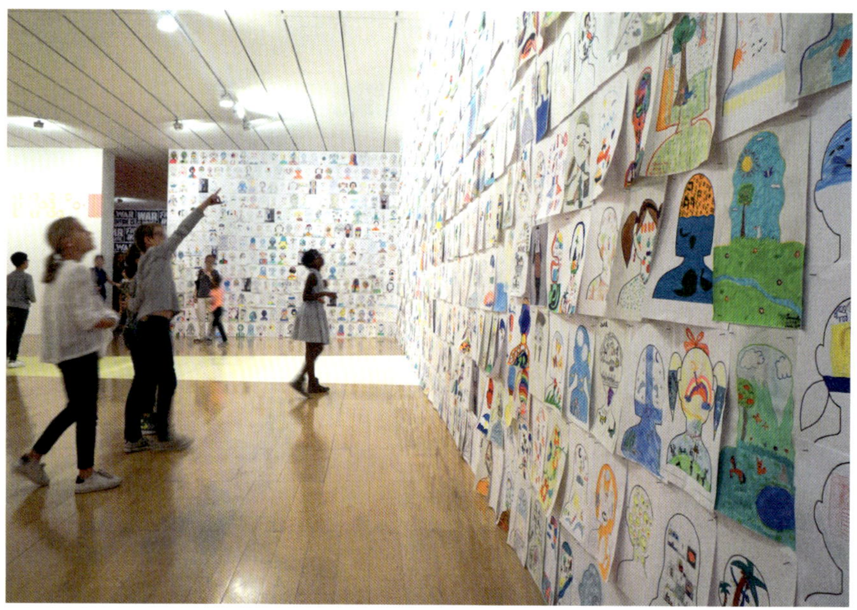

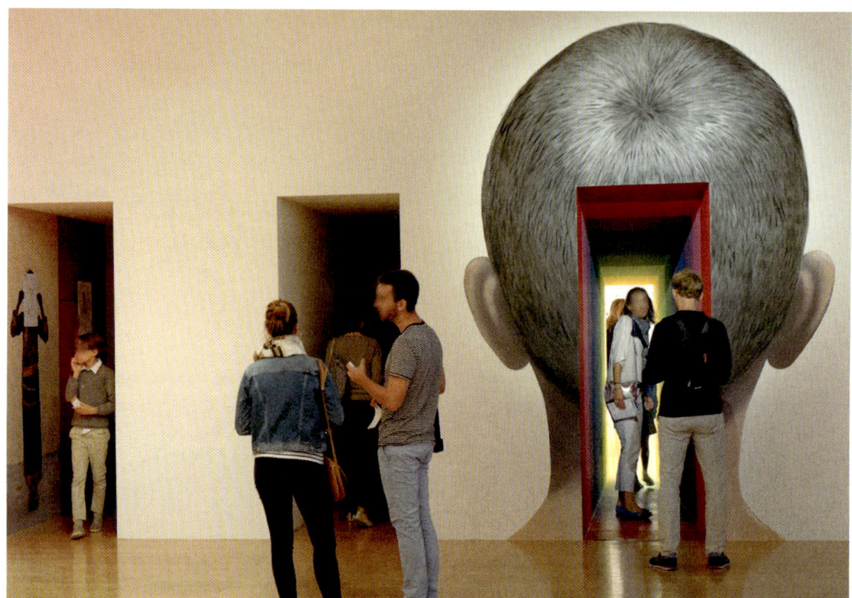

pp. 101-103
Dans ma tête, 2016, exposition/exhibition *Wall Drawings*, *Icônes urbaines* au/at mac[LYON].
Dessins d'enfants du Brésil, de Chine, de France, d'Indonésie, du Japon, de Madagascar, de La Réunion et d'Ukraine/
Children's drawings from Brazil, China, France, Indonesia, Japan, Madagascar, Reunion and Ukraine.

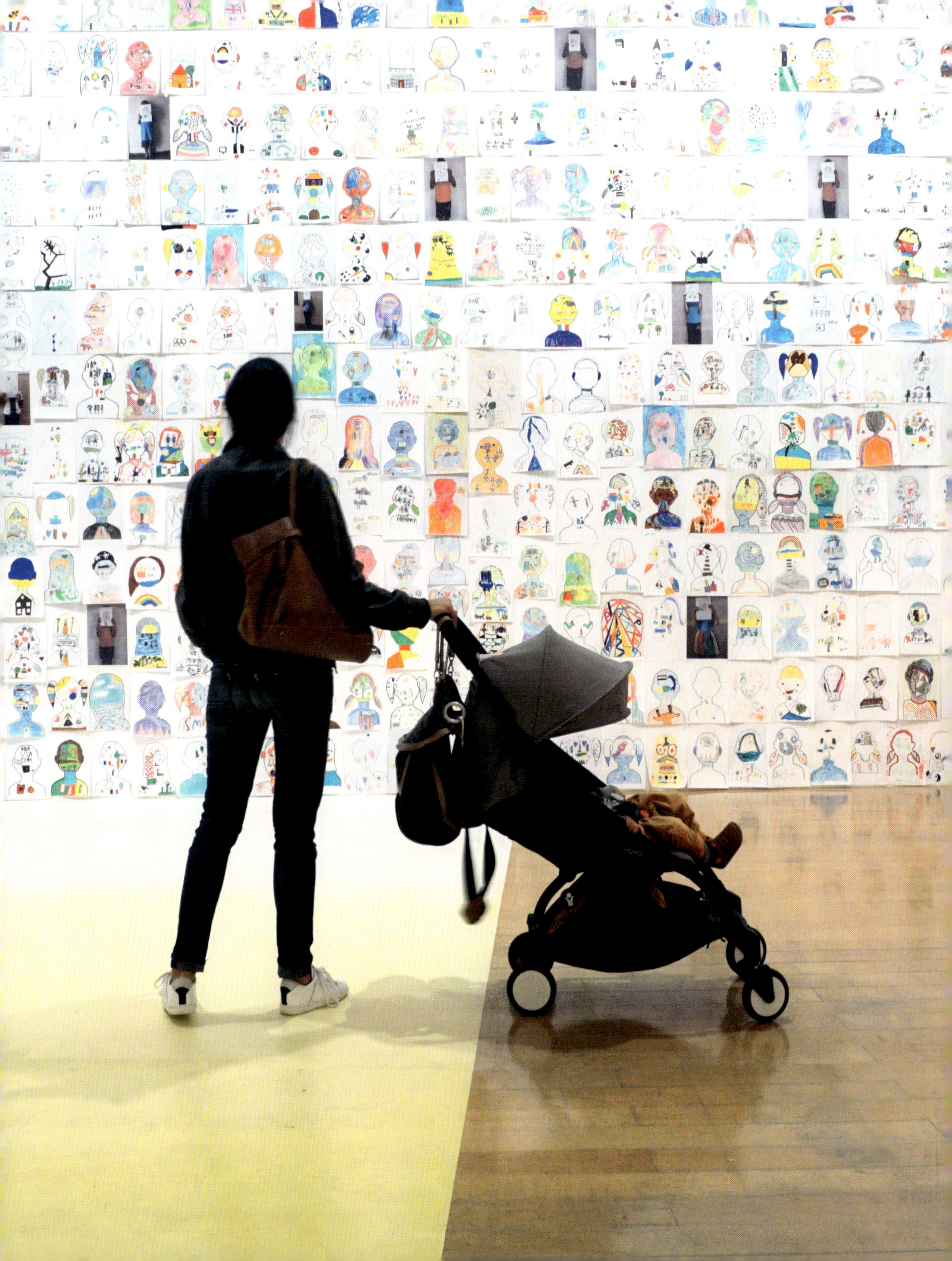

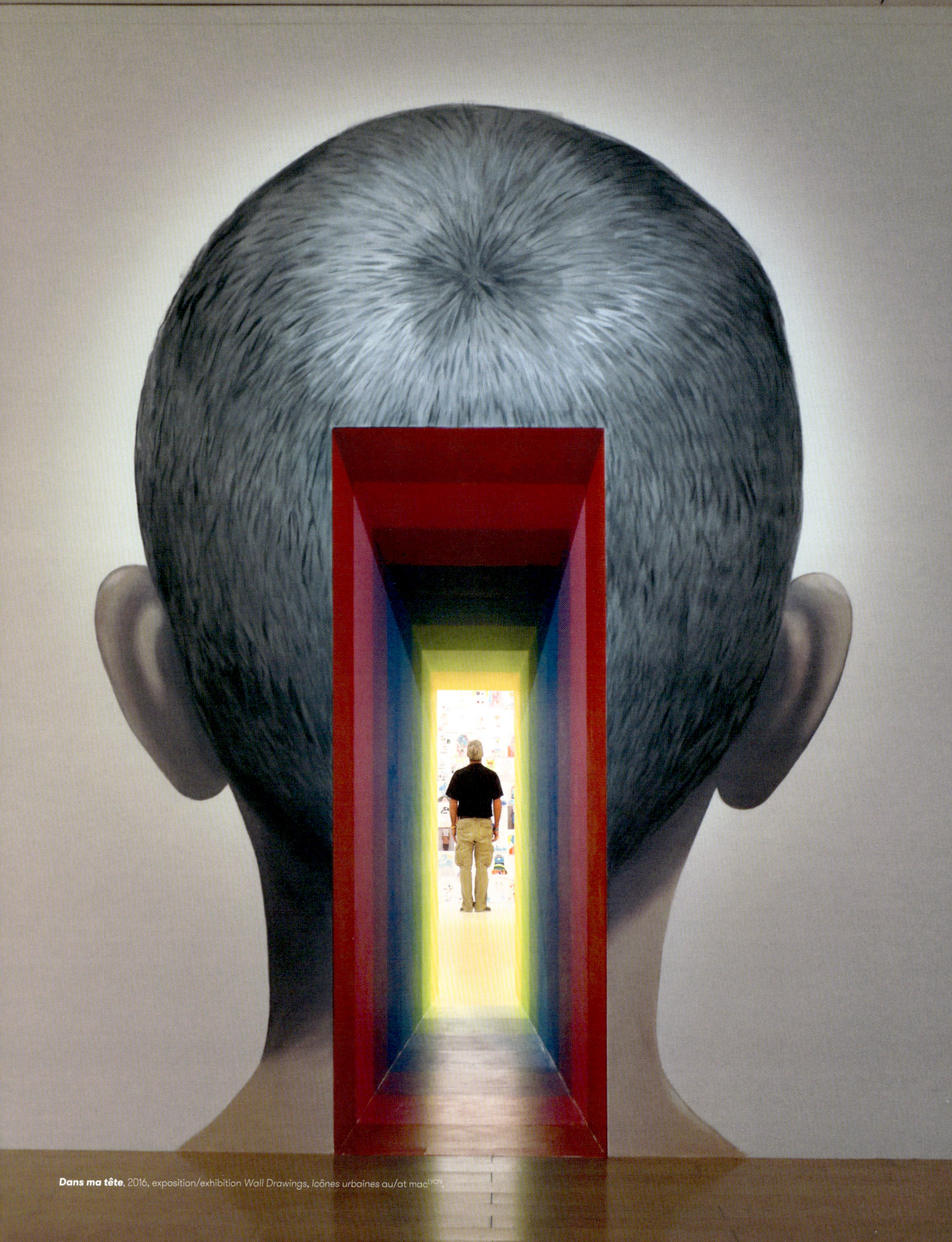

Dans ma tête, 2016, exposition/exhibition *Wall Drawings, Icônes urbaines* au/at mac^{LYON}.

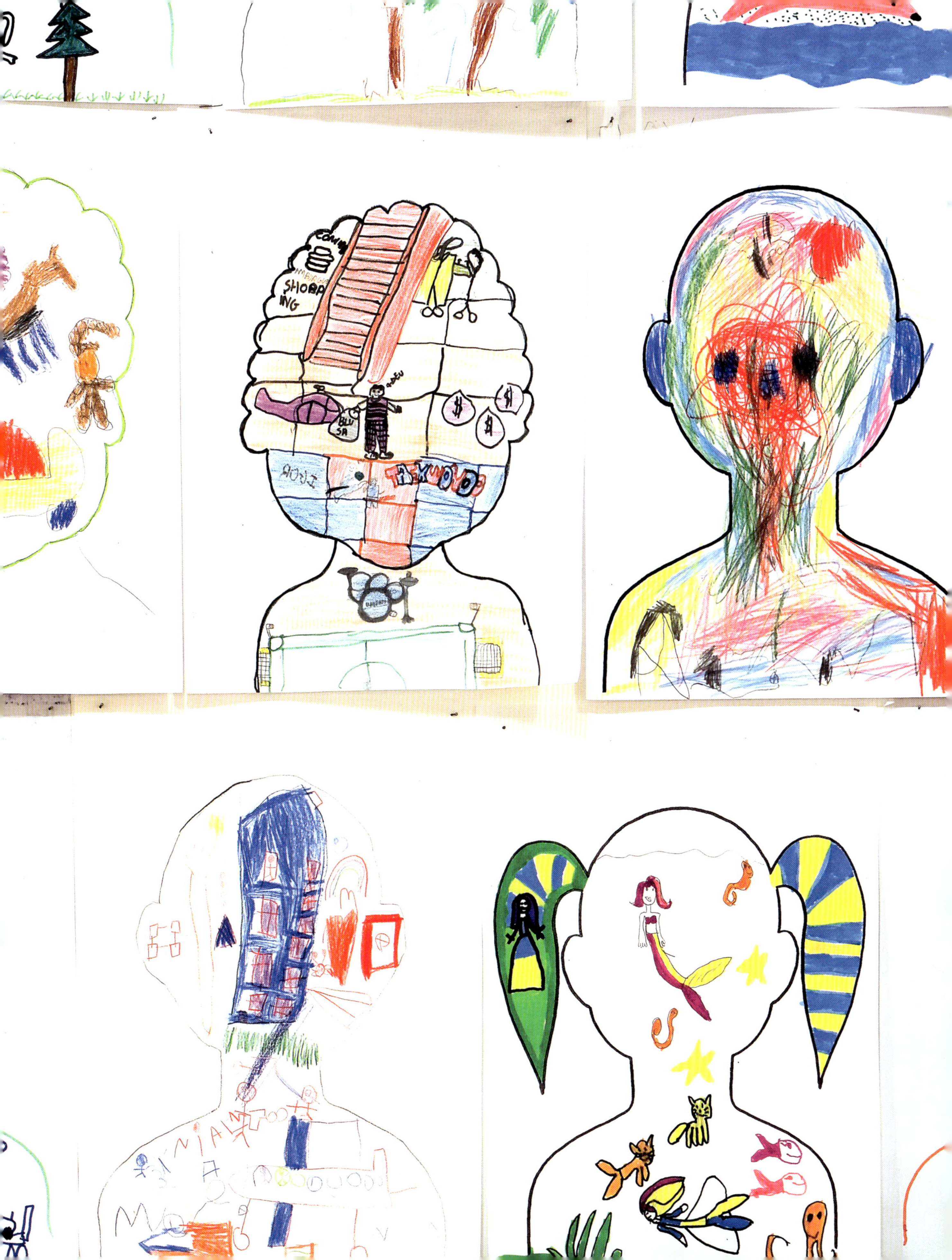

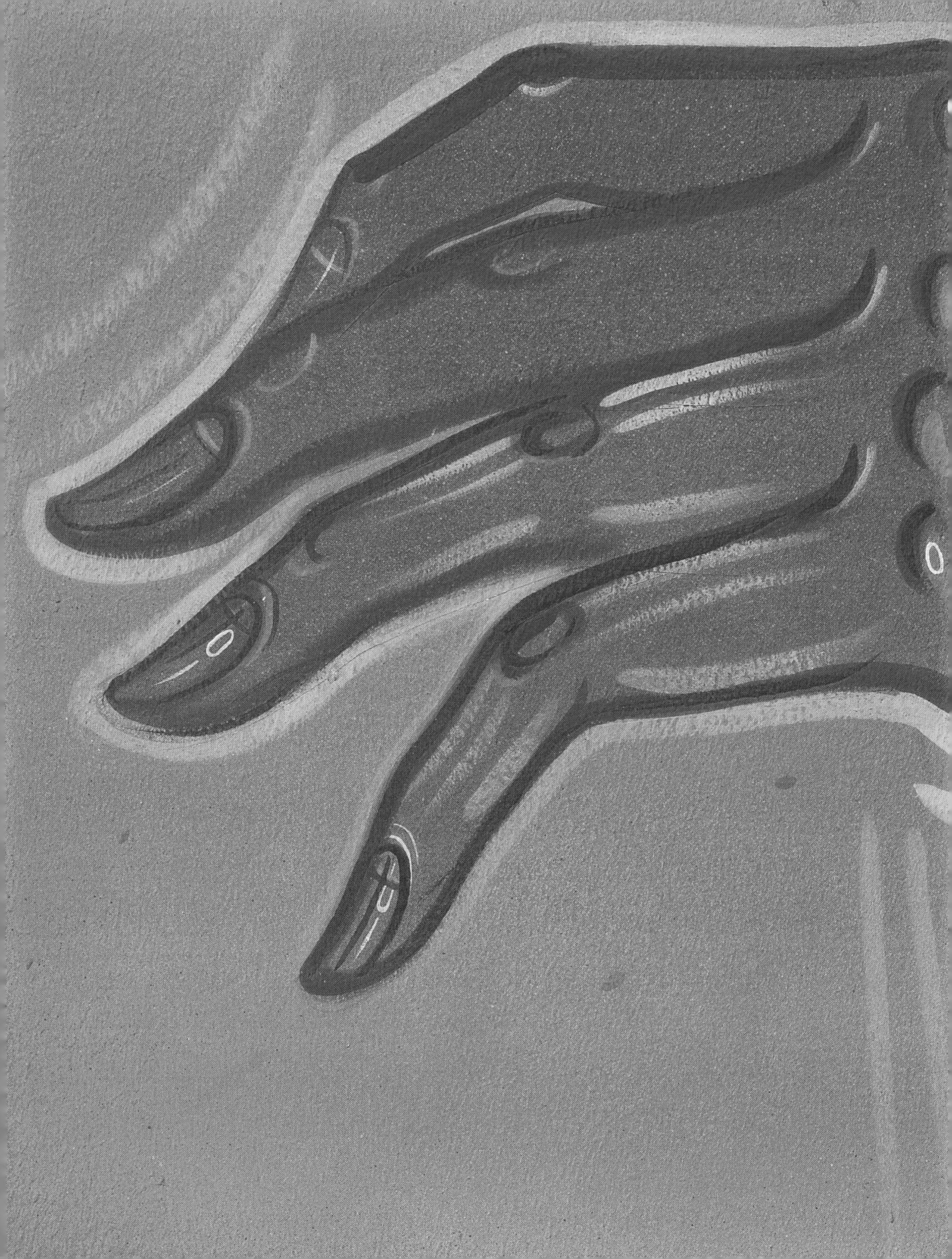

Né en 1987 à Lutsk (Ukraine).
Vit et travaille à Lviv (Ukraine).

Born in 1987 in Lutsk (Ukraine).
Lives and works in Lviv (Ukraine).

TECK

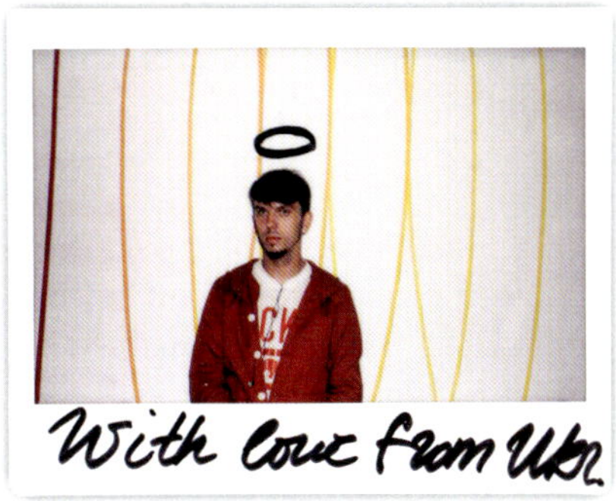

Les interventions urbaines de Sergiy Radkevych mêlent peinture murale et graffitis contemporains. Il s'inspire principalement de l'iconographie religieuse orthodoxe qu'il cherche à simplifier pour l'intégrer dans de grandes compositions géométriques et parvenir à ce qu'il nomme « des formes abstraites contemporaines et spirituelles ». Porté par sa foi et inspiré par la culture ukrainienne, il travaille le plus souvent dans des lieux qui ont perdu toute fonction. Il les transforme alors en leur donnant « une forte valeur spirituelle ». Il entreprend en quelque sorte une forme de renaissance et de réinterprétation de son héritage culturel.

Au musée, il réalise *VICTIM*, un manifeste contre la violence, utilisant les codes de représentation des icônes pour évoquer les victimes d'agression aujourd'hui comme celles des martyrs d'antan. Il peint en braille les mots « Espoir, Foi, Amour » pour dire « qu'il a ESPOIR dans la prochaine année et FOI dans le futur pour plus d'AMOUR entre les Hommes ». Il intervient également au Parking P0 de la Cité internationale (Lyon Parc Auto), Lyon 6e.

Sergiy Radkevych's urban interventions blend mural painting and contemporary graffiti. Teck's principal inspiration is orthodox religious iconography, which he tends to simplify into geometrical structures in order to achieve what he calls 'contemporary spiritual abstract forms'. Motivated by his faith and his Ukrainian culture, he often works in public and private spaces that have lost their function, then transforms them in such a way as to give them 'a strong spiritual value'; it is a kind of rebirth and reinterpretation of his cultural heritage.

At the Museum, he has created *VICTIM*, a manifesto against violence that uses icons as representational codes to suggest victims of aggression today, like those of the ancient martyrs. He has painted the words 'Espoir, Foi, Amour' ('Hope, Faith, Love') in Braille. The message is 'that there is HOPE for next year and FAITH for more LOVE between Humans in the future'. He has also created a work at Parking P0 in the Cité internationale (Lyon Parc Auto), Lyon 6.

◀ *VICTIM*, 2016 (détail/detail)
Peinture acrylique, spray/Acrylic paint, spray, 24,93 × 3,95 m.

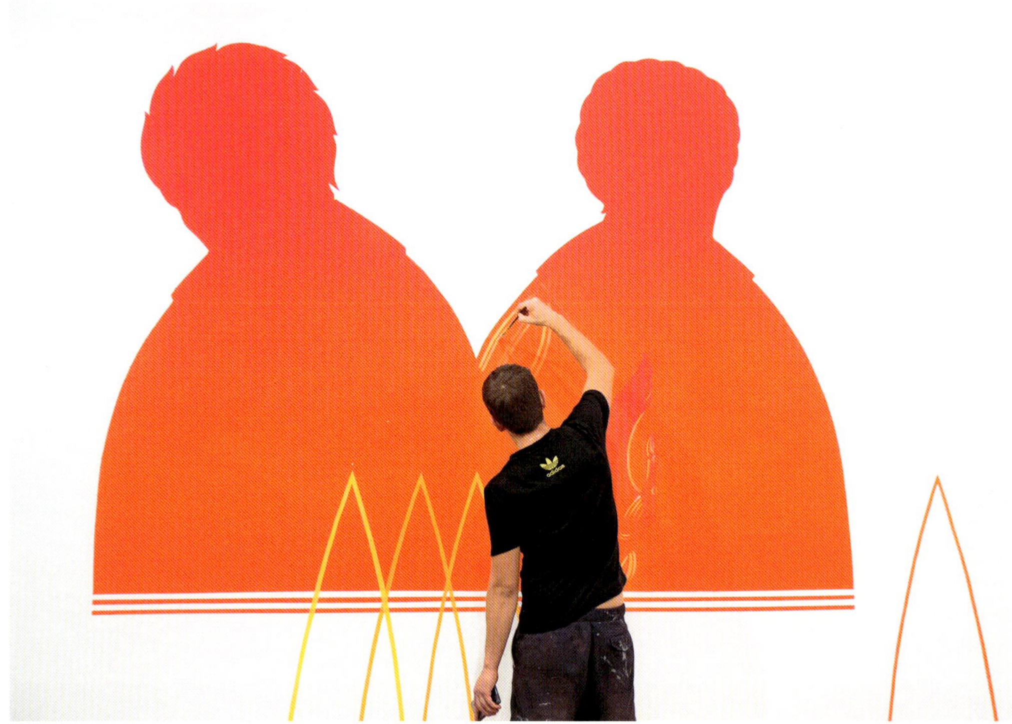

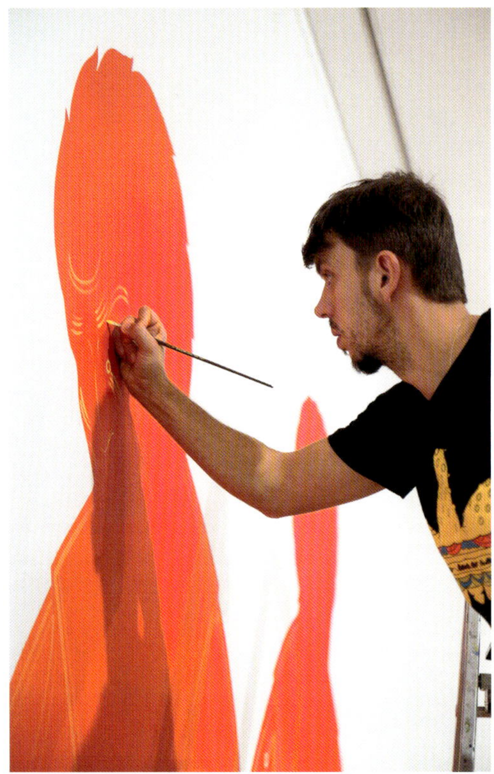

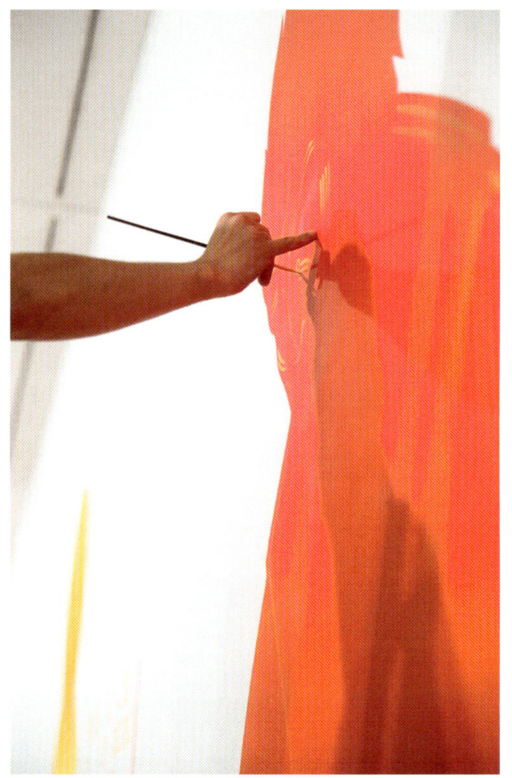

pp. 108-109
Teck réalisant/working on **VICTIM**, 2016, exposition/exhibition Wall Drawings, Icônes urbaines au/at mac[LYON].

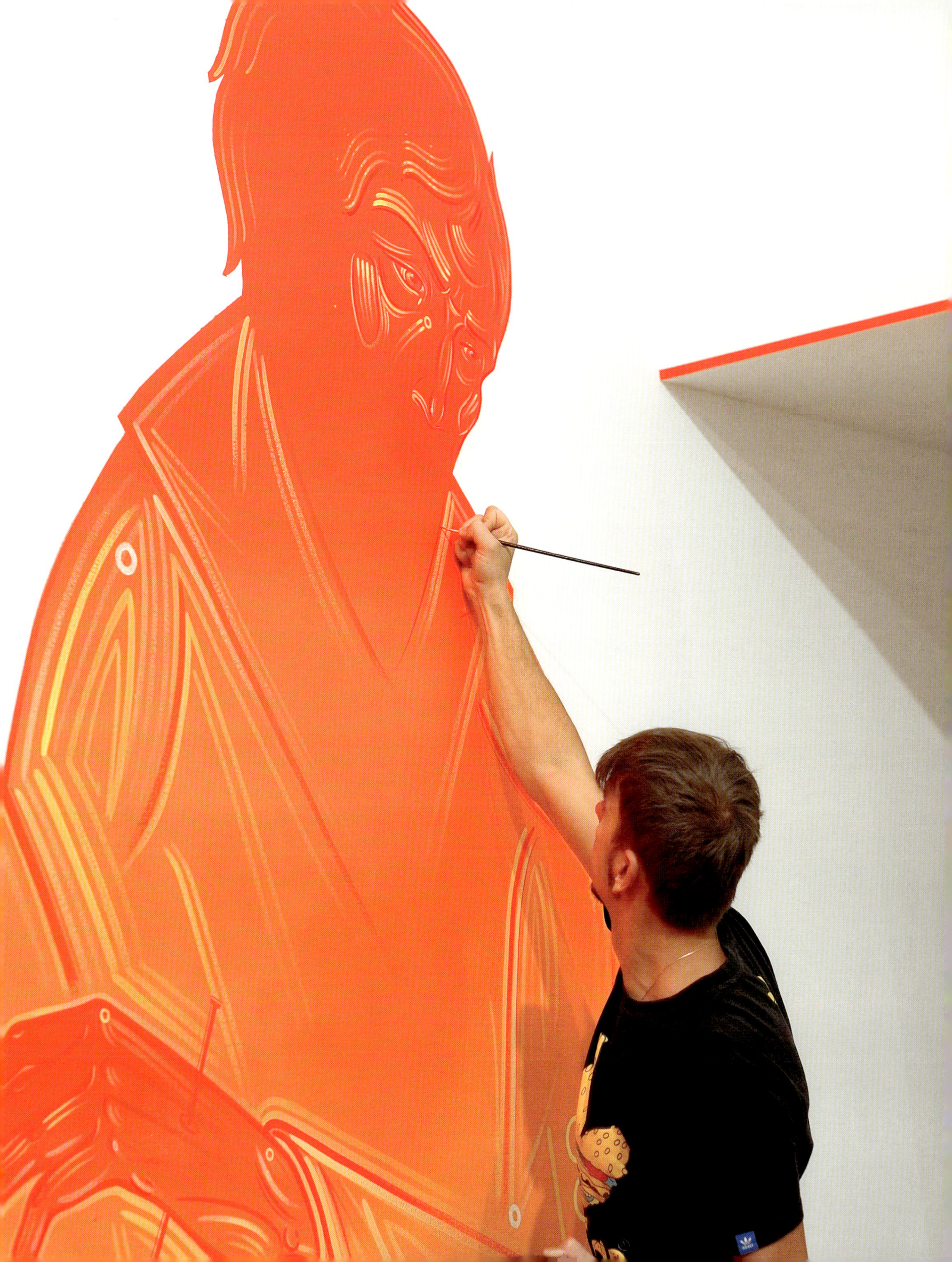

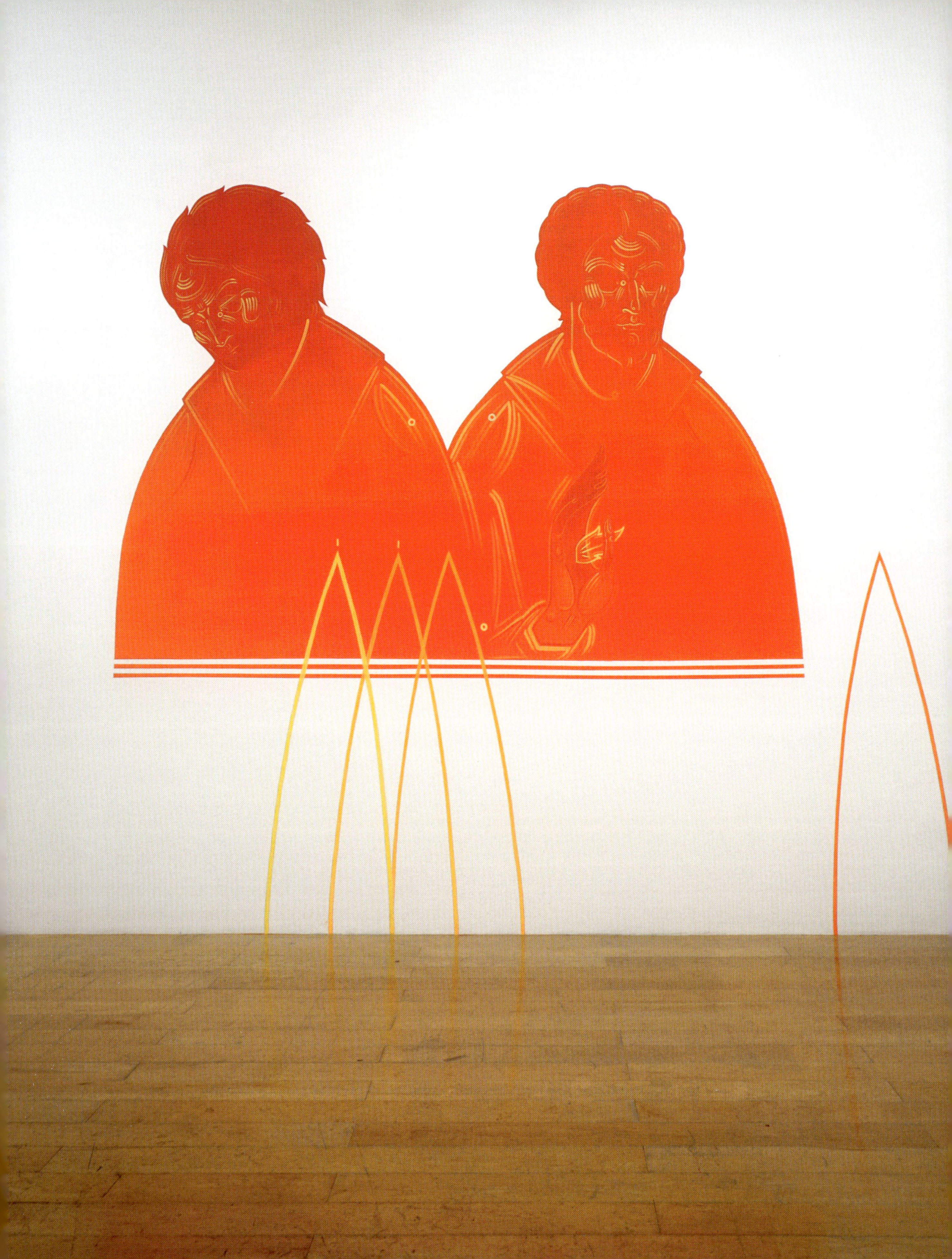

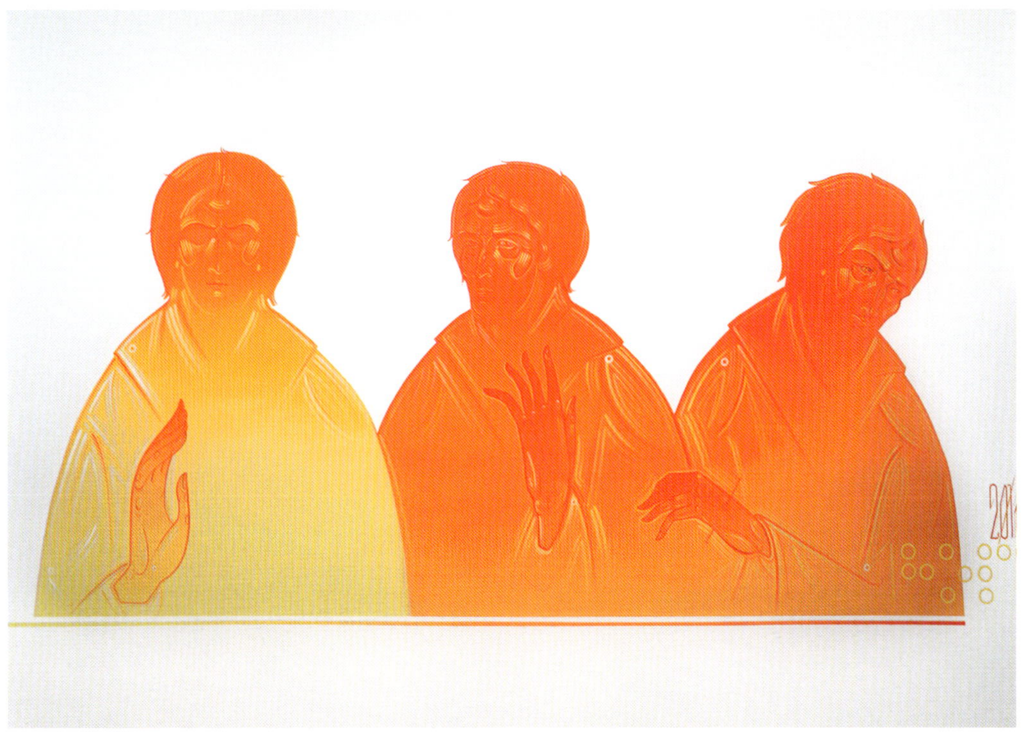

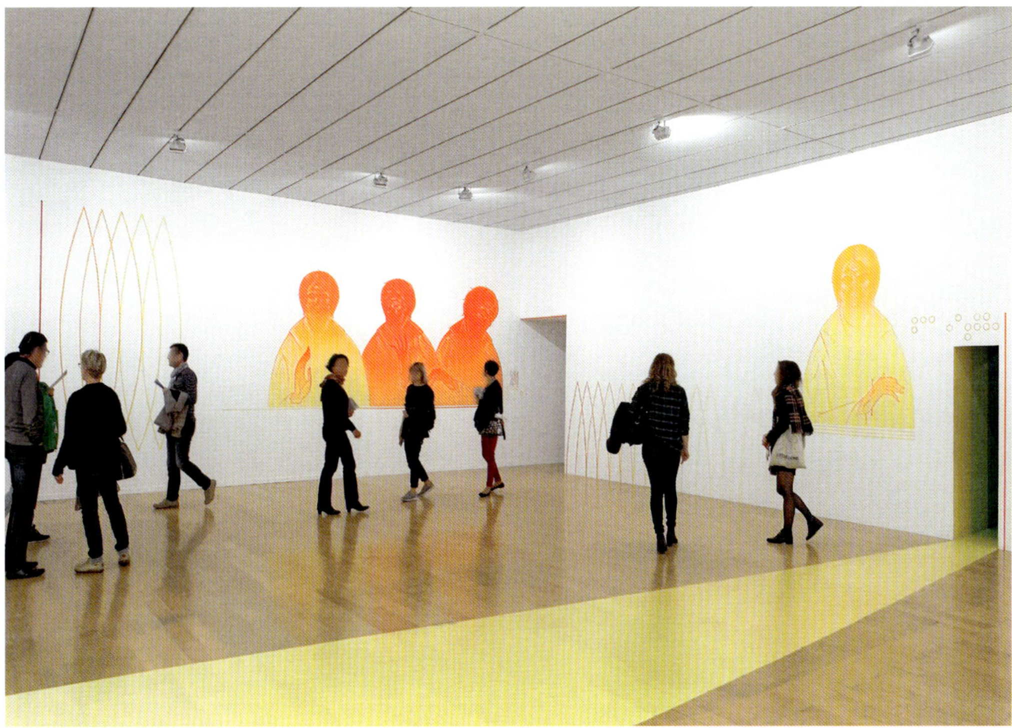

pp. 110-111
VICTIM, 2016, exposition/exhibition *Wall Drawings*, *Icônes urbaines* au/at mac[LYON].

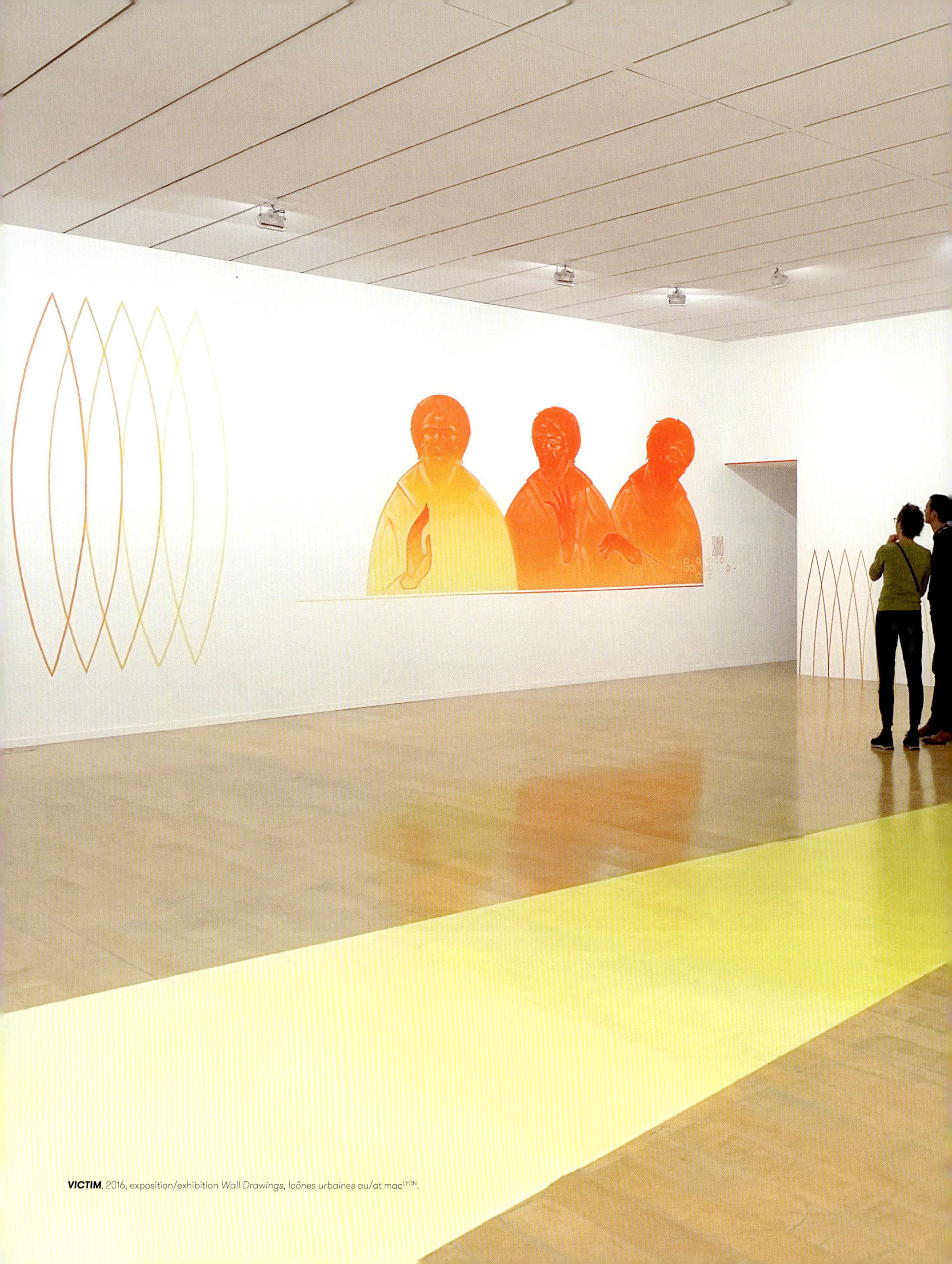

VICTIM, 2016, exposition/exhibition Wall Drawings, Icônes urbaines au/at mac^{LYON}.

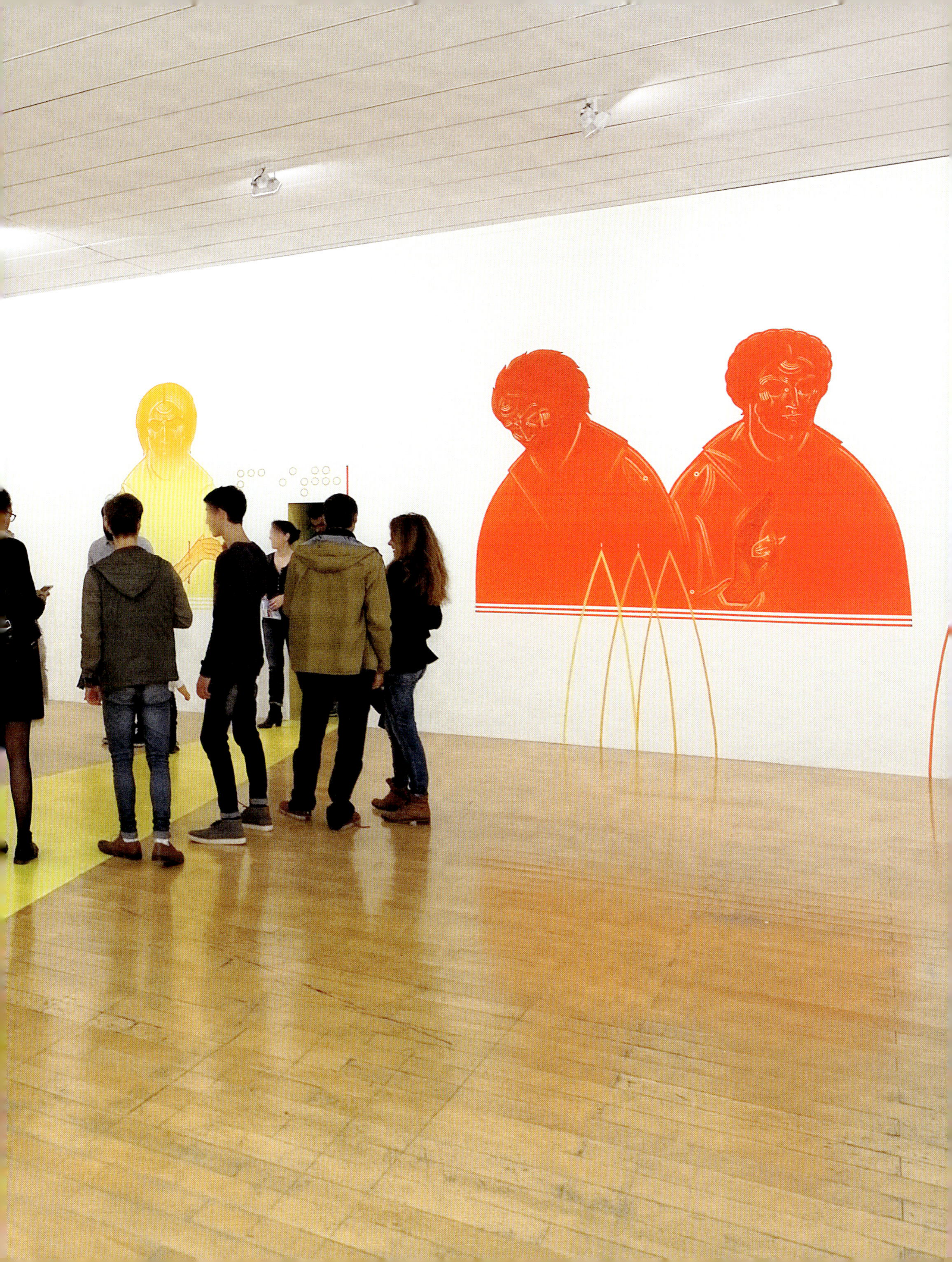

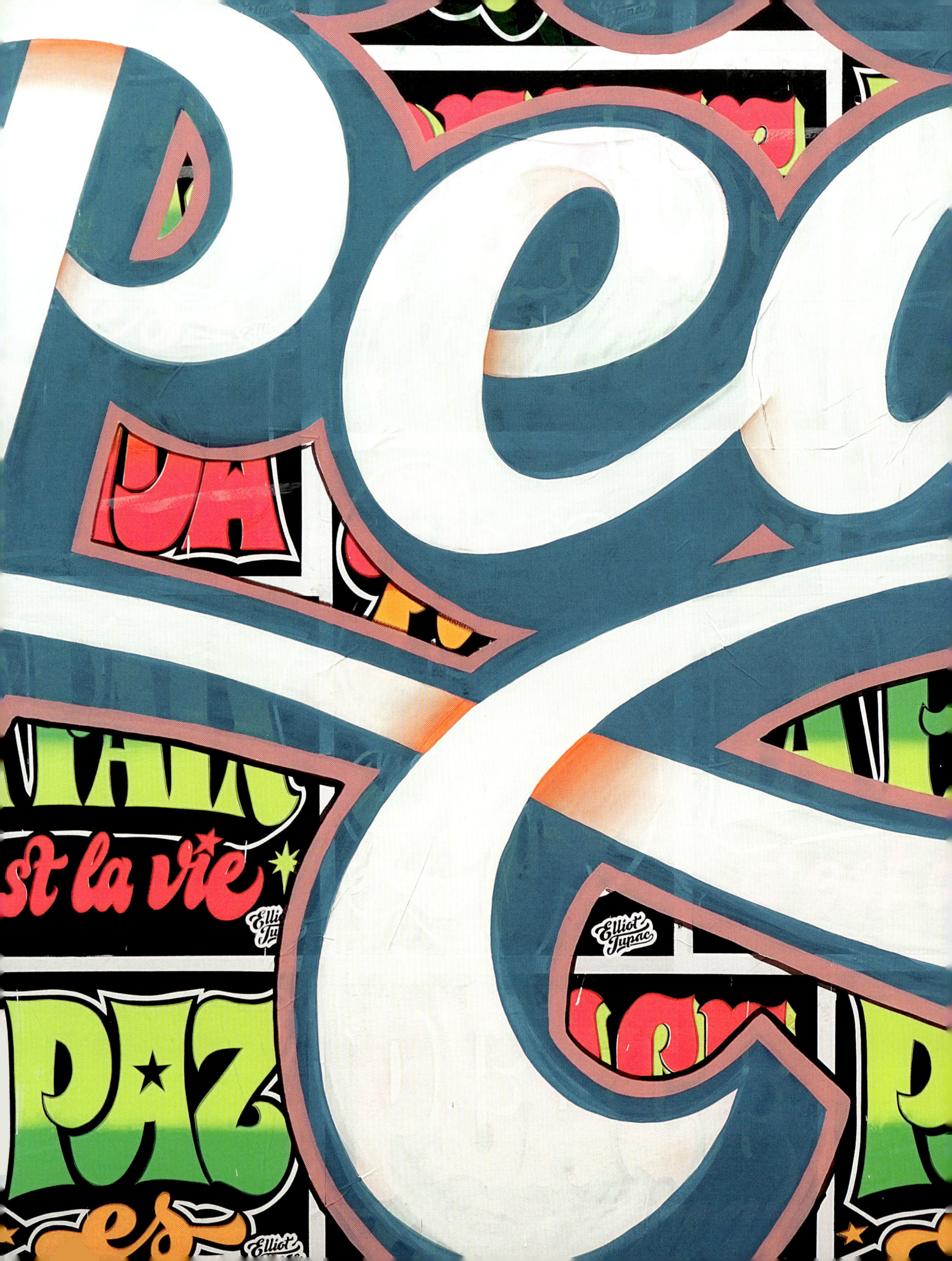
Elliot Tupac
c'est la vie
PAZ
Elliot Tupac

ELLIOT TUPAC

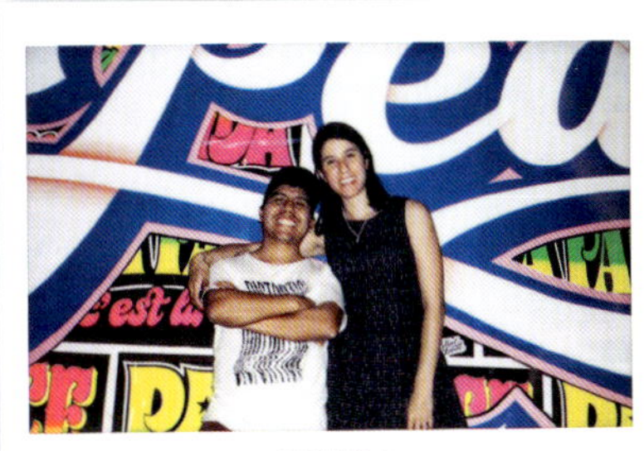

Elliot Urcuhuaranga Cárdenas, alias Elliot Tupac, est affichiste et typographe. Il est originaire des Andes. Conscient des nécessités d'un changement social radical, il cherche à promouvoir dans son art une culture visuelle d'ascendance péruvienne. C'est pourquoi, il adopte le pseudonyme de « Tupac ». Tupac Amaru était le dernier empereur inca et Tupac Amaru II était un chef indigène révolutionnaire. Tupac utilise divers médiums dans ses interventions, tels que la peinture murale, la sérigraphie, le lettrage, et surtout une typographie aux couleurs fluorescentes, inspirées de la culture chicha, mais aussi de l'artisanat textile de Huancayo, communauté dont il perpétue le savoir-faire pour écrire le récit du Pérou contemporain.

Au musée, il réalise *Libertad* et *People for Peace* à partir d'affiches sérigraphiées au Pérou et intervient également dans le métro Part-Dieu, Lyon 3e, avec l'œuvre participative *Équilibre*.

Elliot Urcuhuaranga Cárdenas, alias Elliot Tupac, is a poster artist and typographer from the Andes. As an instigator of social change and promoter of a Peruvian identity, he adopted the name 'Tupac' to align himself with the last Incan monarch Tupac Amaru, and the indigenous revolutionary leader Tupac Amaru II. He works in various mediums: silkscreen print, lettering, mural painting and, more specifically, typography in fluorescent colours inspired by chicha culture and characteristic of the traditional textiles of Huancayo. His contemporary vision of Peru owes a great deal to those craft weavers' traditional skills.

He has created *Libertad* and *People for Peace* for the museum using posters screen-printed in Peru. He has also contributed to the joint artwork *Équilibre* at Part-Dieu metro station, Lyon 3.

◄ **People for Peace**, 2016 (détail/detail)
Affiches sérigraphiées, peinture acrylique, spray/
Silkscreen prints, acrylic paint, spray, 25,09 × 3,95 m.

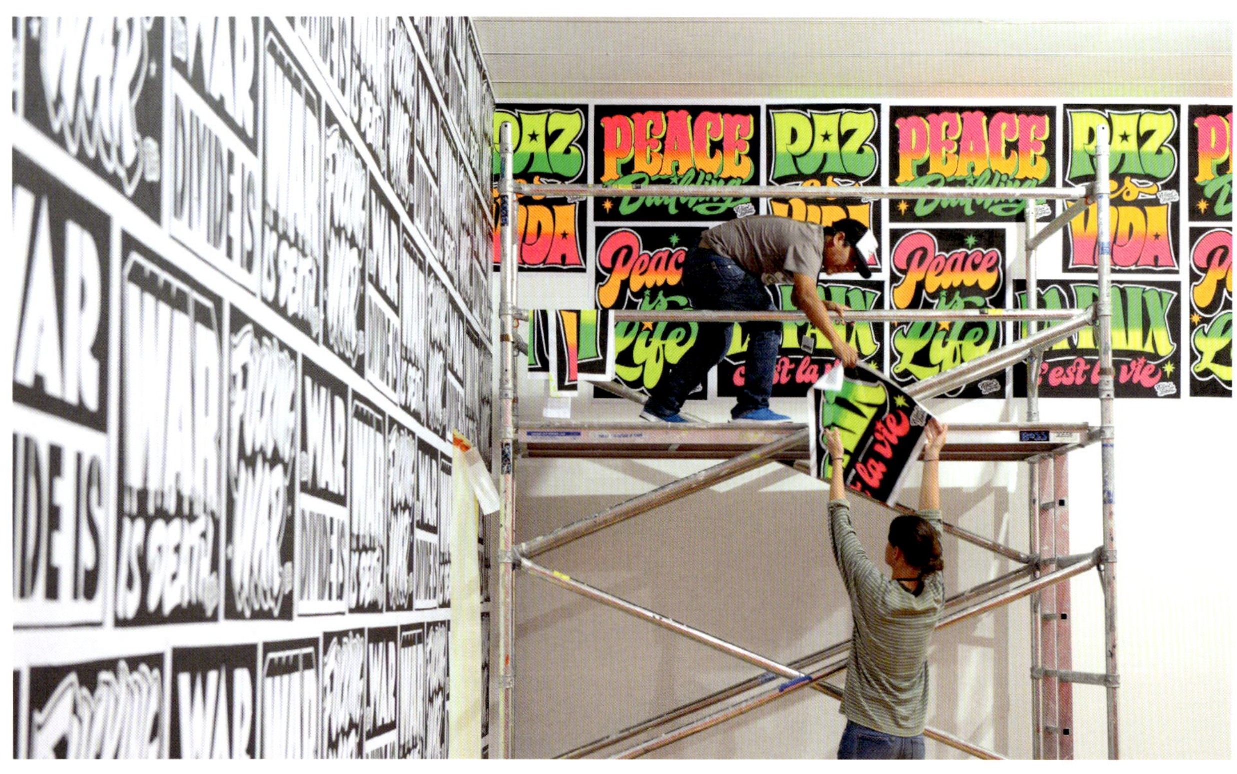

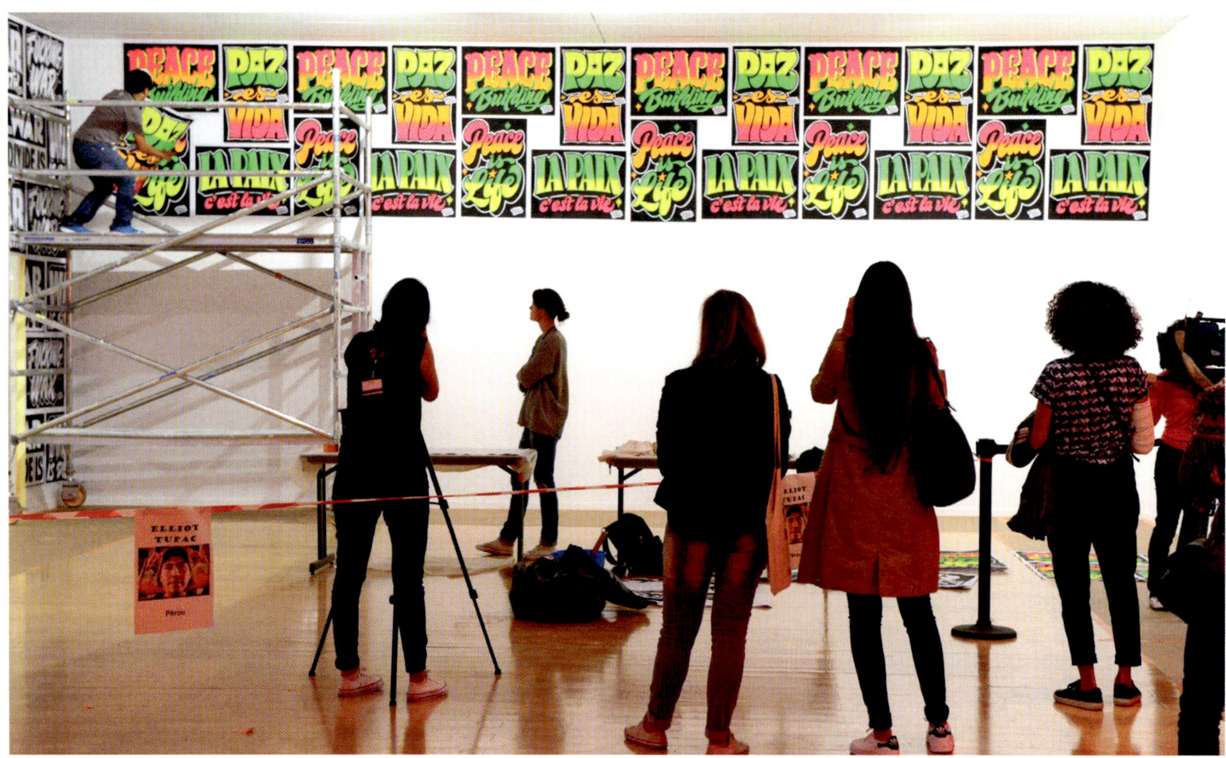

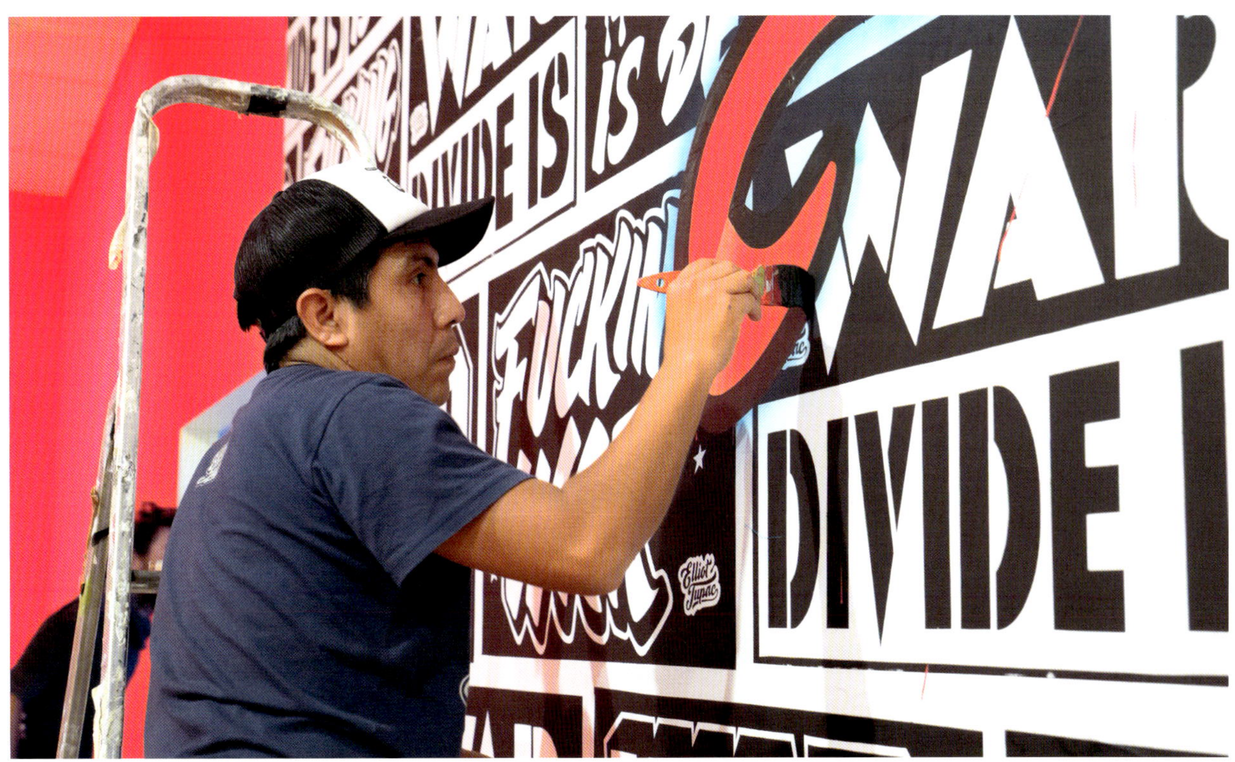
DIVIDE IS
IS
WAR
FUCKING
DIVIDE I

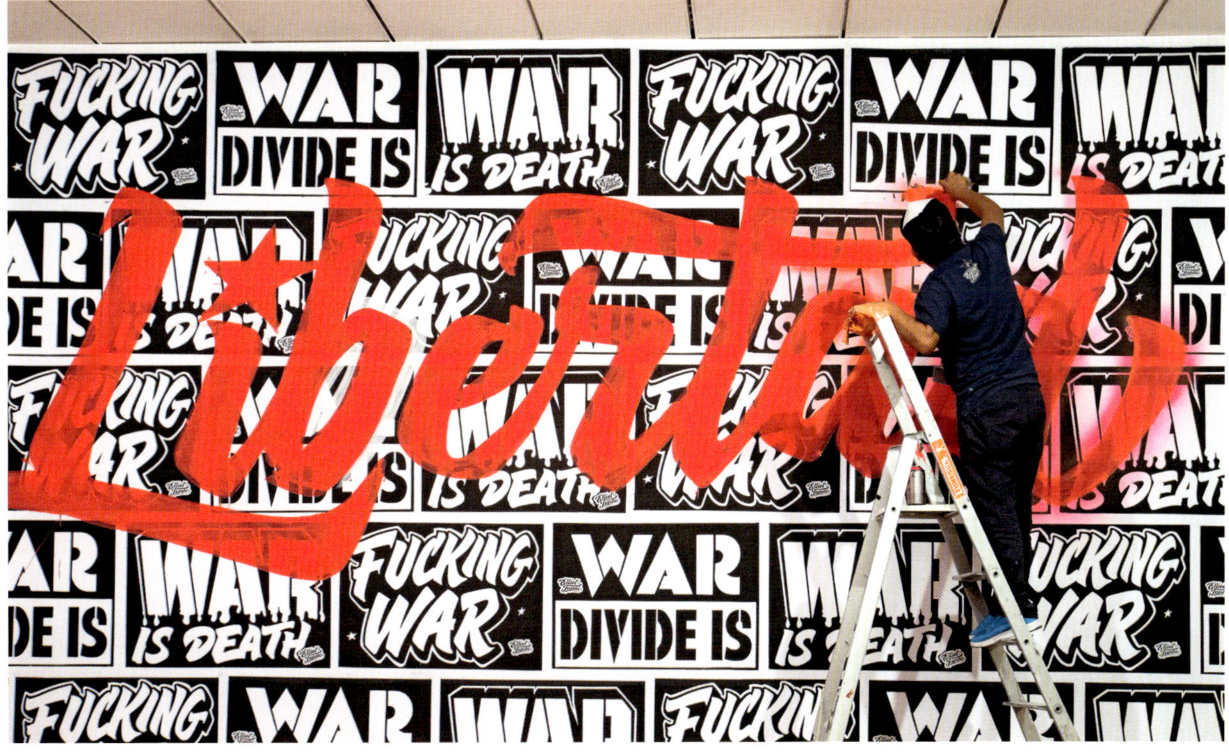
FUCKING WAR
WAR DIVIDE IS
WAR IS DEATH
FUCKING WAR
WAR DIVIDE IS
WAR
FUCKING WAR
IS DEATH
Libertad
FUCKING WAR
WAR IS DEATH
FUCKING WAR
WAR DIVIDE IS
WAR IS DEATH
FUCKING
WAR
FUCKING

pp. 116-118
Elliot Tupac réalisant/working on
People for Peace, 2016, exposition/exhibition
Wall Drawings, Icônes urbaines au/at mac[LYON].

pp. 119
People for Peace, 2016 (détail/detail)
Affiches sérigraphiées, peinture acrylique,
spray/Silkscreen prints, acrylic paint, spray,
25,09 × 3,95 m.

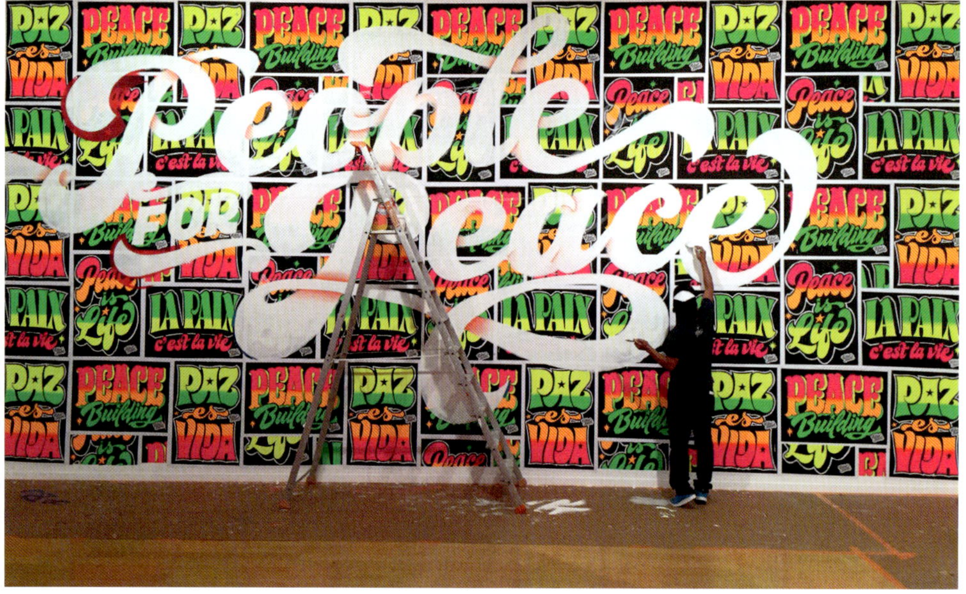

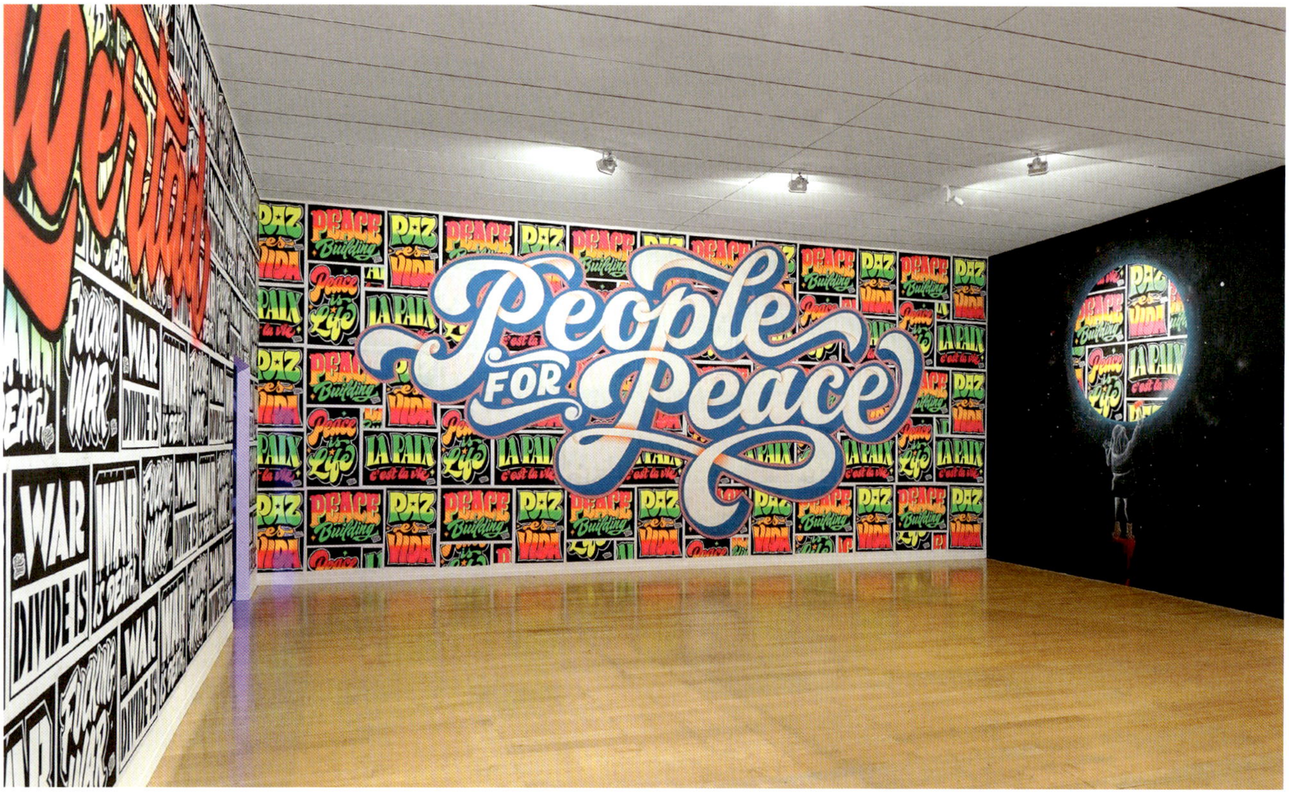

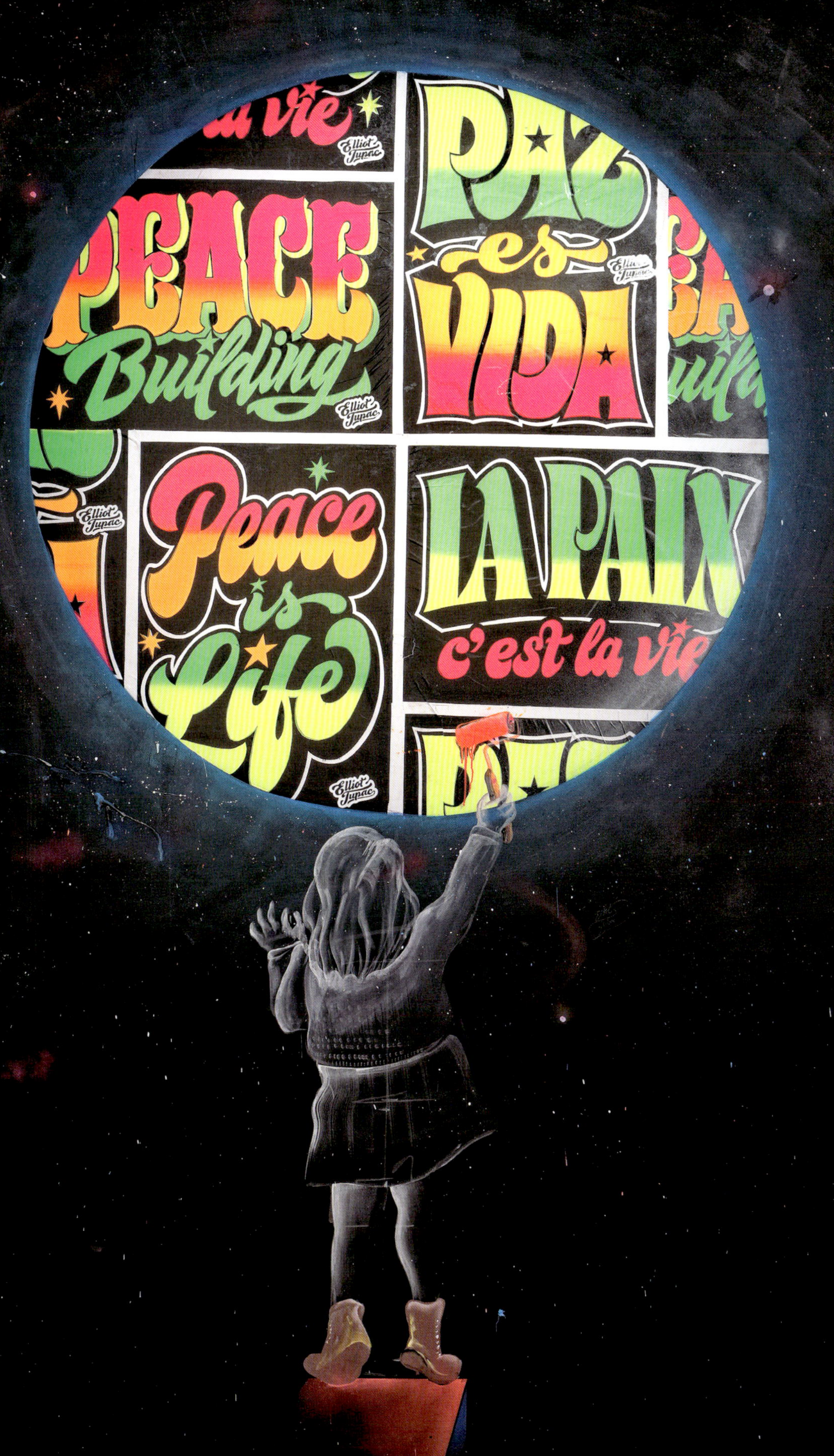
la vie
Elliot Jupac
PAZ
es
VIDA
Elliot Jupac
PEACE
Building
Elliot Jupac
buildi
Peace
is
Life
Elliot Jupac
LA PAIX
c'est la vie
Elliot Jupac

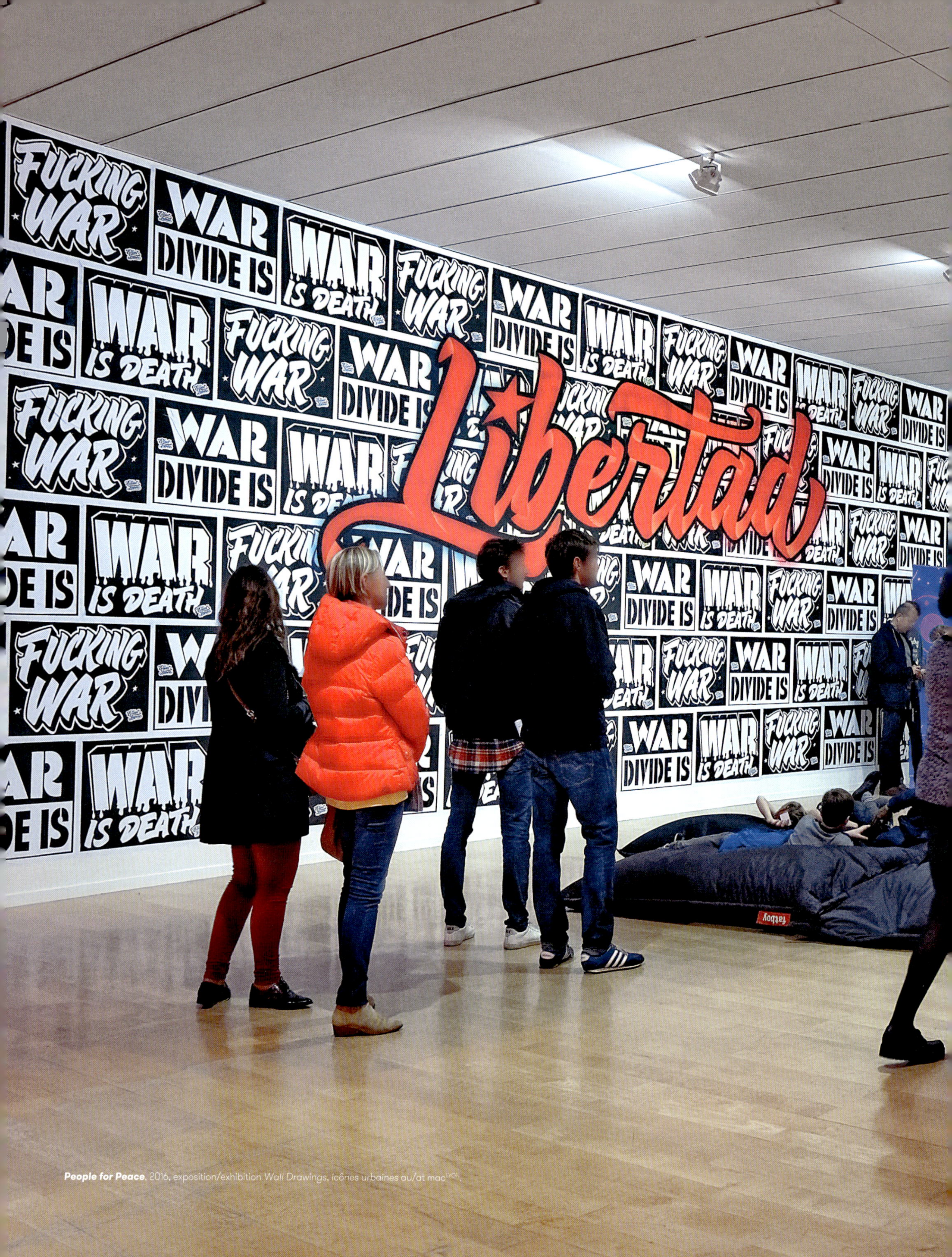

People for Peace, 2016, exposition/exhibition Wall Drawings, Icônes urbaines au/at mac^{MCK}

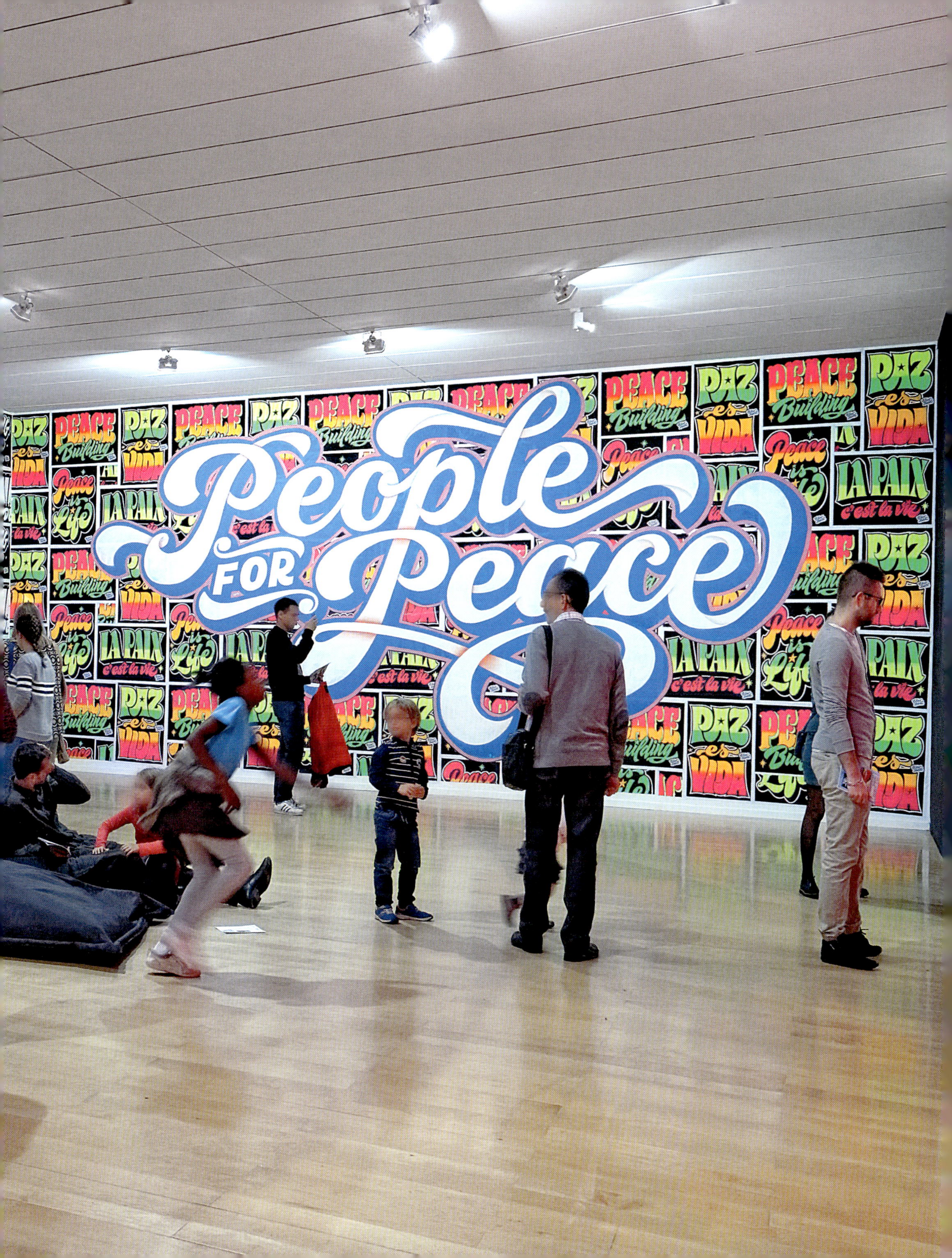

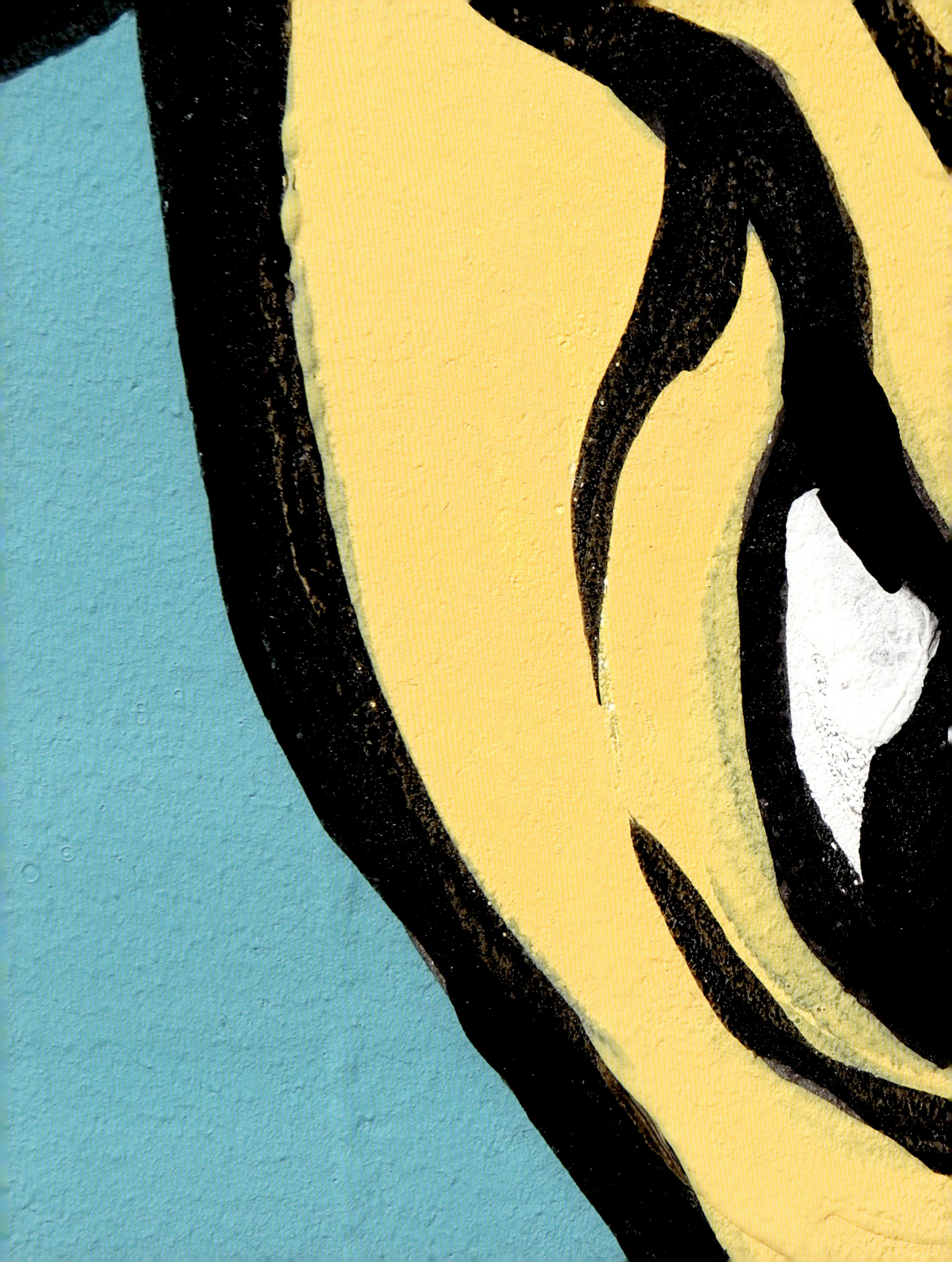

WENNA

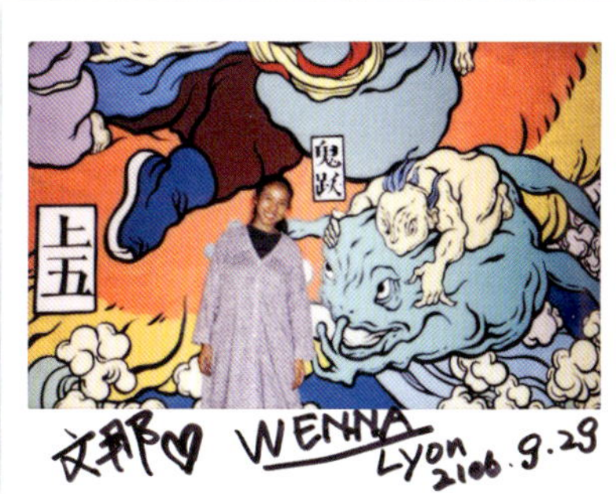

Dans son roman *Wenna Jing* (文那经, Livre de Wenna), Wenna invente des personnages, qu'elle décline par la suite sur de nombreux supports : peintures murales, rouleaux, sculptures, etc. À l'occasion de ses voyages, elle crée de nouveaux personnages qui dialoguent avec ceux du livre.

Ainsi au musée, Wenna imagine pour son œuvre *L'Aventure de Lyon*, un dieu à tête de lion et corps de dragon, ShiZilong – métaphore de son voyage entre la Chine (dragon) et Lyon (lion). Ce nouveau protecteur de la ville est accompagné de ses compagnons d'aventure : Fang Yin Shou (chargé d'enregistrer le voyage), le chasseur de trésor Xun Zhu, le dieu du secours Shang Wu (tenant cinq boules dans la main pour symboliser les cinq éléments), Fu Wei Fu Yan (indiquant la direction à suivre), Gui Yue chevauchant une grenouille (le dieu-enfant de l'allégresse et des réjouissances), ainsi que le dieu du partage Nuo Yu qui tient un poisson vert à offrir en cadeau de la part de l'Orient et dont la substance rose qu'il crache symbolise les échanges culturels. Wenna réalise également au cinéma UGC Cité internationale, l'œuvre intitulée *Jouer à un jeu*, inspirée du théâtre de Guignol.

Wenna invented characters from traditional Chinese culture for her novel *Wenna Jing* (文那经, The Book of Wenna). She later painted them on a number of different supports, including murals, rolls, and sculptures. When she travels, she creates new characters, who enter into dialogue with those in her book.

For her work at the Museum – *L'Aventure de Lyon* ('The Lyon Adventure') – she created a god with the head of a lion and the body of a dragon, ShiZilong: a metaphor for her journey from China (the dragon) to Lyon (the lion). This new protector for the city is accompanied by its fellow adventurers: Fang Yin Shou (whose job it is to record the journey), the treasure hunter Xun Zhu, the god of help Shang Wu (holding five balls in his hand to symbolise the five elements), Fu Wei Fu Yan (who points us in the right direction), Gui Yue riding on the back of a frog (the child-god of gaiety and joy), and Nuo Yu, the god of sharing, who holds a green fish as a present from the Far East and breathes out a rare pink substance symbolising cultural exchanges. Wenna has also painted at the UGC cinema, Cité internationale, the work entitled *Jouer à un jeu*, inspired by the Guignol puppet theatre.

◀ *L'Aventure de Lyon*, 2016 (détail/detail)
Peinture acrylique, spray/Acrylic paint, spray, 15,73 × 3,95 m.

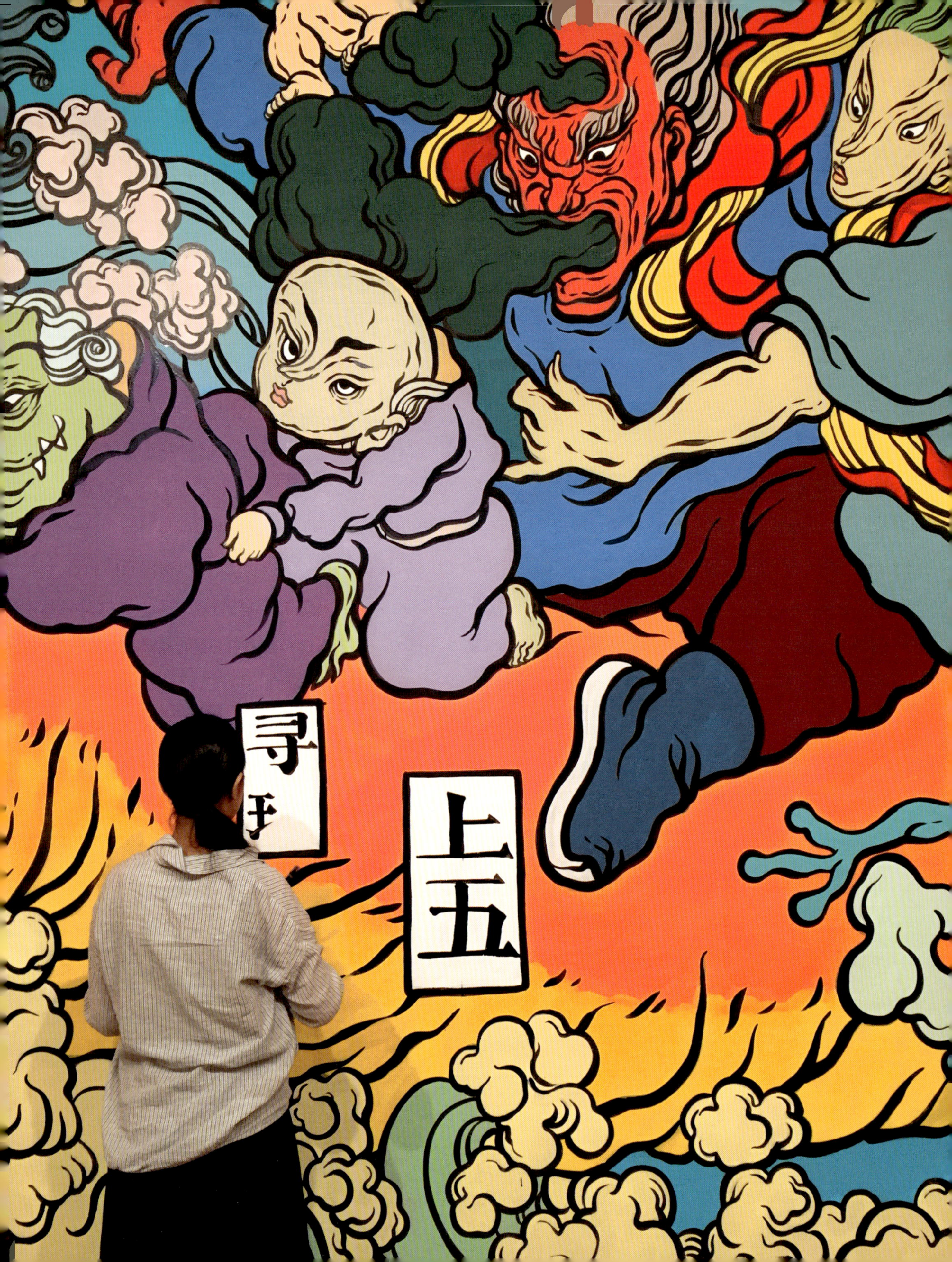

寻
于
上
五

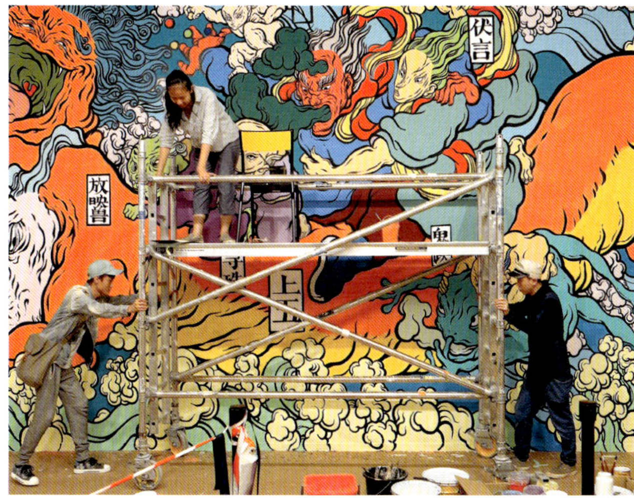
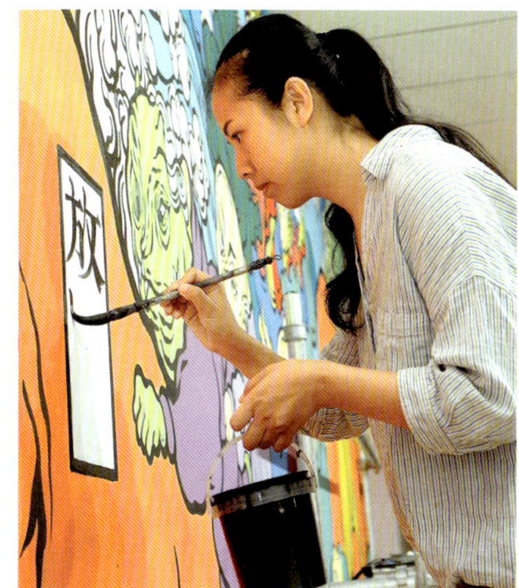
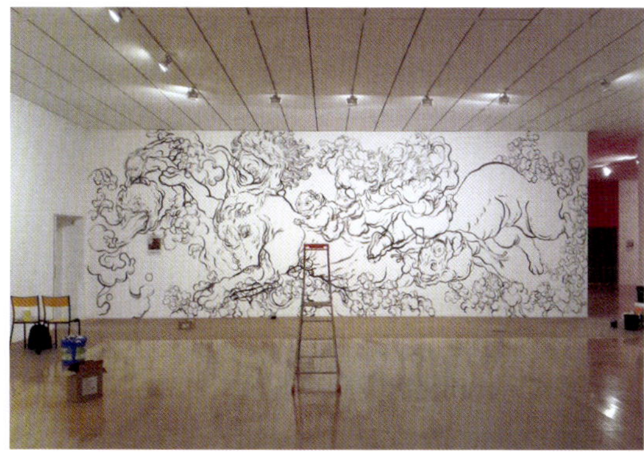
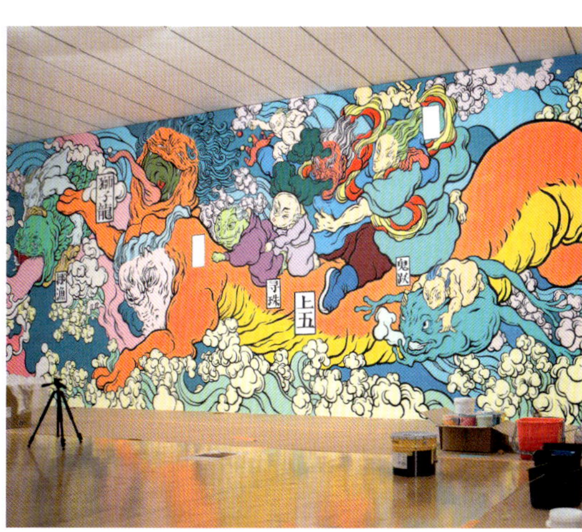
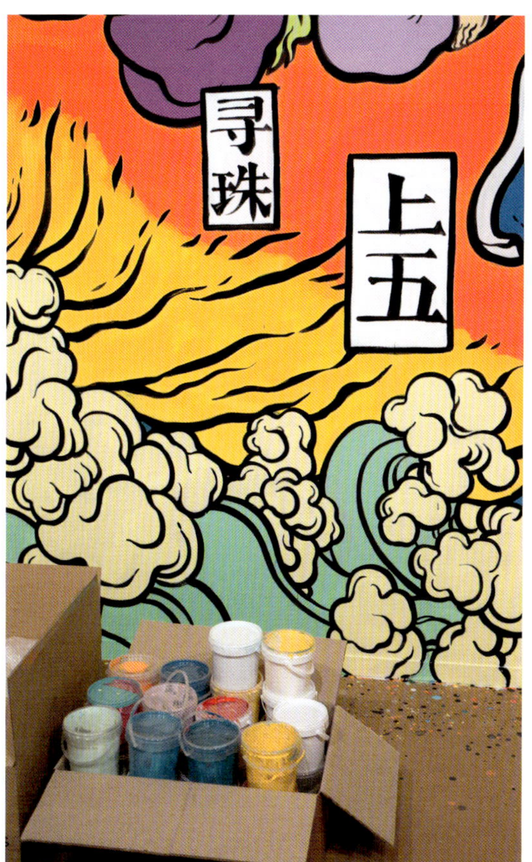

pp. 124-125
Wenna réalisant/working on **L'Aventure de Lyon**, 2016,
exposition/exhibition Wall Drawings, Icônes urbaines au/at mac[LYON].

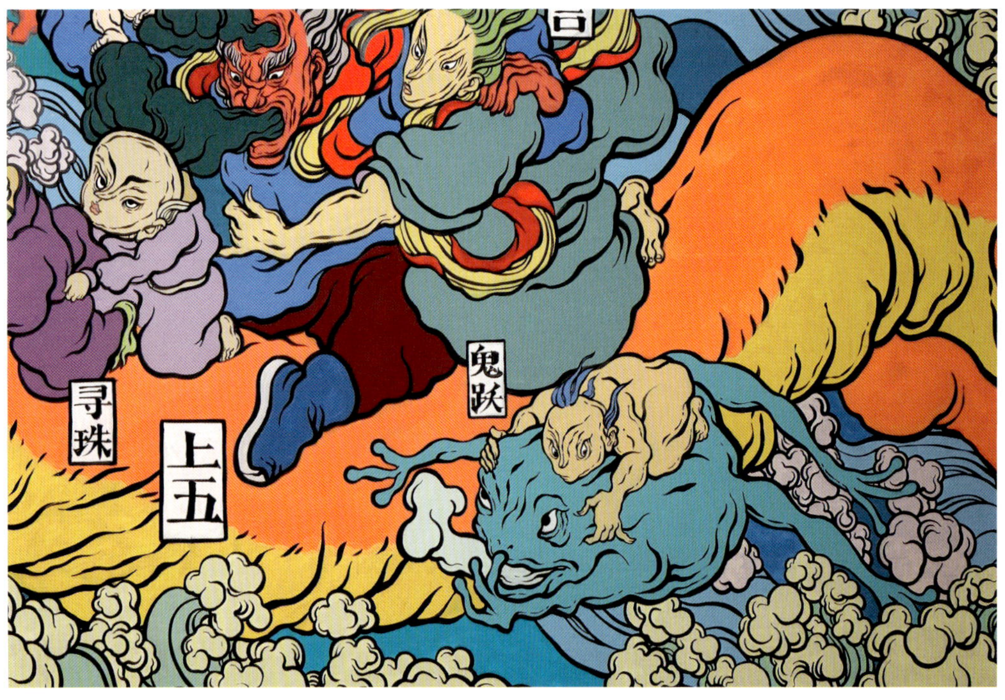

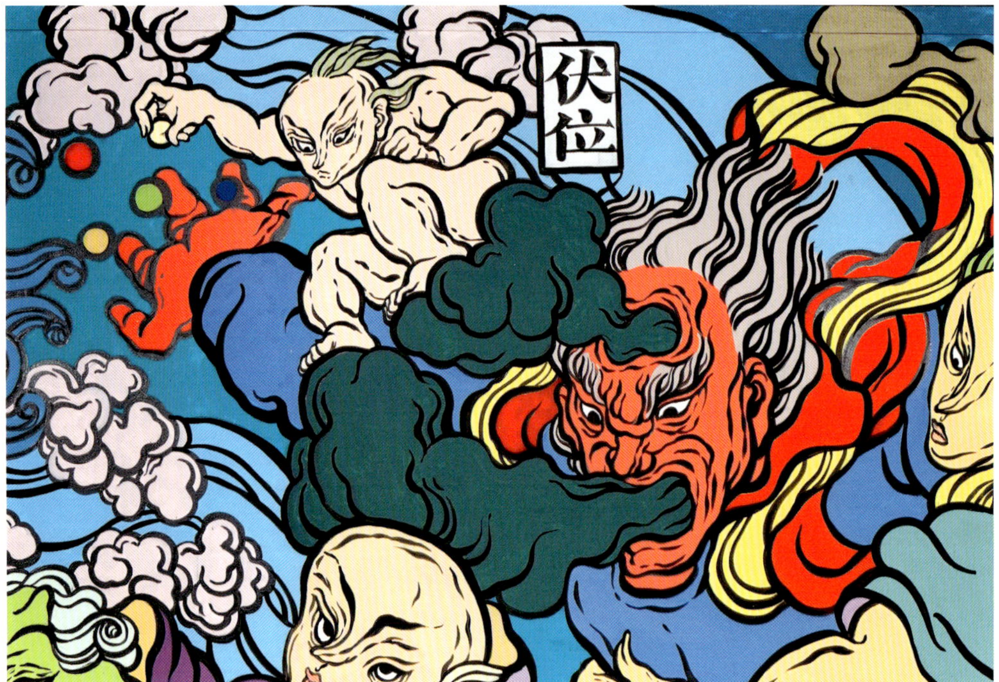

pp. 126-127
L'Aventure de Lyon, 2016 (détails/details)
Peinture acrylique, spray/Acrylic paint, spray, 15,73 × 3,95 m.

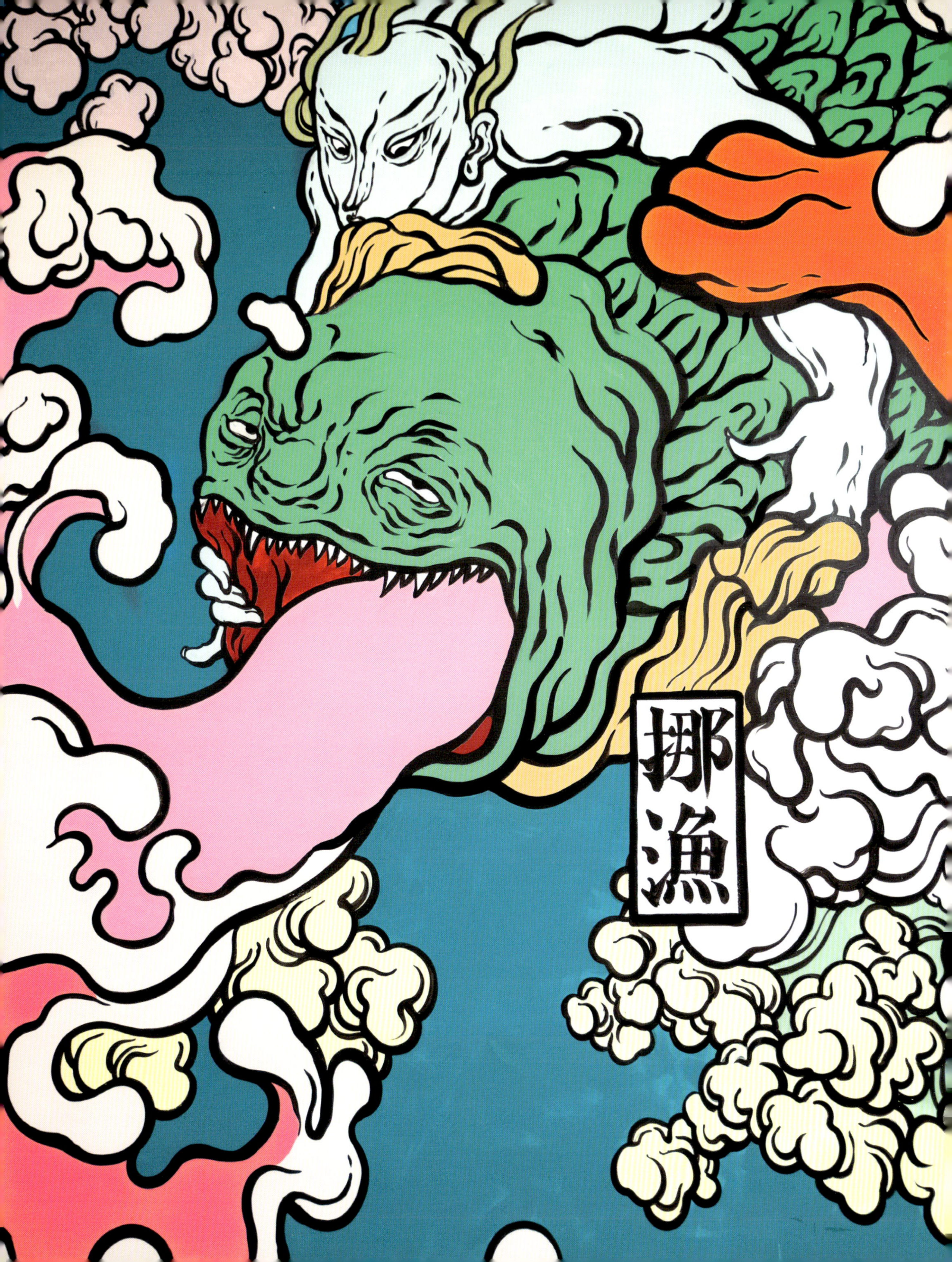
挪
漁

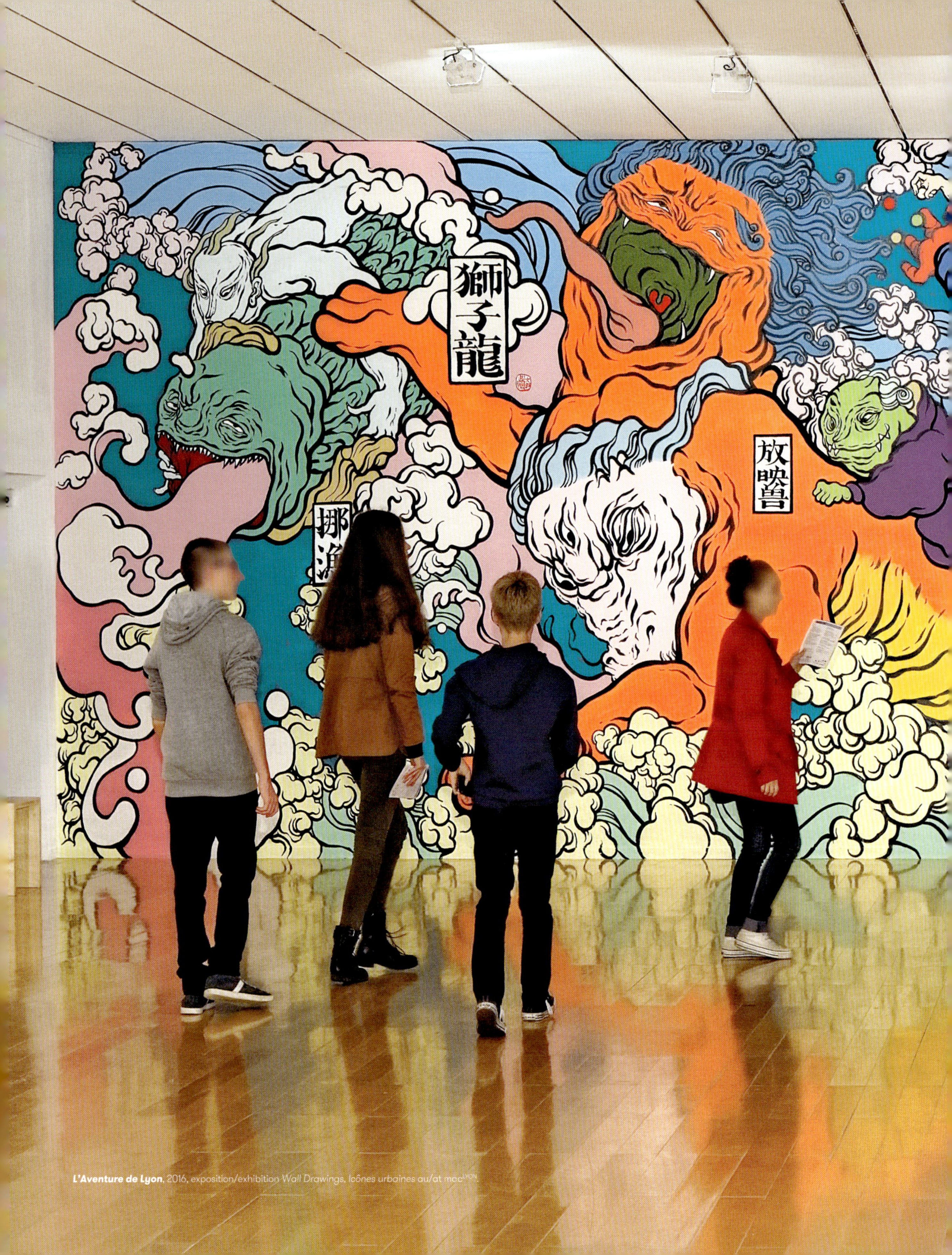

L'Aventure de Lyon, 2016, exposition/exhibition Wall Drawings, Icônes urbaines au/at mac^LYON.

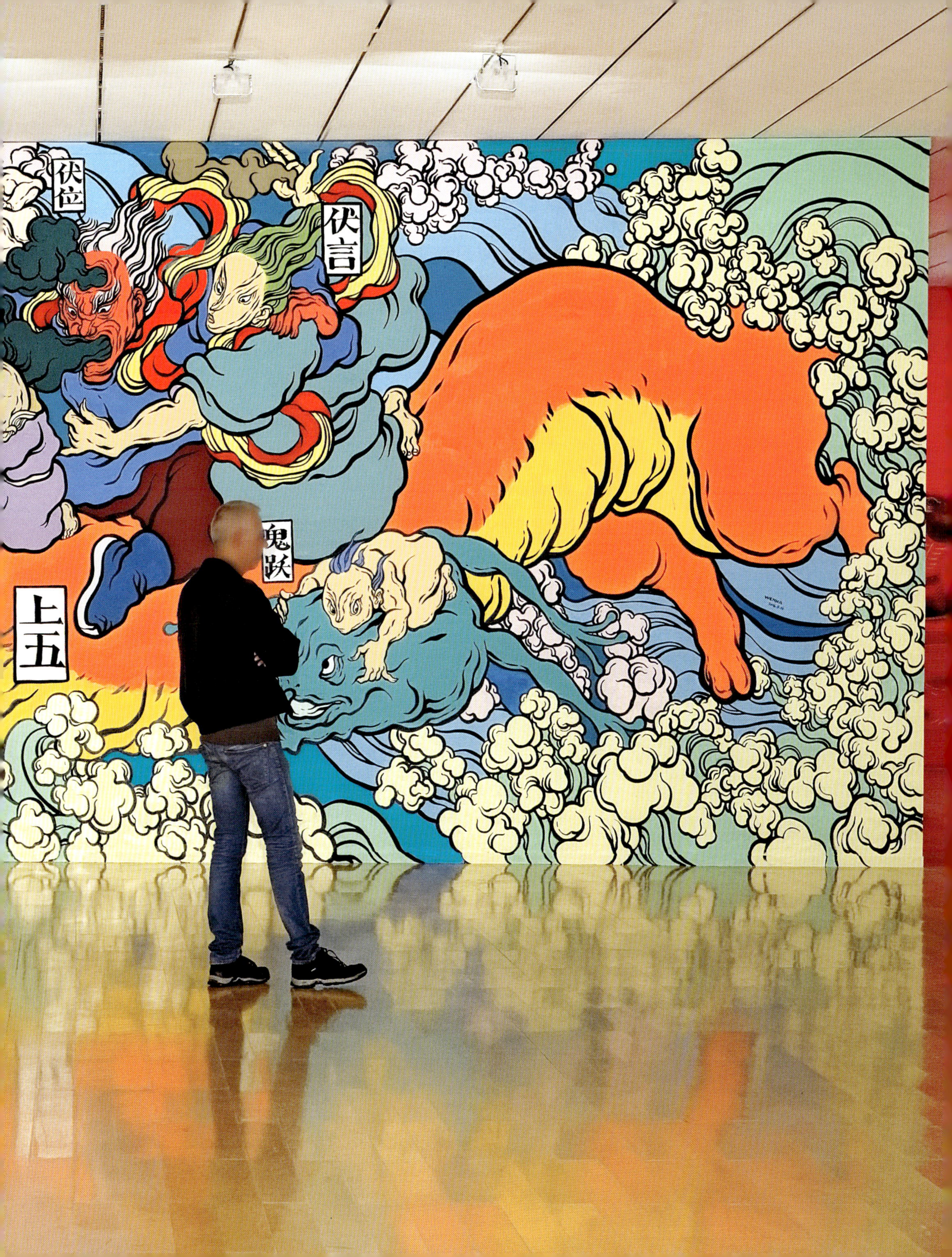

伏位
伏言
鬼跃
上五

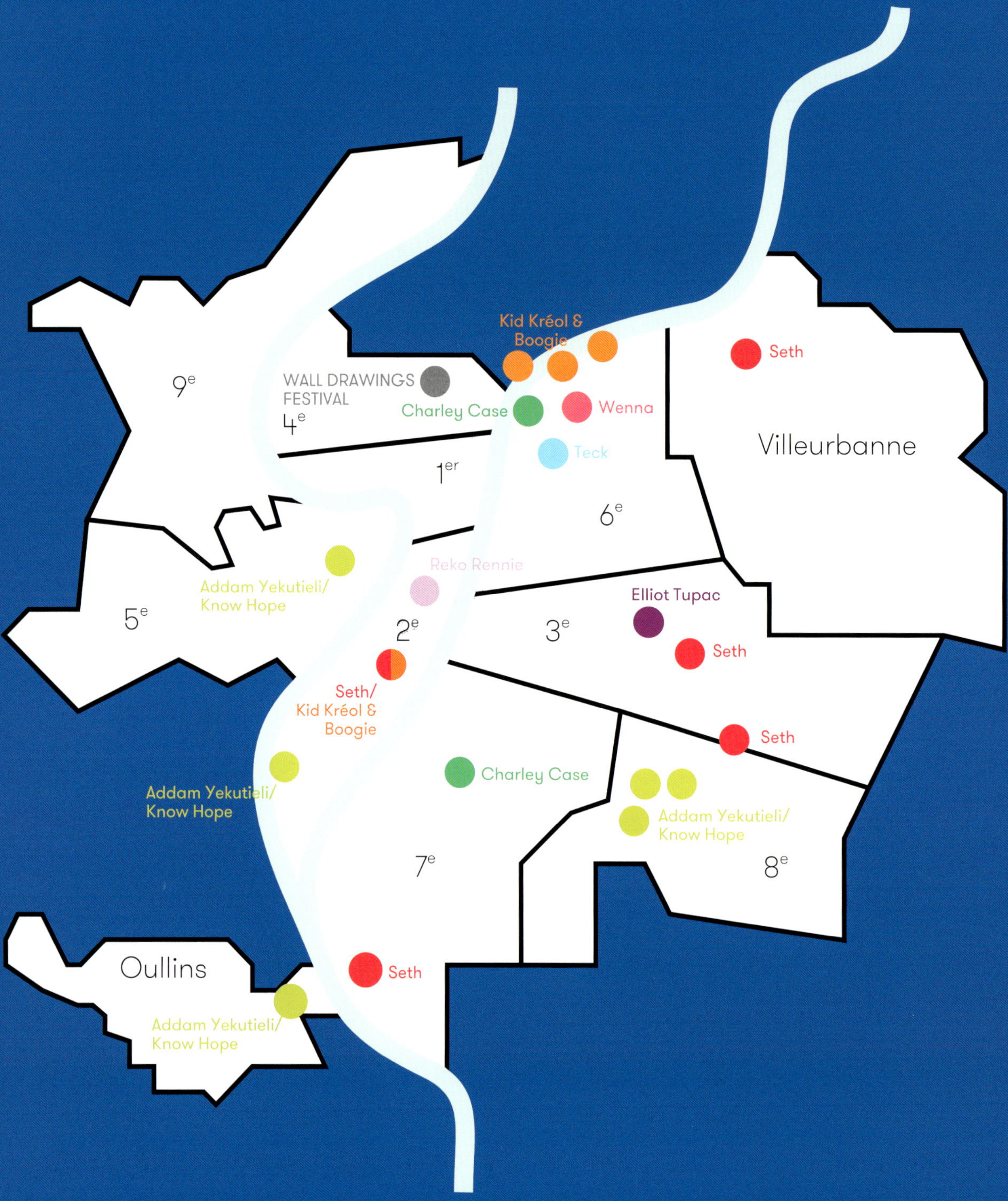

Brusk, Cart'1, Charley Case, Don Mateo, Franco Fasoli/JAZ, Jace, Kid Kréol & Boogie, Addam Yekutieli/Know Hope, Pec, Saner, Seth, Teck, Elliot Tupac, Wenna
Teck
Wenna
Charley Case
Kid Kréol & Boogie
Seth
Reko Rennie
Addam Yekutieli/Know Hope
Elliot Tupac
9e
WALL DRAWINGS FESTIVAL
4e
Charley Case
Kid Kréol & Boogie
Wenna
Teck
1er
Seth
Villeurbanne
6e
Addam Yekutieli/Know Hope
Reko Rennie
5e
2e
Elliot Tupac
3e
Seth
Seth/Kid Kréol & Boogie
Seth
Addam Yekutieli/Know Hope
Charley Case
Addam Yekutieli/Know Hope
7e
8e
Oullins
Seth
Addam Yekutieli/Know Hope

WALL DRAWINGS DANS LA VILLE

WALL DRAWINGS IN THE CITY

AUTOUR DU MUSÉE, À LA CITÉ INTERNATIONALE, LYON 6e / AROUND THE MUSEUM, AT THE CITÉ INTERNATIONALE, LYON 6
- Parking P0 Lyon Parc Auto, 90 quai Charles de Gaulle
- Cinémas UGC Cité Internationale, 80 quai Charles de Gaulle
- Clinic All, 66 quai Charles de Gaulle
- 45 quai Charles de Gaulle
- 44 quai Charles de Gaulle
- Restaurant 33 Cité, 33 quai Charles de Gaulle

LYON 2e
- Métro Station Bellecour, place Bellecour
- Parking République Lyon Parc Auto, 53 rue de la République
- Confluence, quai Arlès-Dufour

LYON 3e
- Métro Station Part-Dieu, Centre commercial La Part-Dieu, Gare Part-Dieu
- Abri tram Part-Dieu Villette, rue de la Villette
- Métro Station Grange-Blanche, place d'Arsonval

LYON 4e
- Festival Wall Drawings, dimanche 25 septembre 2016, ancien Collège Maurice Scève, 8 rue Thévenet

LYON 5e
- 8 place de Fourvière, le long de la Basilique

LYON 7e
- Mur La Gâche/Îlot d'Amaranthes, 37 rue Sébastien Gryphe
- Métro Station Stade de Gerland, 353 avenue Jean Jaurès

LYON 8e
- Nouveau cimetière de la Guillotière, 228 avenue Berthelot

OULLINS
- Métro Station Gare d'Oullins, avenue Edmond Locard

VILLEURBANNE
- Abri tram La Doua – Gaston Berger, intersection des avenues Gaston Berger et Jean Capelle

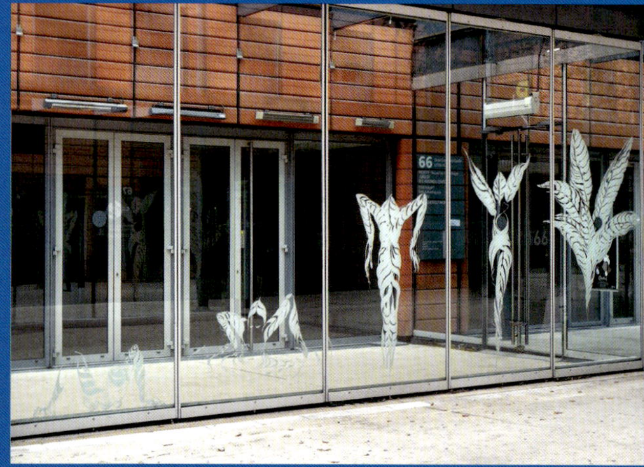

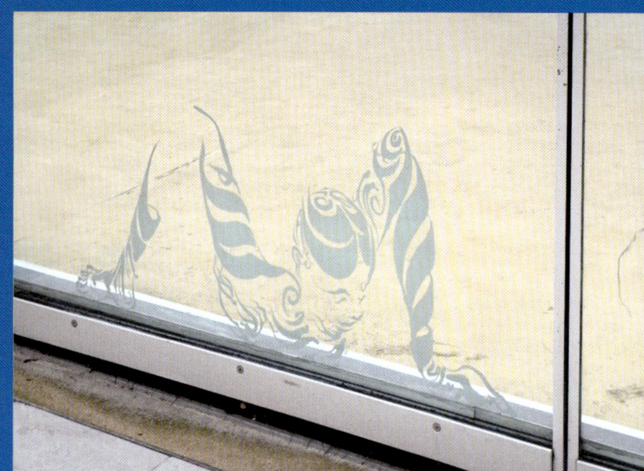

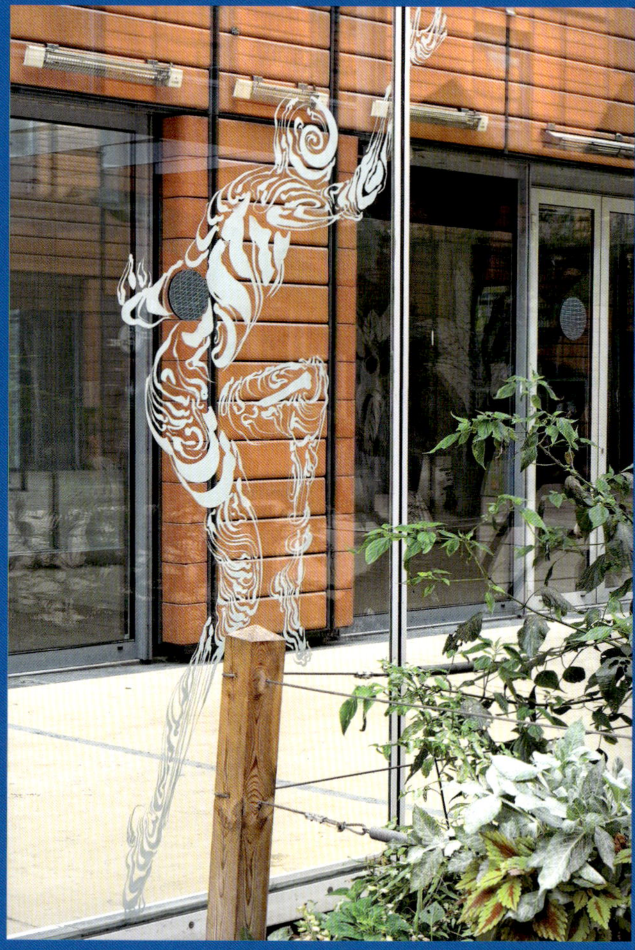

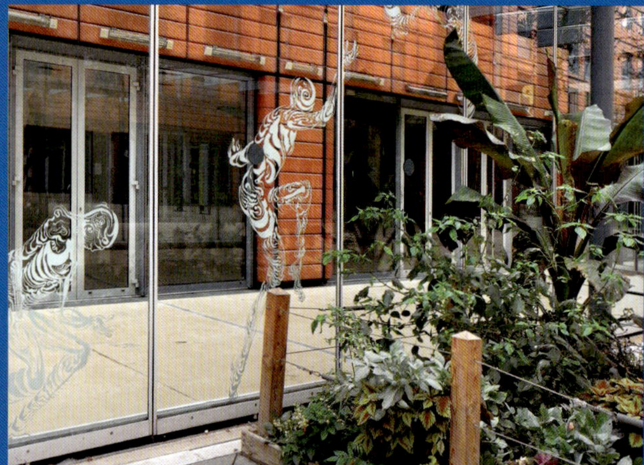

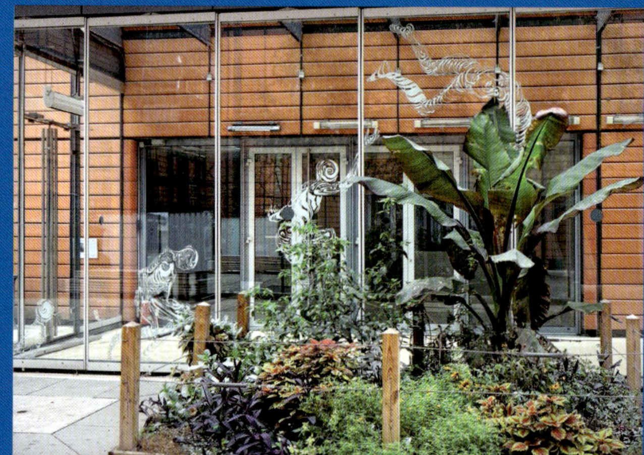

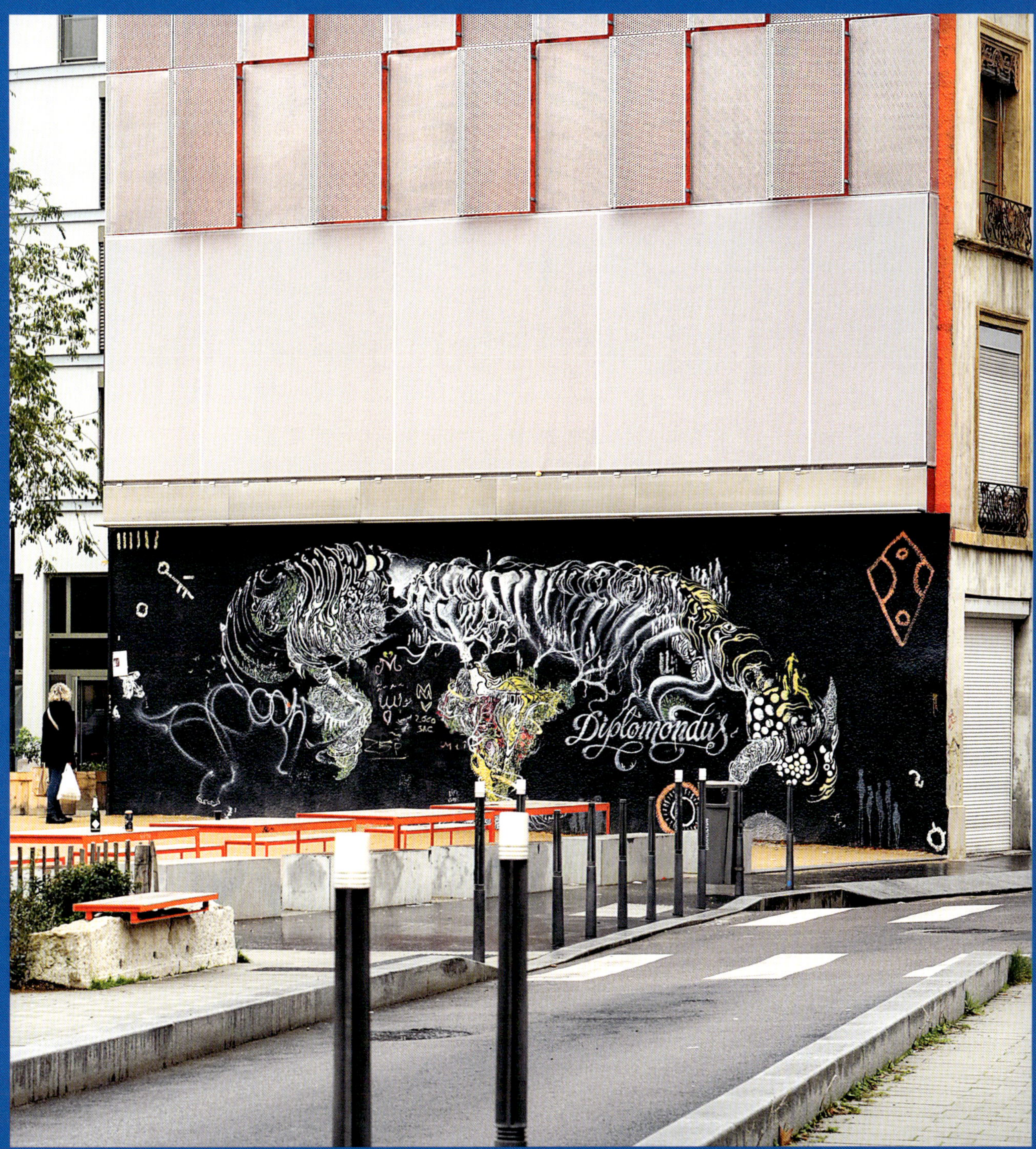
Diplomondus

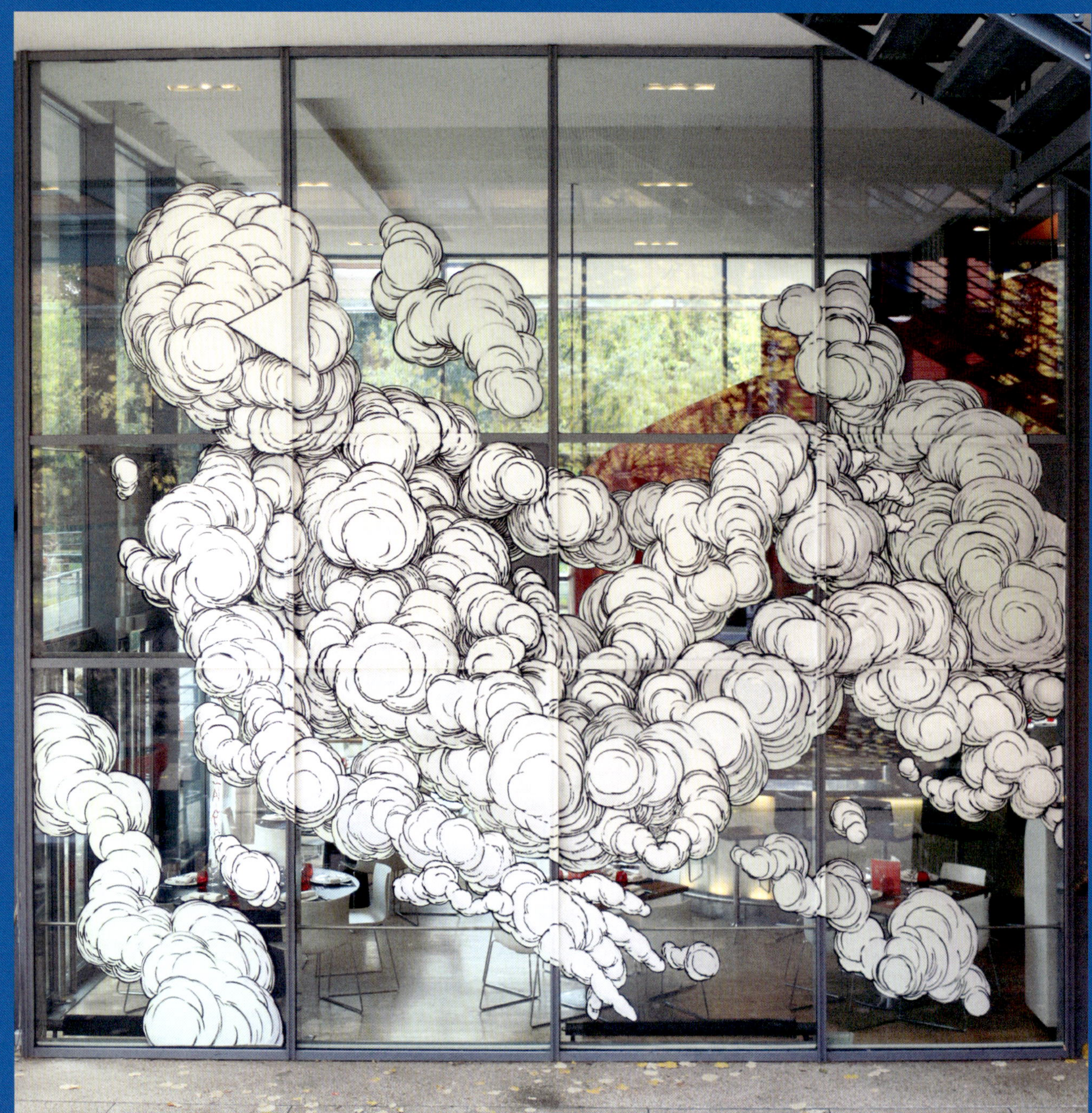

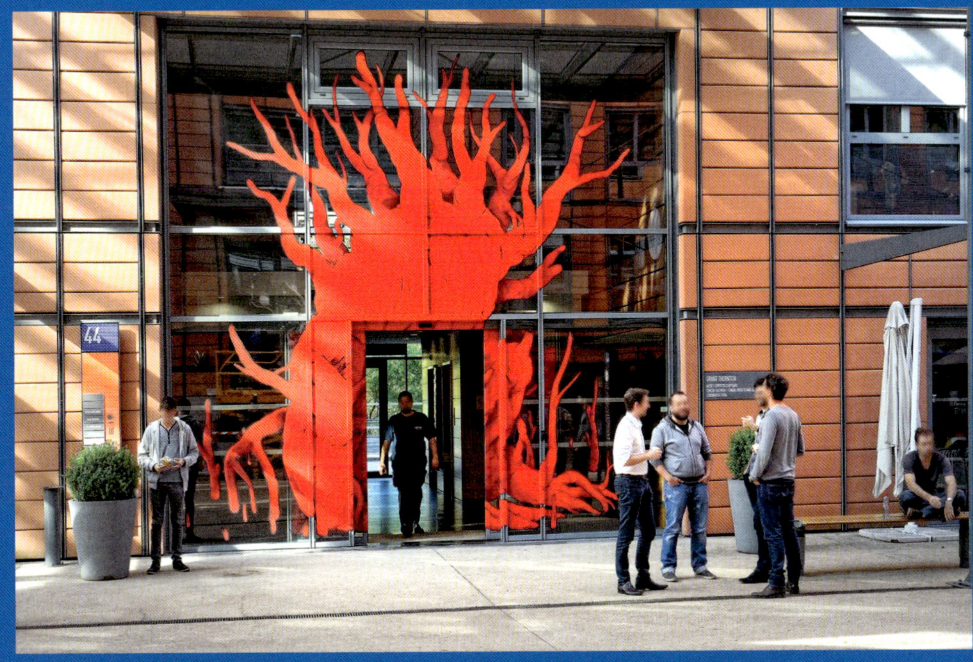

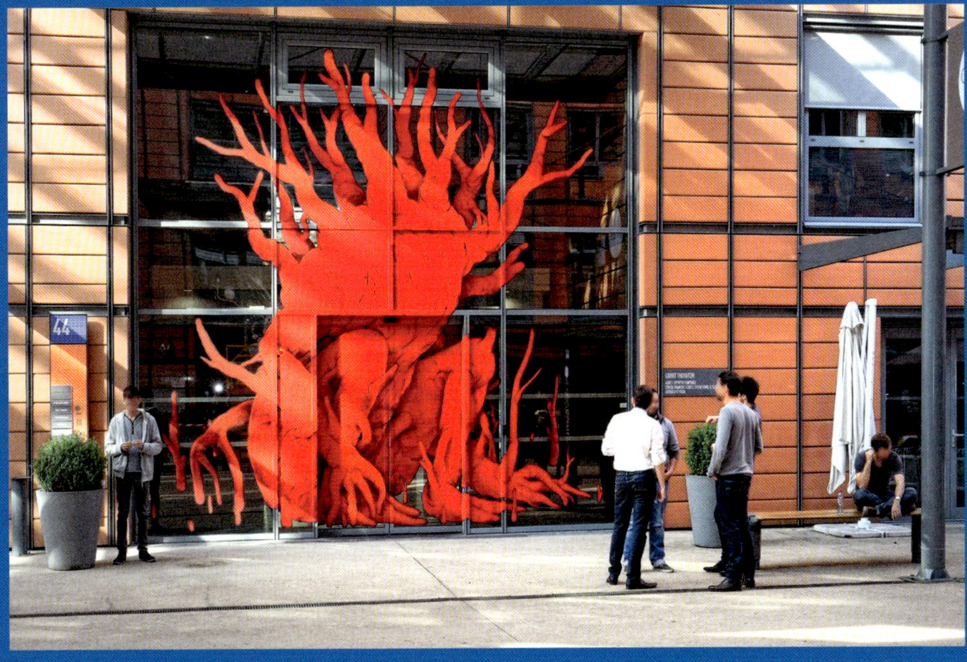

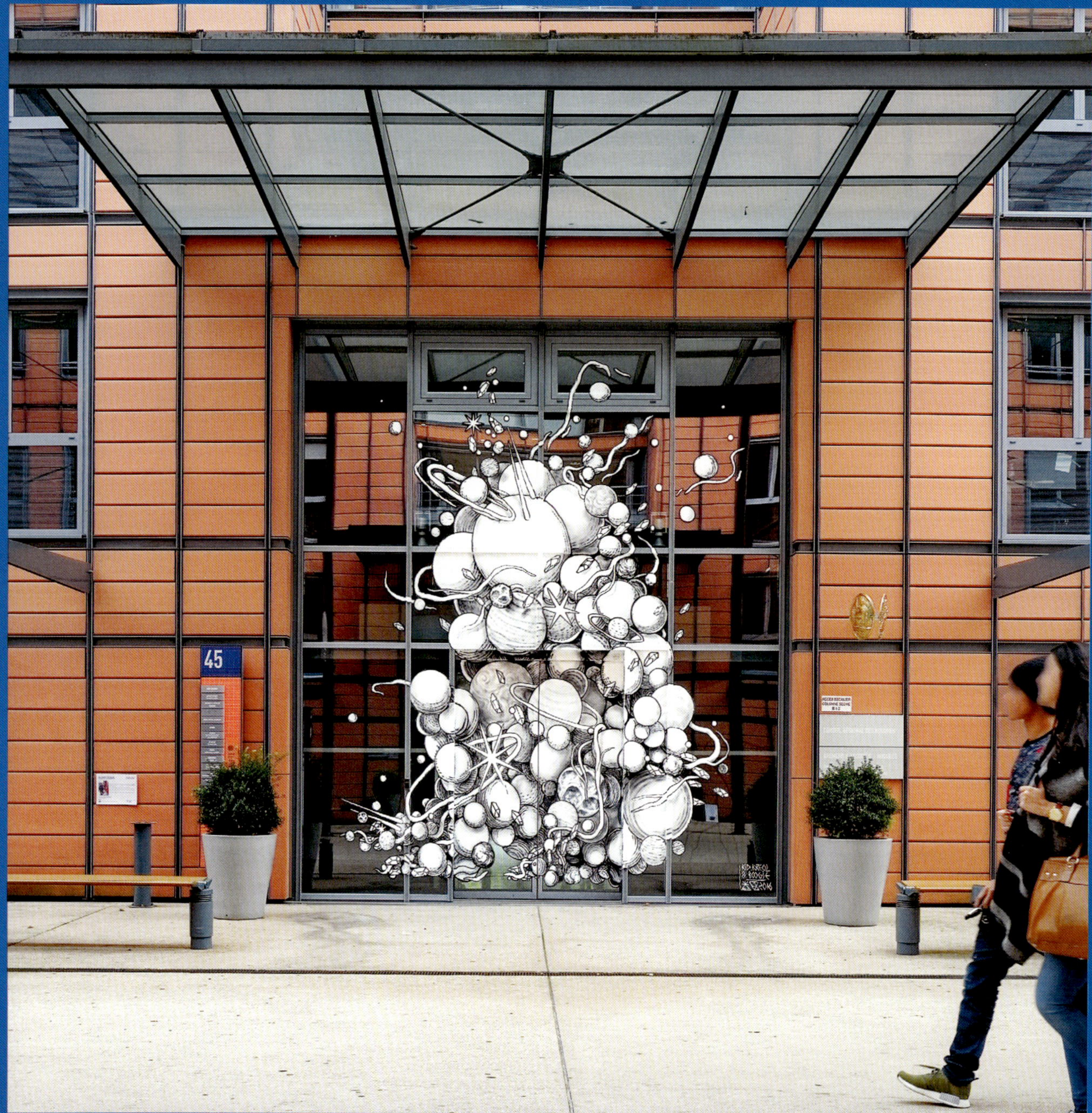

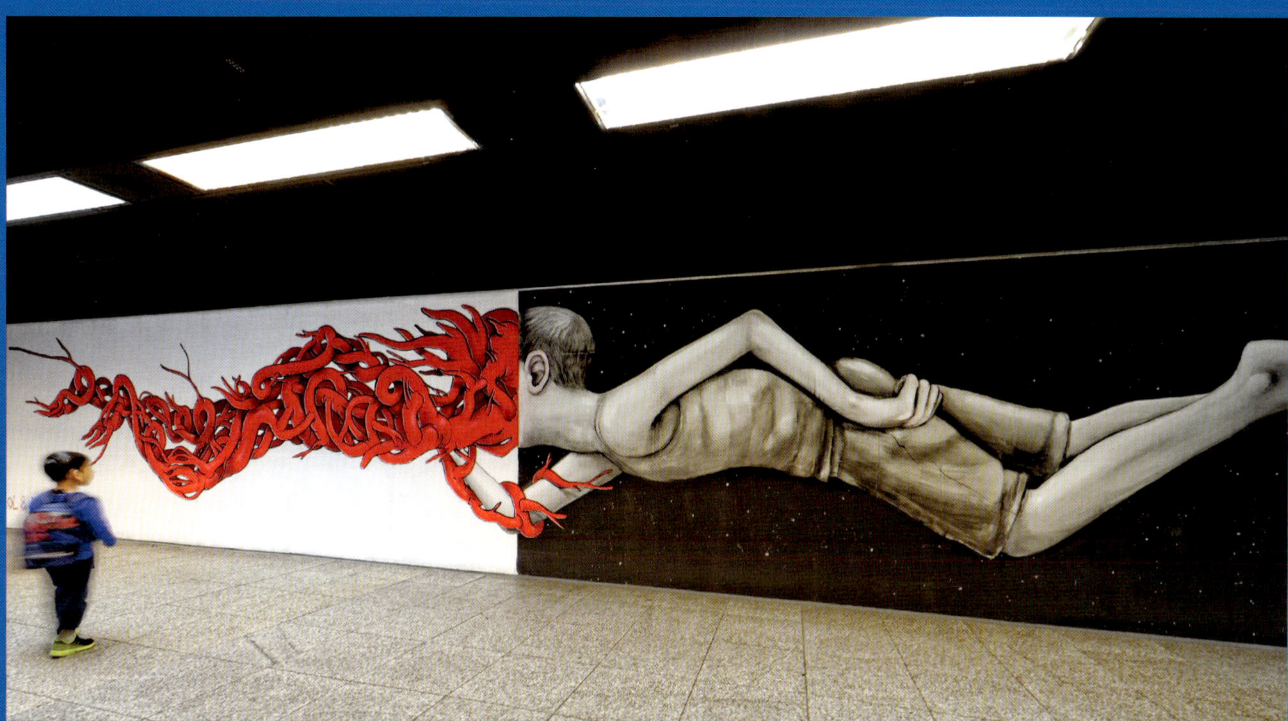

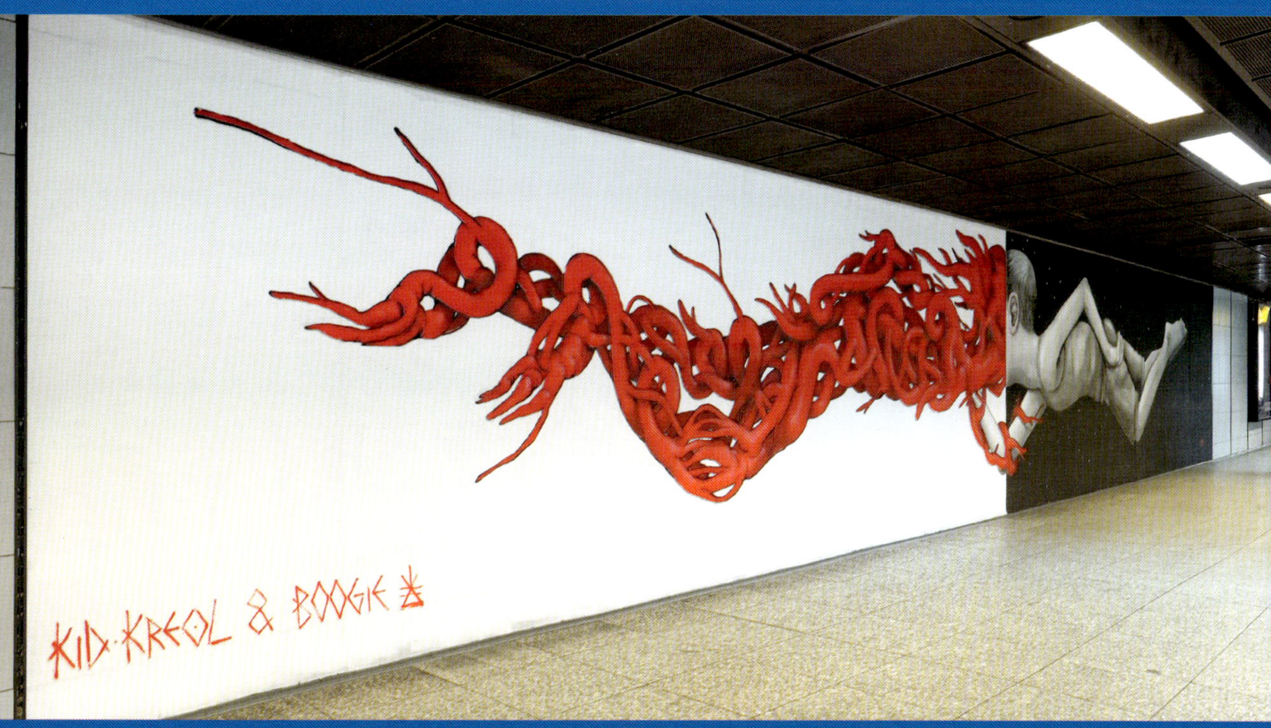
KID·KREOL & BOOGIE

Wall Drawings dans la ville
Wall Drawings in the City

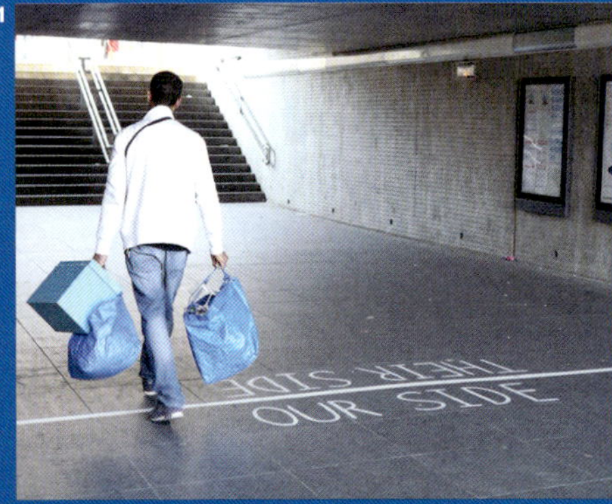

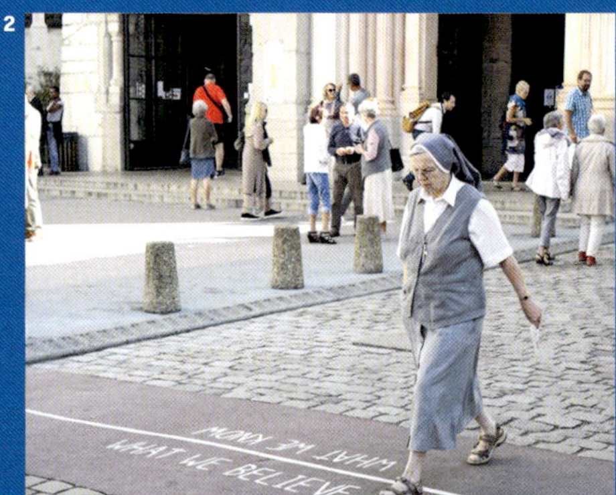

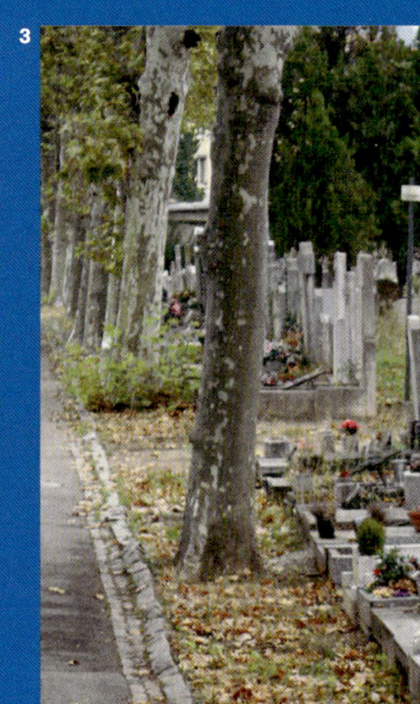

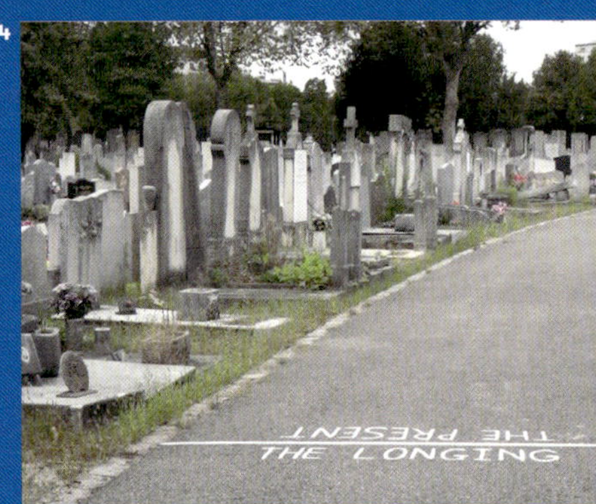

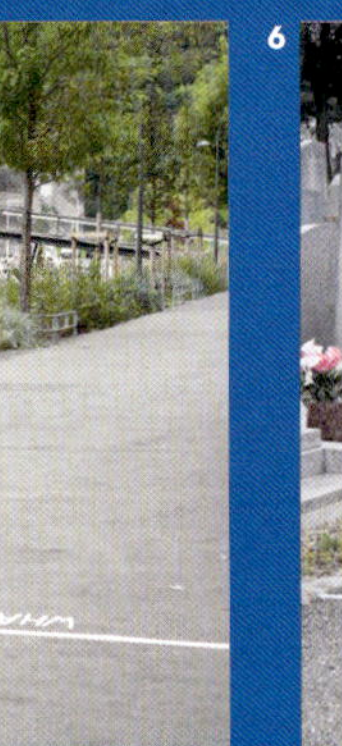

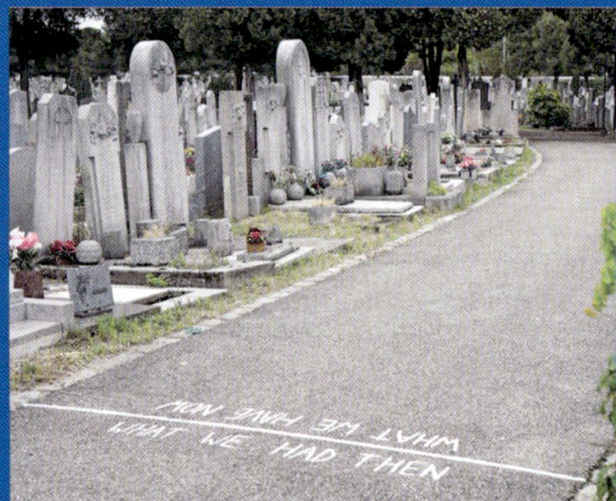

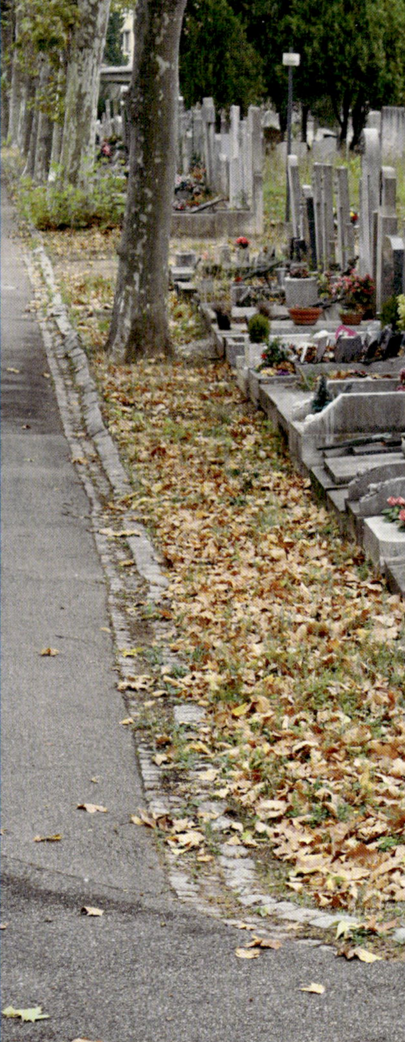

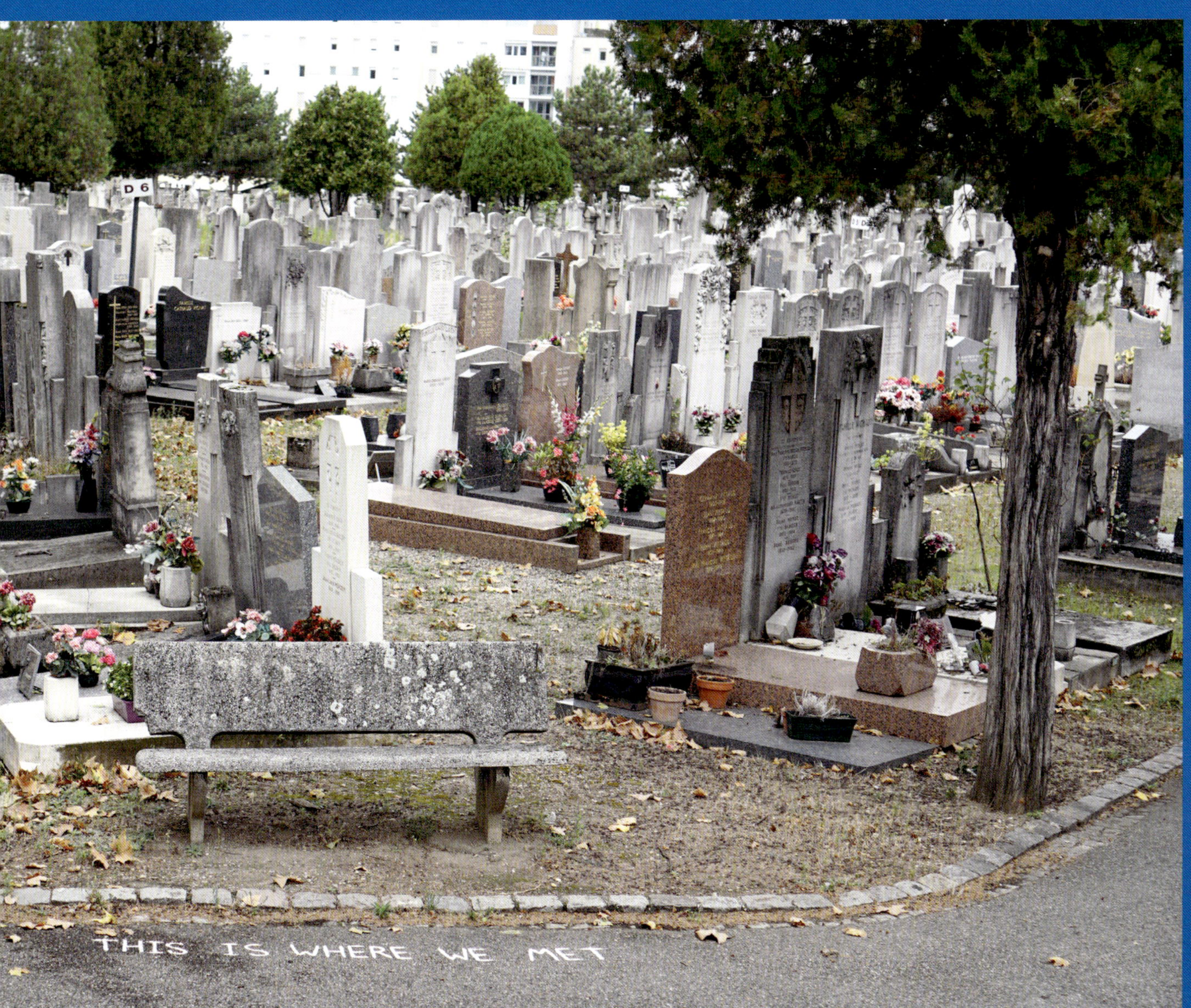
THIS IS WHERE WE MET

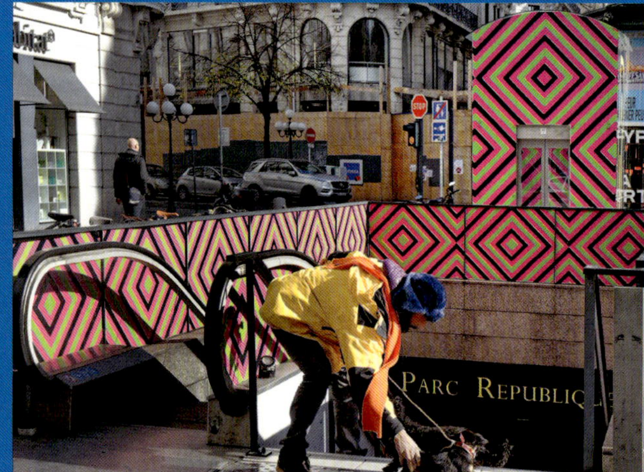
PARC REPUBLIQUE

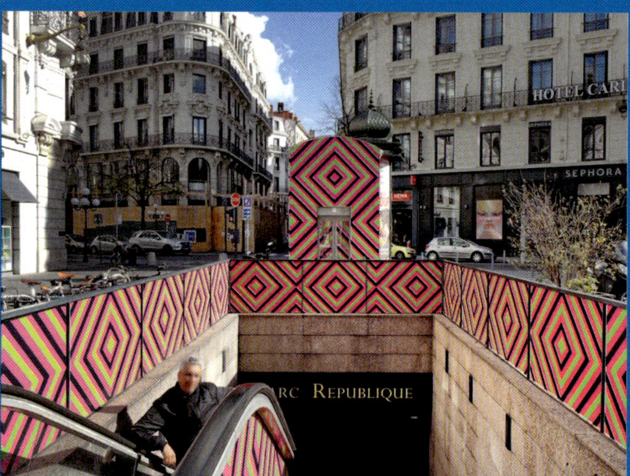
HOTEL CAR
SEPHORA
ARC REPUBLIQUE

habitat
habitat
habitat
R

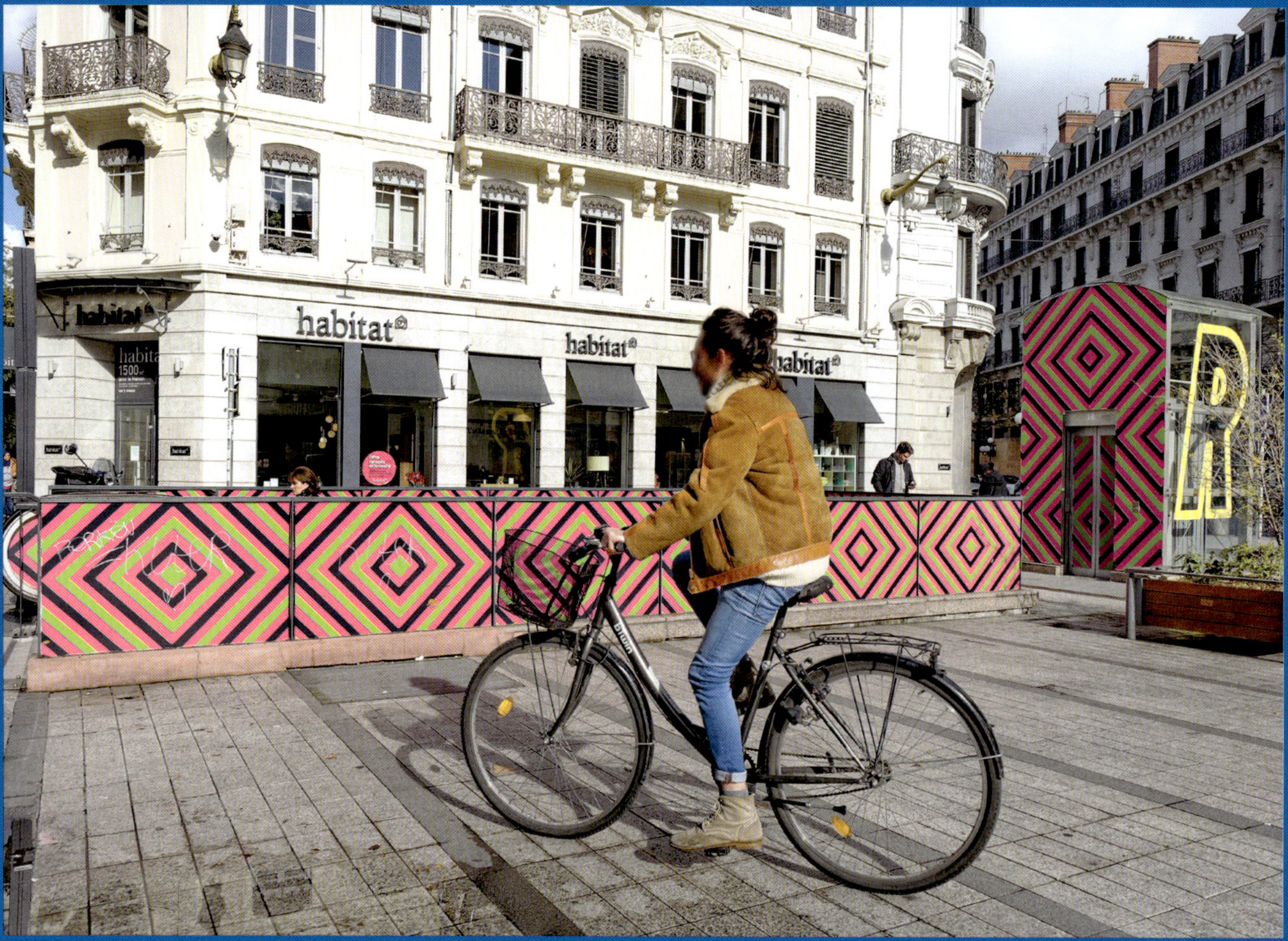

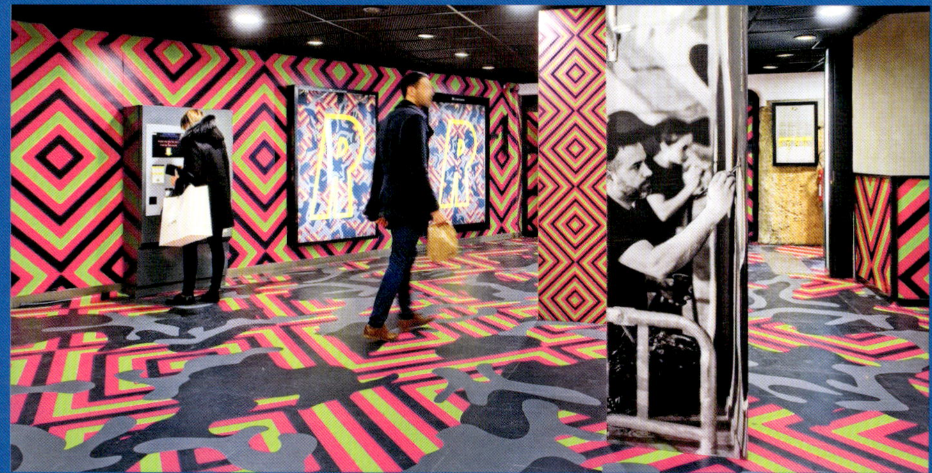
REKO WAS HERE

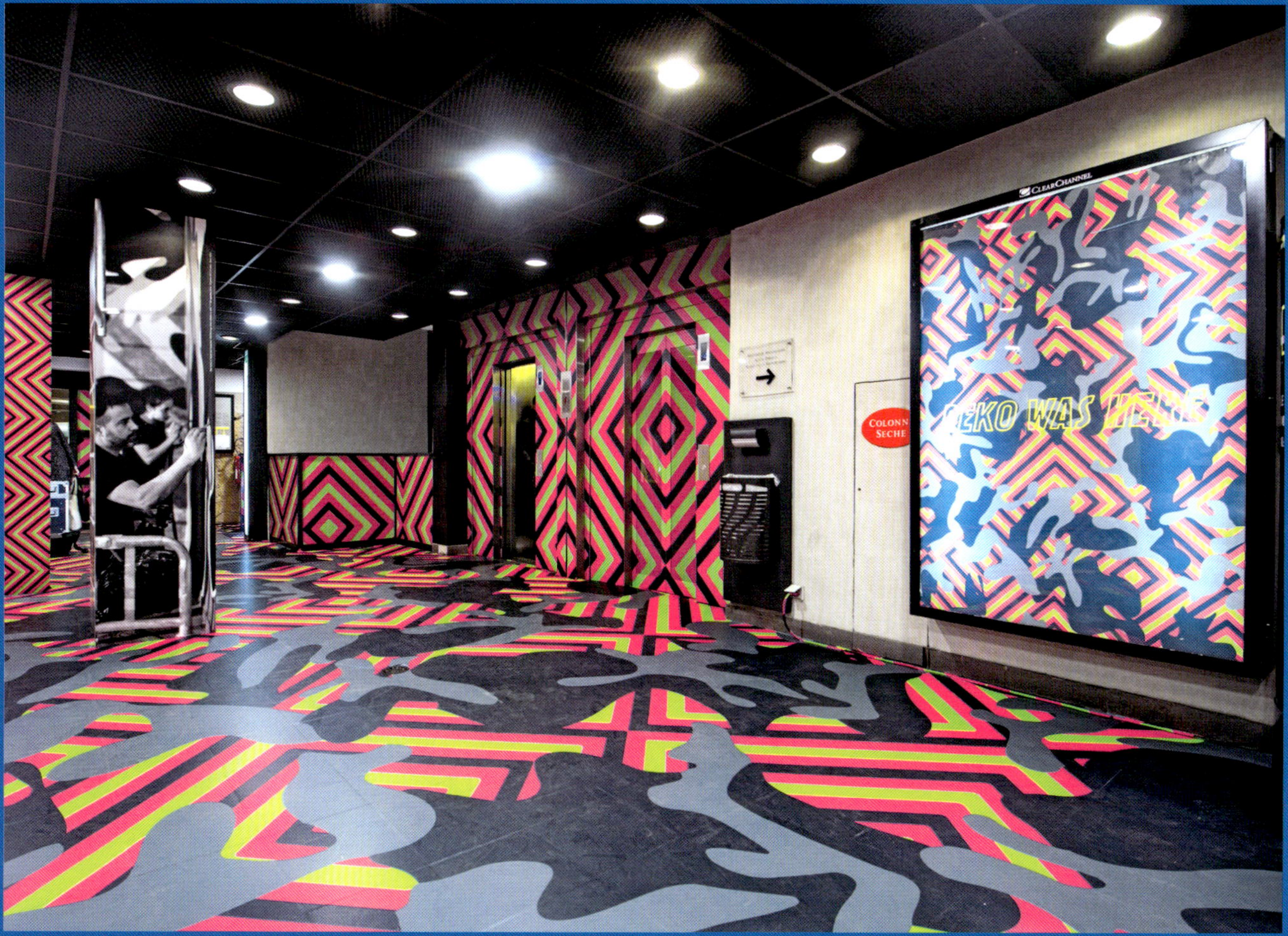

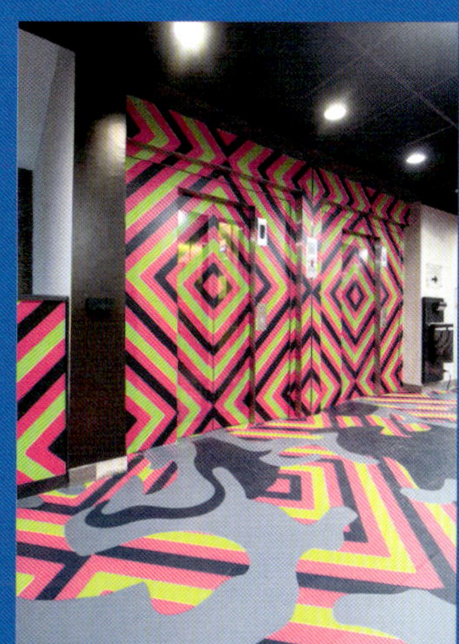

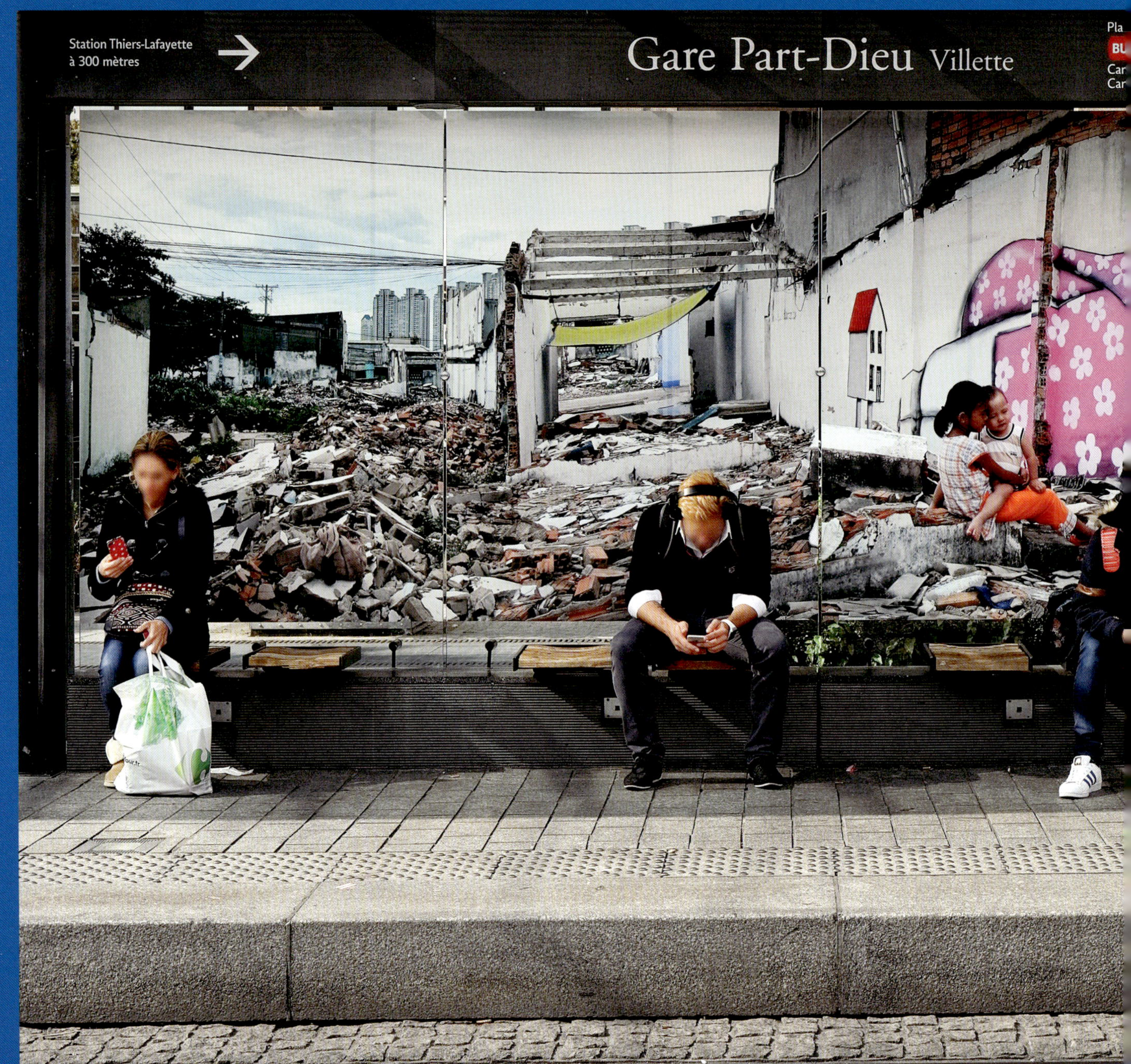
Station Thiers-Lafayette
à 300 mètres
Gare Part-Dieu Villette

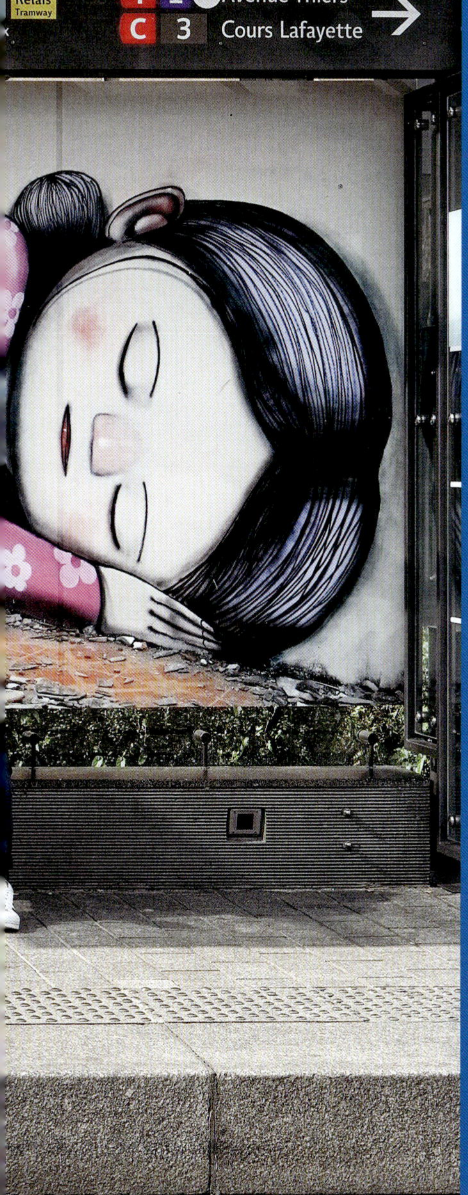
Relais
Tramway
T 1 T4 Avenue Thiers
C 3 Cours Lafayette

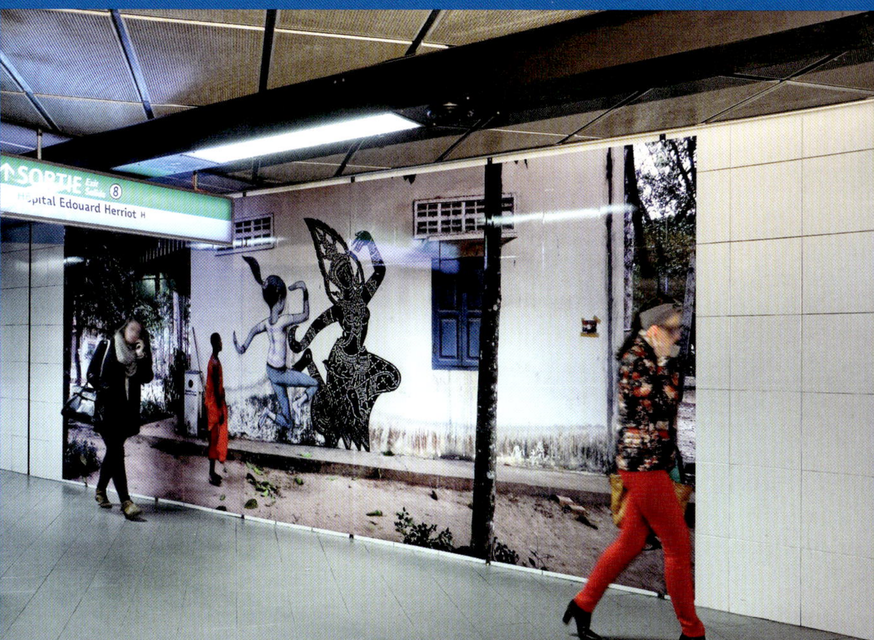
SORTIE 8
Hôpital Edouard Herriot

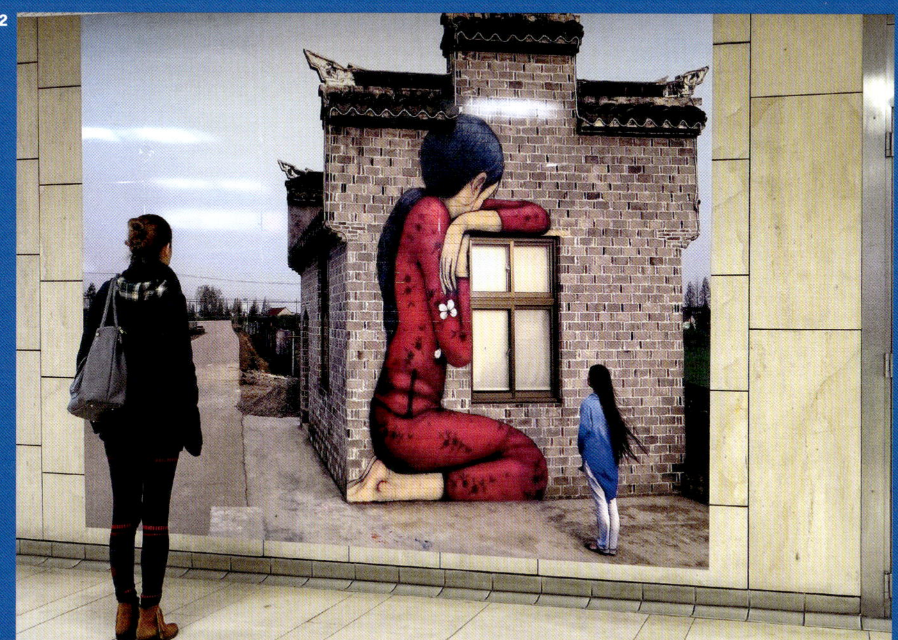

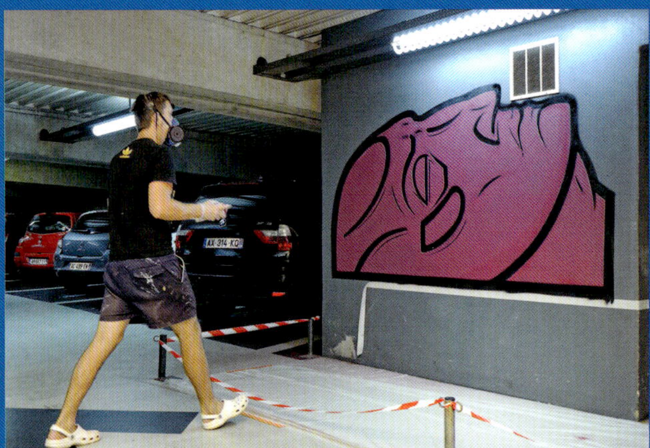

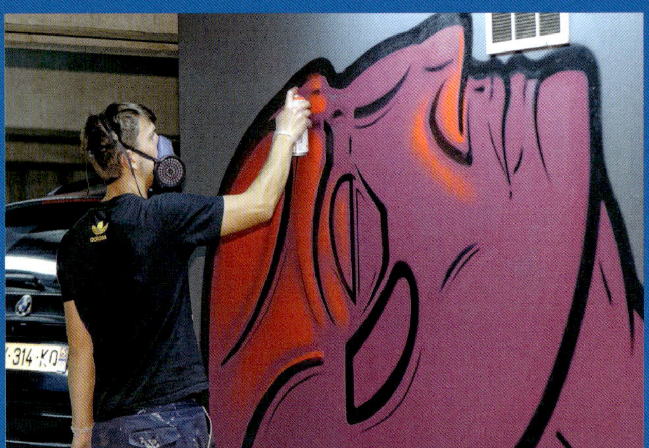

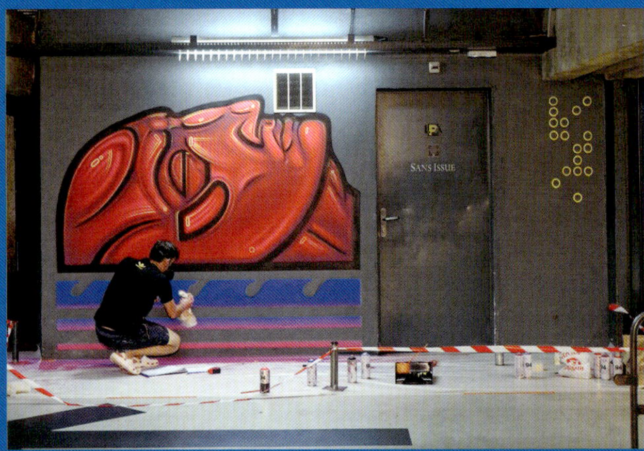

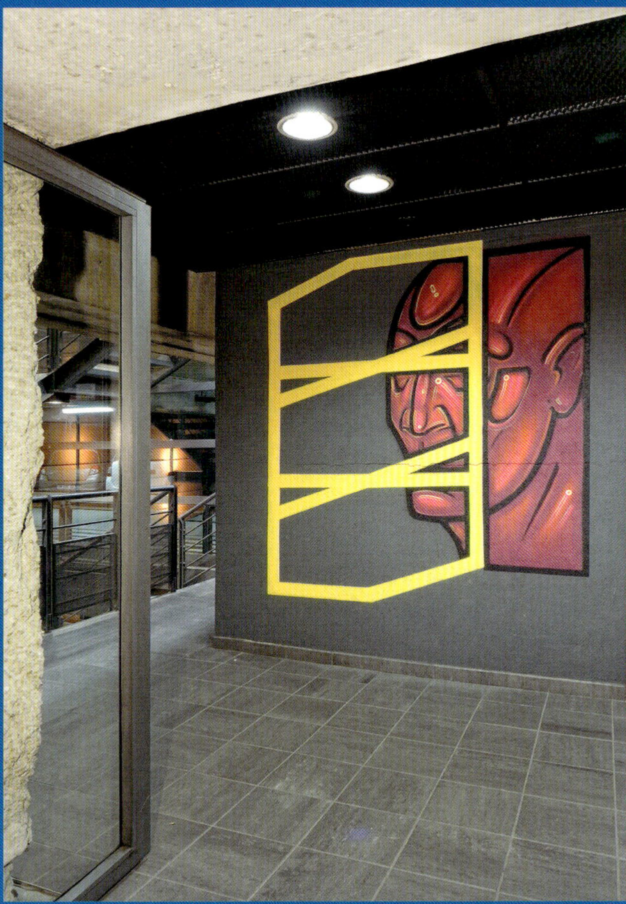

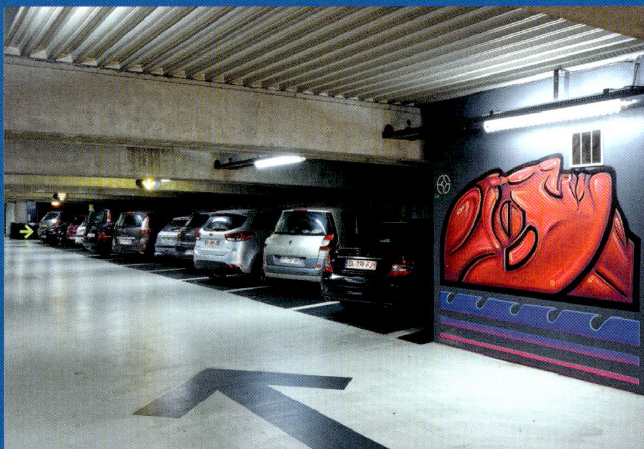

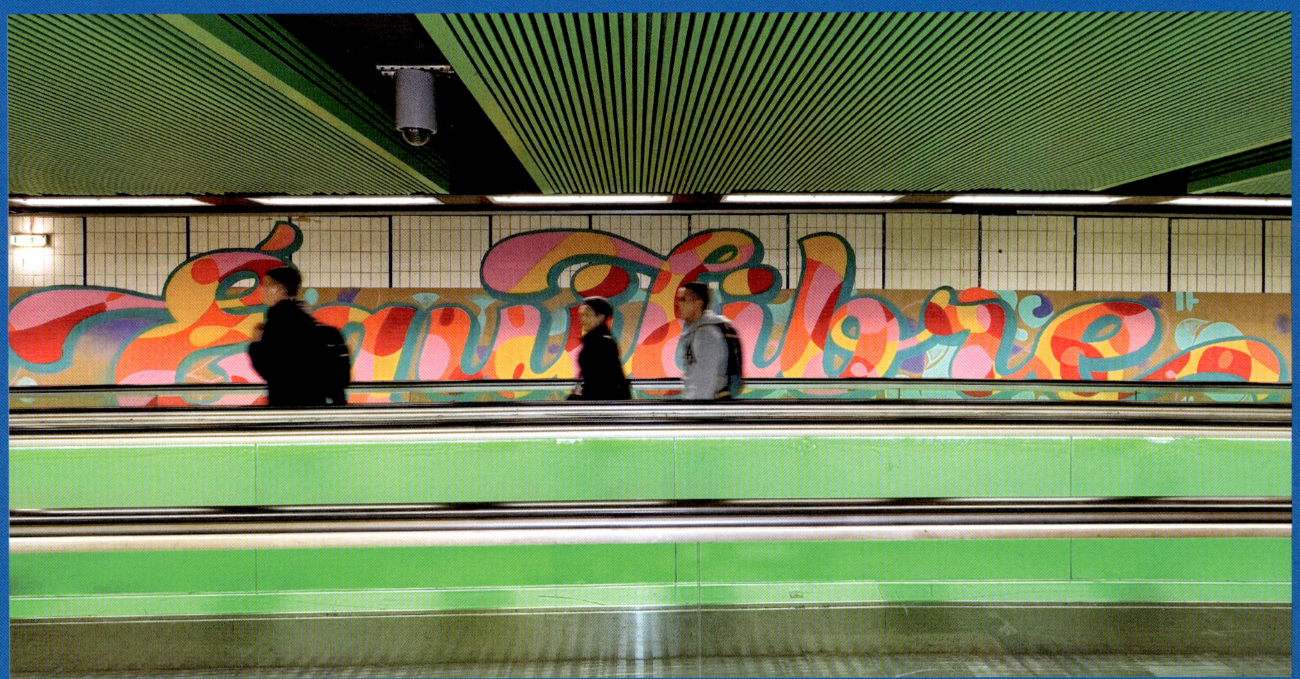

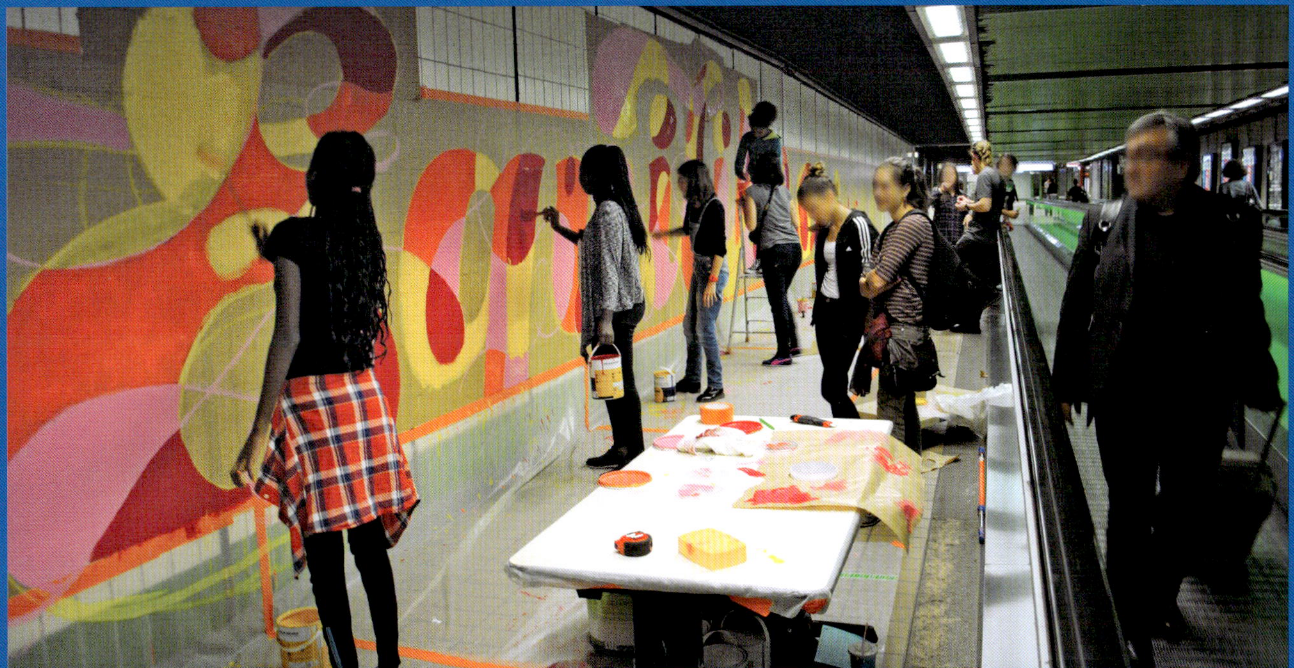

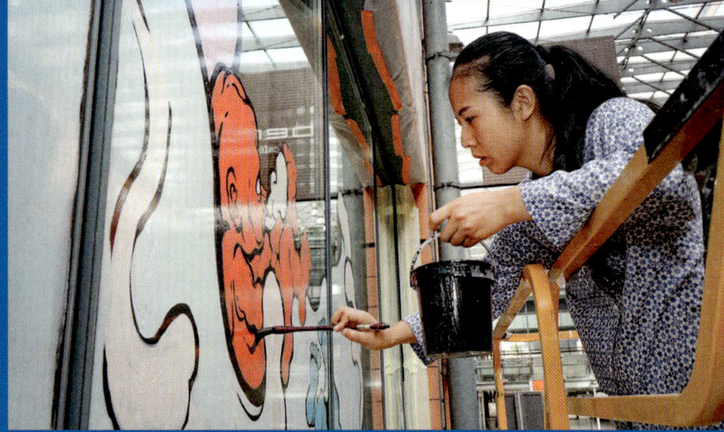

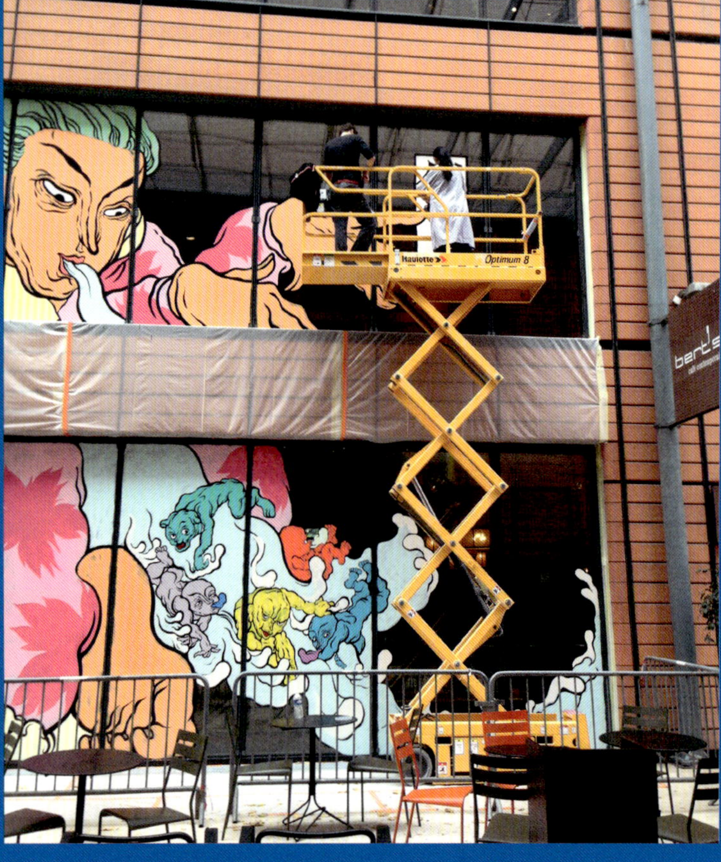

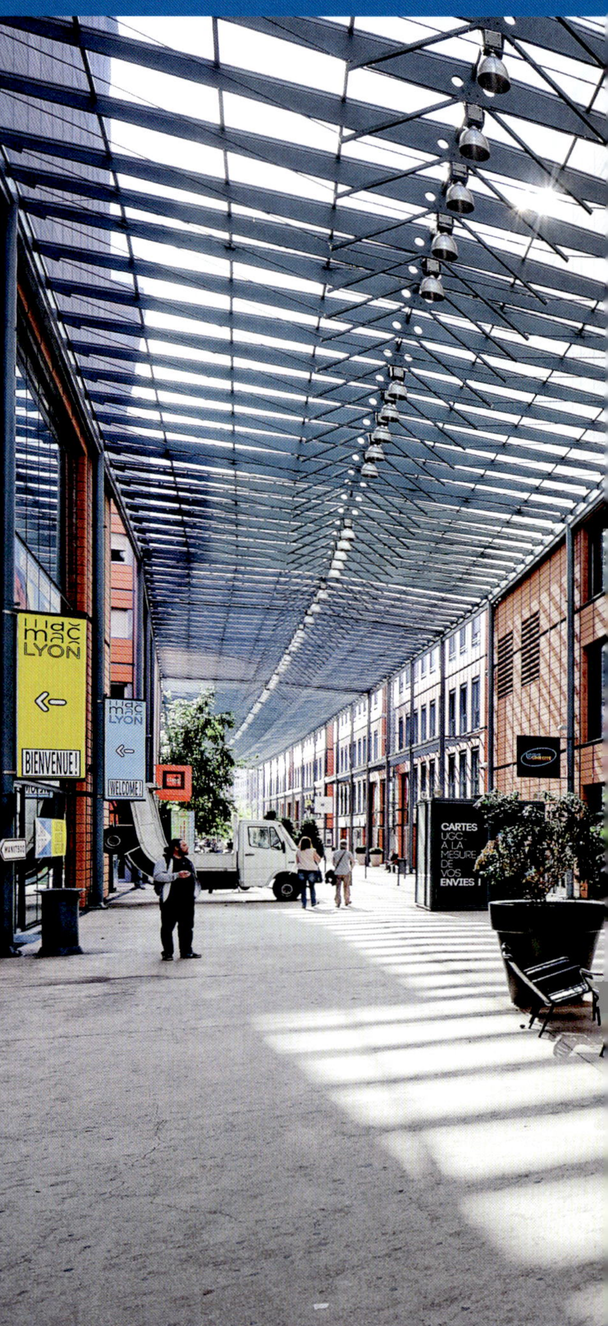

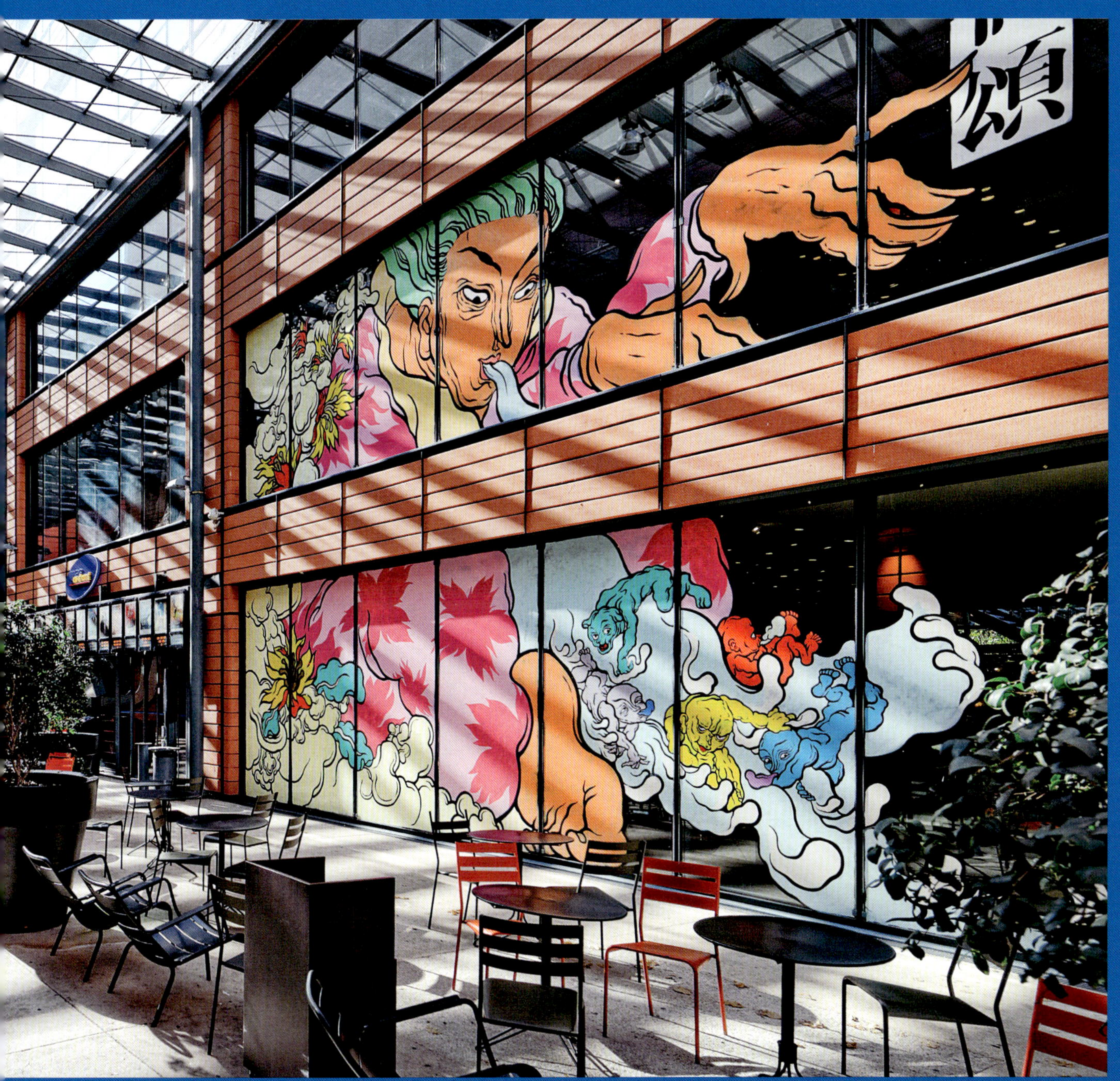

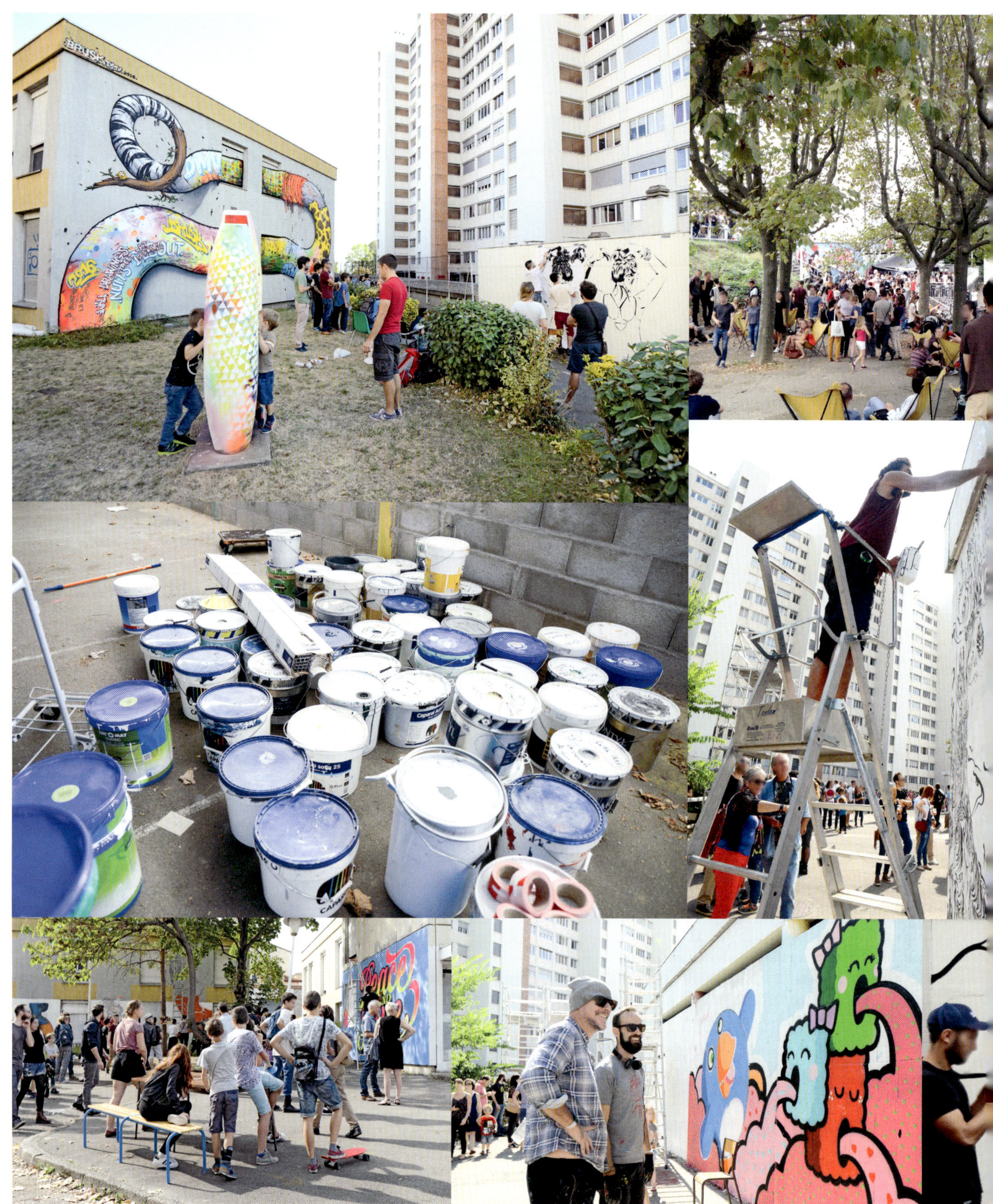

FESTIVAL WALL DRAWINGS

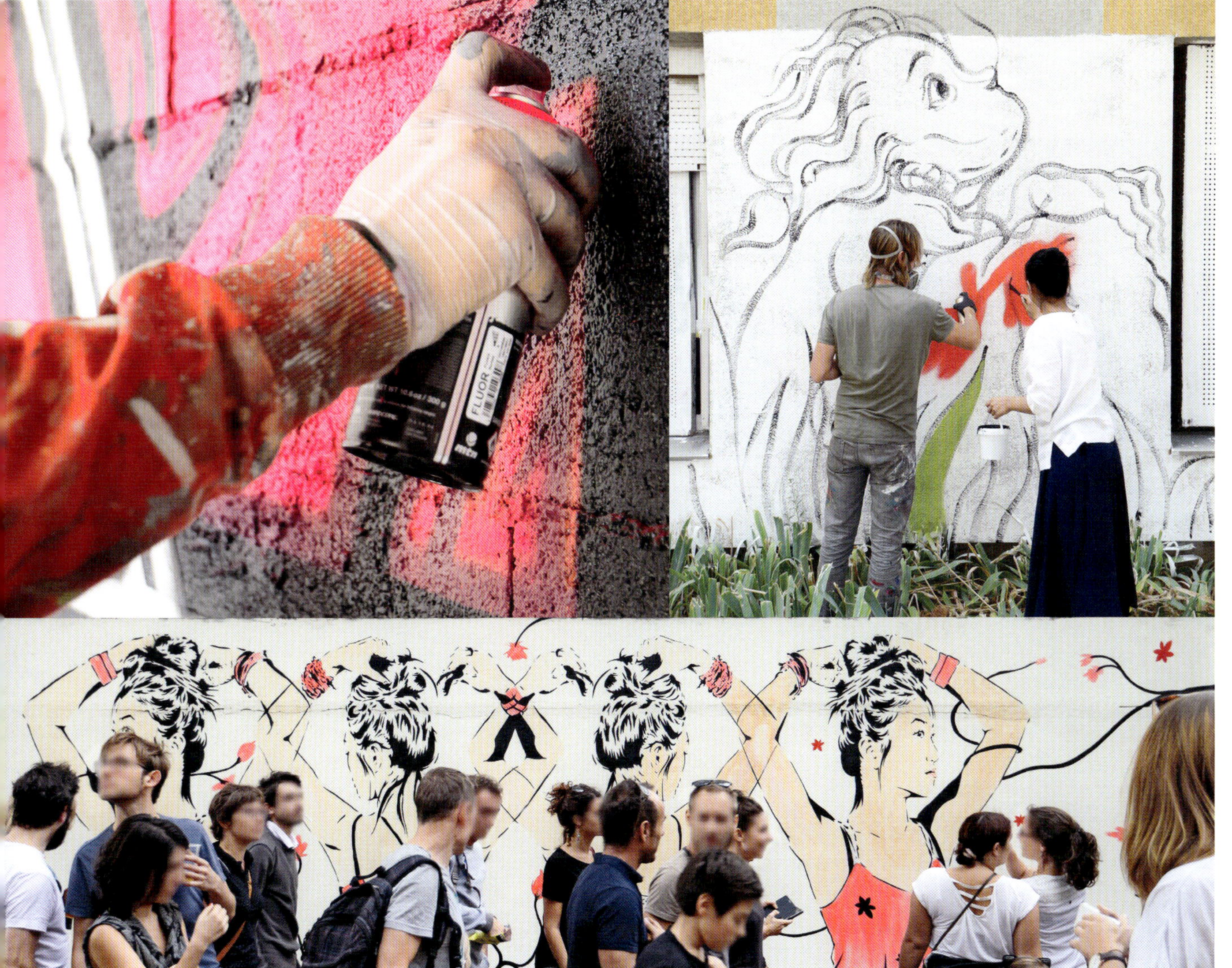

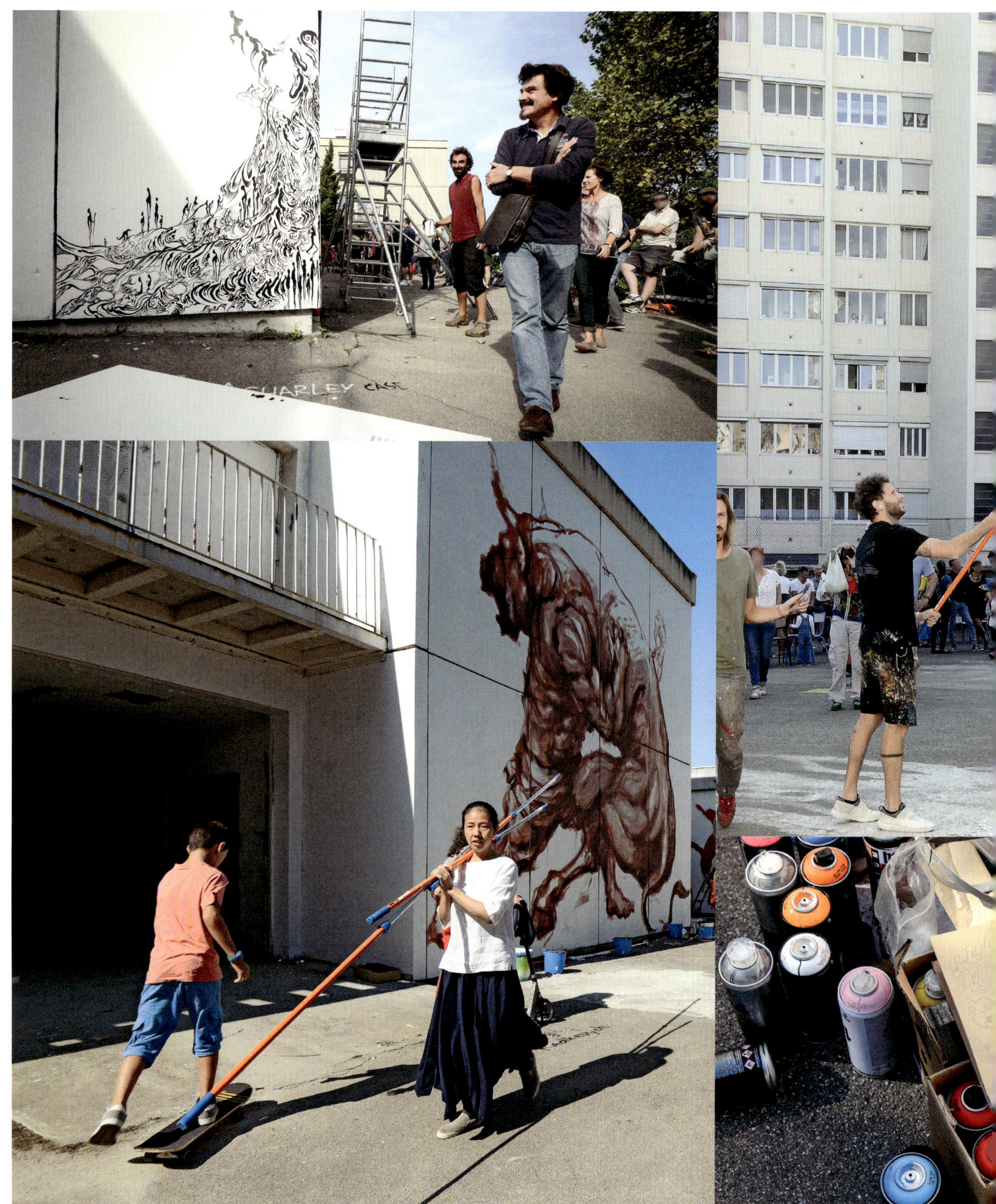

CHARLEY CASE

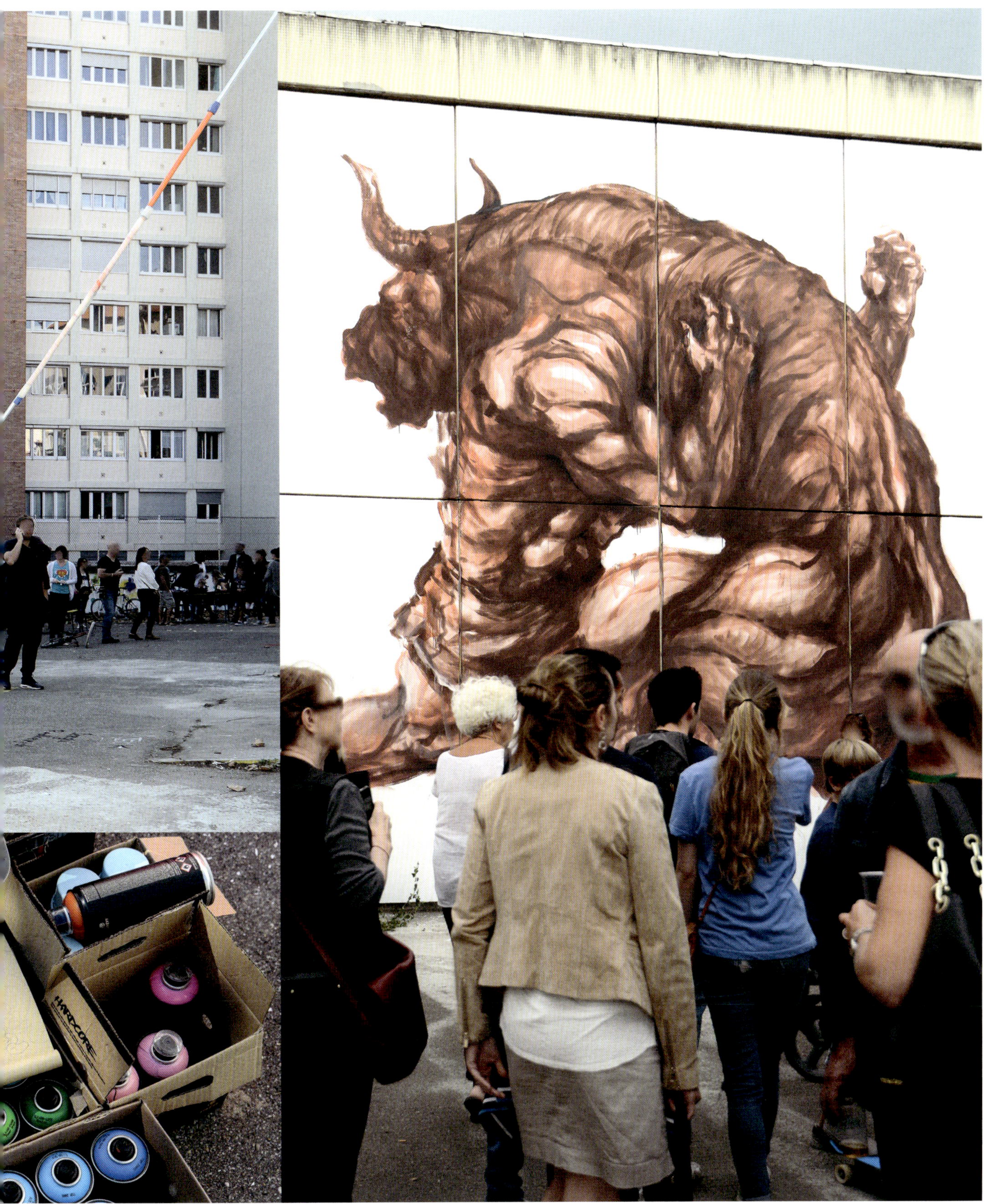

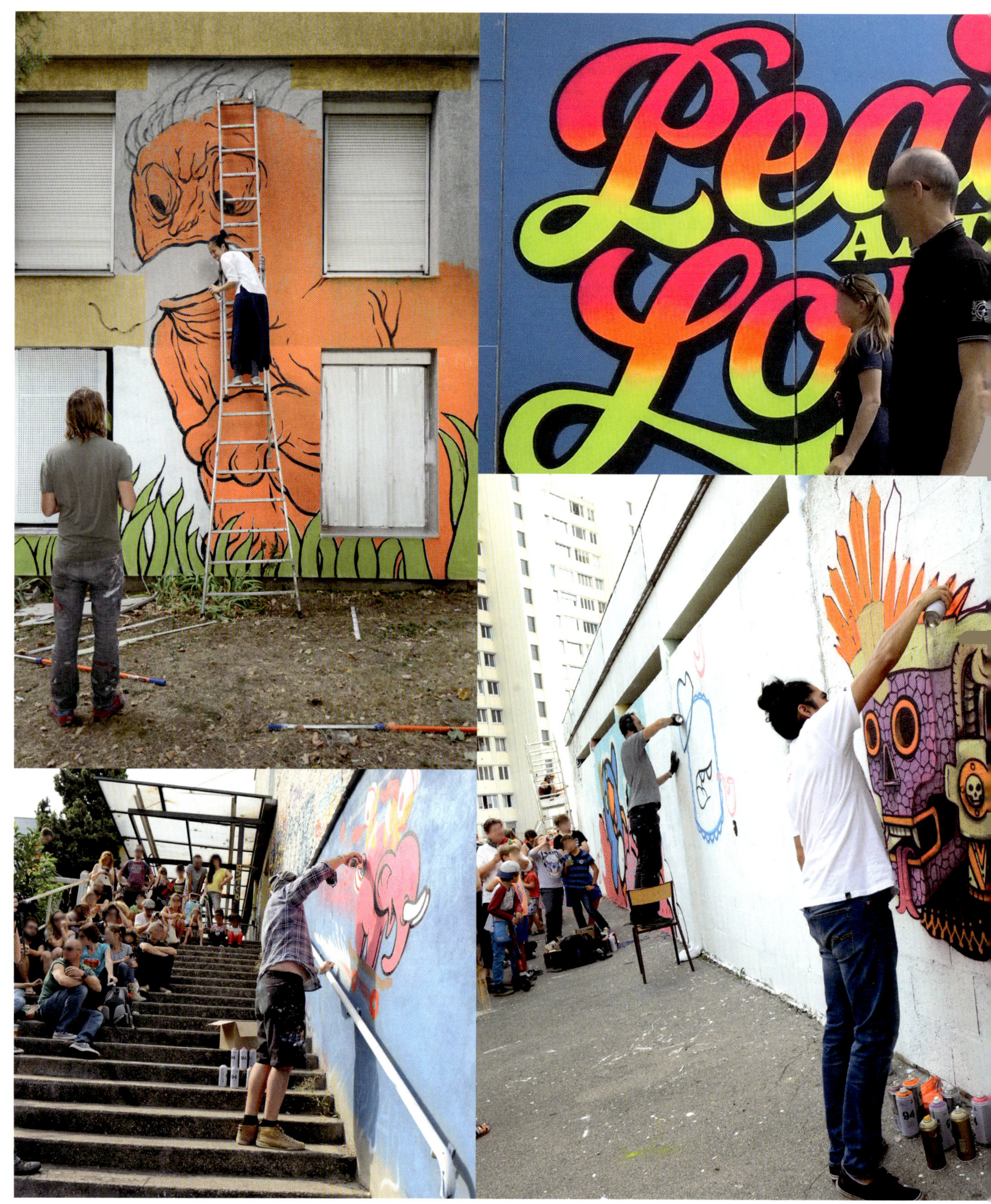

Pea
Lo

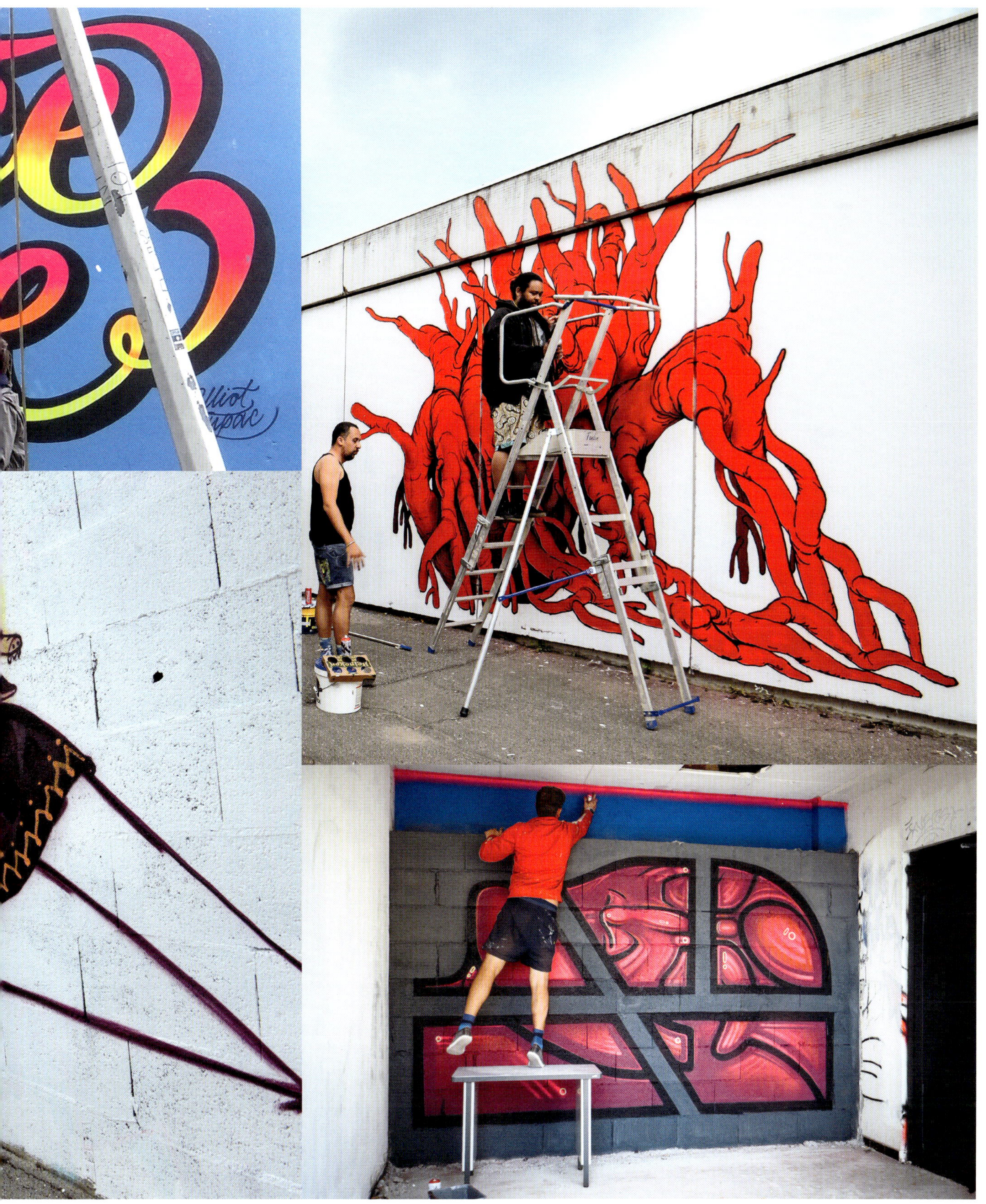

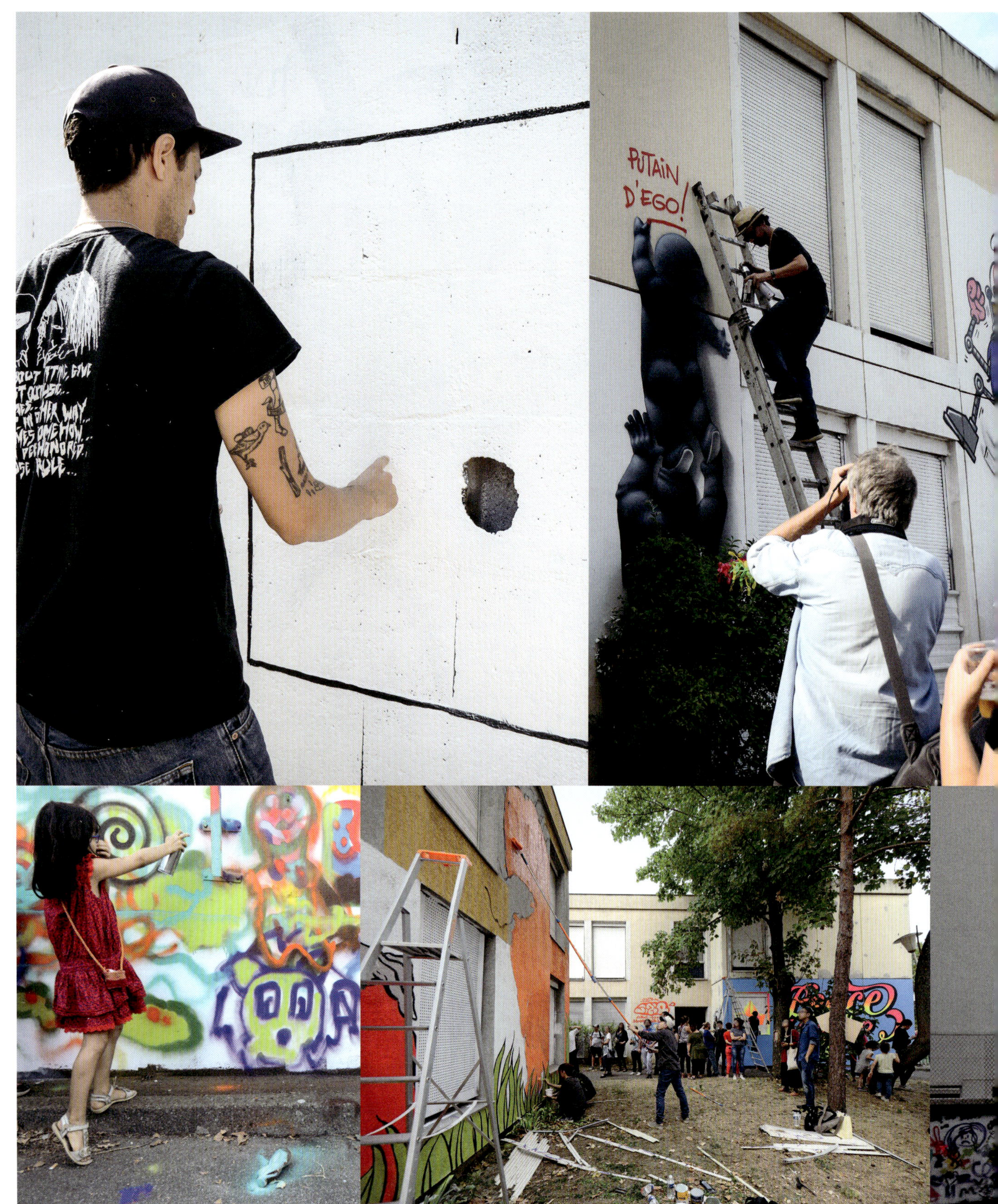
PUTAIN
D'EGO!

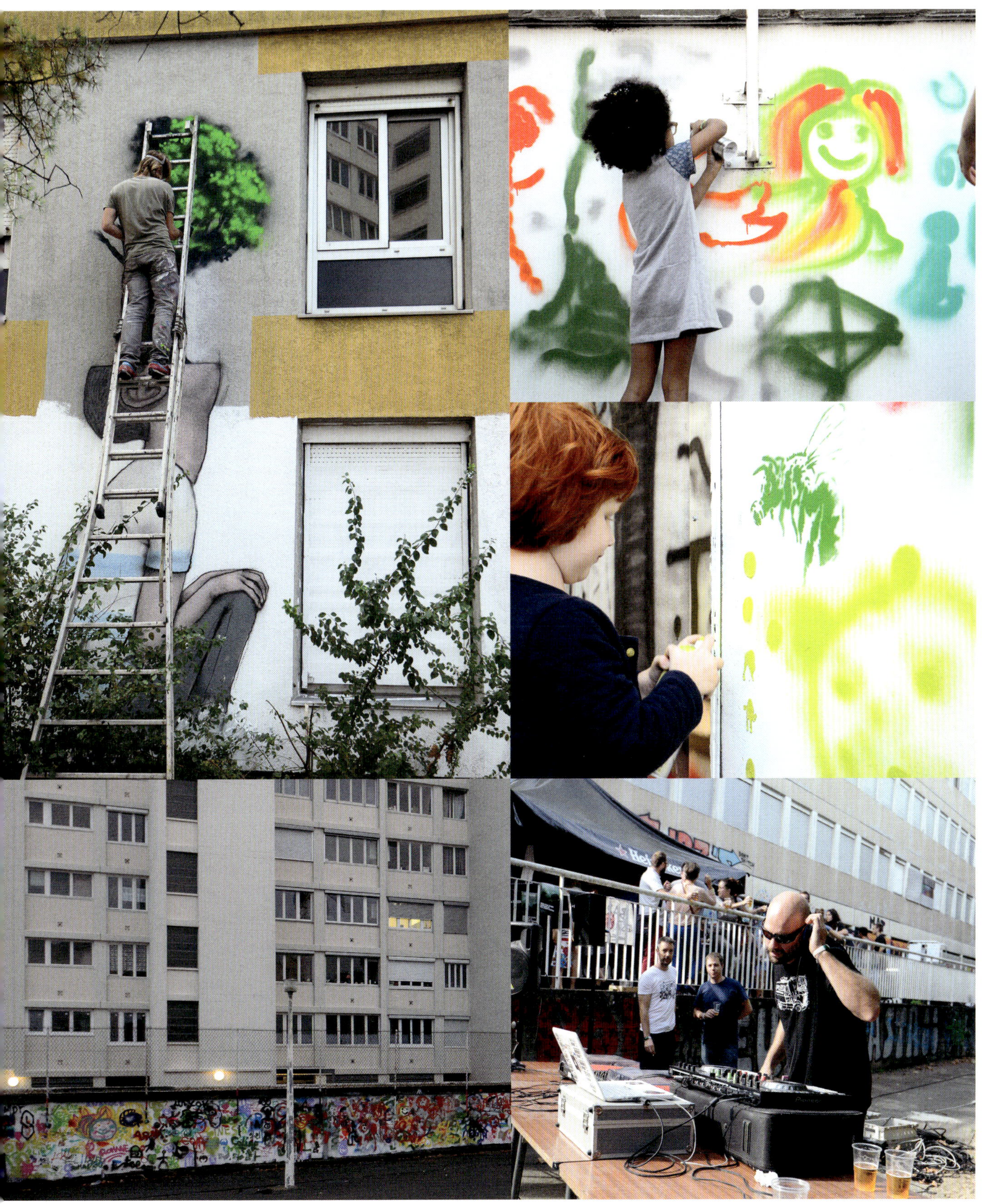

Remerciements
Acknowledgments

Nous souhaitons tout d'abord remercier les artistes de l'exposition/ First of all we would like to thank the artists of the exhibition *Wall Drawings*, *Icônes urbaines* : **Charley Case, Franco Fasoli/Jaz, Kid Kréol & Boogie, Addam Yekutieli/Know Hope, Reko Rennie, Saner, Seth, Teck, Elliot Tupac et Wenna** pour leur incroyable énergie et leur générosité, sans oublier leurs assistants pour l'aide qu'ils nous ont apportée, et plus particulièrement/For their incredible energy and their generosity, as well as their assistants **Cao Bin, Gabriela Ana Buffa, Mimí Carbia, María Lizbeth Hidalgo Velázquez, Dian Lin, Terllo Lin, Omer Shamir, Avi Wanono.**

Nous tenons bien sûr à remercier/We would also like to thank **Julien Malland** et/and **Hervé Perdriolle**, commissaires invités de l'exposition/invited curators of the exhibition *Wall Drawings*, *Icônes urbaines* et co-auteurs de ce/ co-authors of this catalogue.

Nous exprimons également nos plus vifs remerciements à tous ceux qui ont mis gracieusement à disposition leurs espaces pour la réalisation d'œuvres dans la ville/ We would like to thank all those who made available their spaces for the realization of artworks throughout the city : **Artena sas, Les cinémas UGC, Clinic All, La Fondation Fourvière et le musée de Fourvière, Jacquet Metal Service, Kéolis, La Métropole de Lyon, L'association La Voie de l'écrit, Lyon Parc Auto, Le restaurant 33 Cité, le Sytral.**

Nous remercions tout particulièrement/We are similarly indebted to **Cart'1 et l'association Troi3** pour la co-organisation du festival Wall Drawings à l'ancien collège Maurice Scève (Lyon 4ᵉ),

ainsi que les artistes qui se sont joints à ceux de l'exposition/for the co-organization of the Wall Drawings Festival at the former Maurice Scève School (Lyon 4), as well as the artists who have joined the artists of the exhibition : **Brusk, Cart'1, Don Mateo, Jace et Pec**.

Un grand merci à tous ceux qui ont contribué à la réalisation de l'œuvre de/Thanks you to everyone who contributed to the realization of the work by **Julien Malland/Seth *Dans ma tête*** :

Au Brésil/In Brazil : Stephania Aleixo di Paula e Silva ainsi que le secrétariat à l'éducation de la mairie de Belo Horizonte et les élèves de l'Escola Municipal Elisa Buzelin, de l'UMEI Santa Cruz, de l'UMEI Jardim Comerciário, de l'UMEI Vila Apolônia de Belo Horizonte.

En Chine/In China : Cao Bin et Li Zhe et les élèves des écoles primaires de Bositanxiang au Xinjiang et de Chang Ping au Sichuan.

En/In France : les élèves de l'école Marcel Mariotte de Saint-Siméon-de-Bressieux ; les élèves du cours Diot et des écoles Commandant Arnaud, Antoine Charial, Condé, Gilbert Dru, Jean Giono et Michelet à Lyon ; les élèves de l'école Simone Signoret à Saint-Priest ; les élèves de l'école maternelle Marie Carpantier de Saint-Jean-en-Royans ; les élèves de l'école de Viriville ; Samya Banian, Claire Reynaud-Fagot, Sevan Bagla, Jérôme Coumet, Patrick Gehres et Franck Meunier et les élèves des écoles Pierre Gourdault, Georges Heuyen, Kuss, Levassor et Franc Nohain à Paris ; Claire Tong à Toulouse.

En Indonésie/In Indonesia : Sri Hartatik et les enfants de Yayasan Pelangi Anak Foundation à Denpasar.

Au Japon/In Japan : Makiko Yoshii et les enfants du Kumamoto cultural center à Kumamoto.

À/In Madagascar : Mbolatiana Rasatamanana et Anjaratiana Rasatamanana les élèves de l'école Les Gais Bambins et du Lycée Pablo Picasso d'Antananarive.

En/In Ukraine : Rouslana Khazipova, Oleg Sosnov et les élèves de l'Ecole 269 à Kiev.

A La Réunion/In Reunion : Elise Malland et les élèves de l'école Immaculée Conception à Saint-Denis.

Nous souhaitons exprimer notre gratitude à/We would like to express our gratitude to : **Christophe Aussenac, Flavien Belbouchi, Bernard Berthod, Frédéric Berthod, Christian Butchacas, Morgane Dieudonné, Céline Eyraud, Gaetane Gabory, Marie-Hélène Genthon, Éric Jacquet, Marc-Antoine Leval, Julien Murigneux, Pierre Oudart, Louis Pelaez, Nicolas Poyet, Ariane Réquin, Didier Samuel, Nicolas Sibille, Marion Vézine.**

L'exposition a été réalisée avec le soutien public et privé/This exhibition has been staged with the public and private support of : du Ministère de la Culture et de la Communication (France), de la Ville de Lyon, et plus particulièrement la Direction des Affaires culturelles, de la Métropole de Lyon, de la Direction régionale des Affaires culturelles Auvergne Rhône-Alpes, *20 Minutes*, ATC, Boesner, Cineparts, Lyon Parc Auto, Sytral.

Les évènements hors-les-murs ont été réalisés grâce au soutien du Ministère de la Culture et de la Communication dans le cadre de l'appel à projet national *Street-art*.

Pour l'exposition au mac^LYON/
For the exhibition at mac^LYON

Commissariat général/
General curator
Thierry Raspail

Commissaires invités/
Invited curators
Julien Malland, Hervé Perdriolle

Coordination générale/
Exhibition manager
Isabelle Bertolotti

Chargée d'exposition/
Assistant curator
Marion Malissen

L'équipe du Musée d'art contemporain de Lyon/The team of the Lyon Museum of Contemporary Art

La direction/Direction
Directeur/Director
Thierry Raspail
Assisté de/assisted by
Françoise Haon
Directeur de production/
Production manager
Thierry Prat
Secrétaire général/
Secretary general
François-Régis Charrié

La collection et la documentation/
Collection and documentation
Responsable du service collection et documentation/Head of the collection and documentation department
Hervé Percebois
Régisseur collection/Registrar for the collection
Gaëlle Philippe
Iconographe/Iconographer
Estelle Cherfils
Documentaliste/Archivist
Emmanuel Janin

Les expositions/Exhibitions
Responsable du service expositions/
Head of the exhibitions department
Isabelle Bertolotti

Chargées d'exposition/
Assistant curators
Marilou Laneuville
Marion Malissen
Régisseur d'exposition/
Registrar for exhibitions
Lauriane Vatin

La communication/Press office
Responsable de la communication/
Head of the press office
Muriel Jaby
Chargée de communication/
Communication assistant
Élise Vion-Delphin
Réseaux professionnels et site internet/Professional relation and Web
Myriam Gaufichon

Le service des publics/Education
Responsable du service des publics/
Head of education department
Françoise Lonardoni
Programmation culturelle/
Cultural events
Sylvianne Lathuilière
Actions culturelles/Cultural projects
Régis Gire
Médiation culturelle/
Educational projects
Fanny Thaller
Chargées des réservations/
Education department assistant
Bernadette Moncelon
Christine Noël

La médiation/Mediation team
Rémi de Chiara
Mahé Donin de Rosière
Berthine Gerbet
Jessica Palm
Fanny Ventre

L'administration/Administration
Responsable administratif/
Head of administration department
Catherine Zoldan
Comptables/Accountants
Michelle Terras, Èvelyne Satin
Chargée d'accueil/Receptionist
Danielle Gené
Vaguemestre/Messenger
Yves Blanchard

L'équipe technique/Technical staff
Responsable technique/
Head of the technical staff
Olivier Emeraud
Régisseur technique/
Technical service
Samir Ferria
Chef d'équipe maintenance et sécurité/Head of the maintenance and security staff
Didier Sabatier
Assisté de/assisted by
Frédéric Valentin
Vidéo/Video
Georges Benguigui
Assisté de/assisted by
Charlotte Boé
Menuisier/Carpenter
Joël Coffinet
Électricien-éclairagiste/Electrician
Didier Fabrer
Magasinier/Store keeper
Pascal Watrigant

Opérateurs techniques et sécurité du bâtiment/
Technical operators
Serge Dalleau, Pascal Rohr, Frédéric Valentin

Agent d'entretien/Maintenance
Élisabeth Vican

Le montage/Installation
Frédéric Bauby
Amélie Berrodier
Rémy Château
Russell Childs
Outhman Djibril
Élise Flament
Anne-Lise Gaudet
Sylvain Guibbert
Yann Lévy
Alice Lognonne
Charlotte Maday
Étienne Mauroy
Gaël Monnereau
Rodolphe Montet
Laurent Morati
Stéphanie Moreno
Ludovic Paquelier
Grégory Pirus
Damir Radovic
Julie Sorrel
Benoît Stefani
Johann Thoumazeau

Colophon
Colophon

L'accueil/Reception staff
Responsable accueil/
Head of the reception
Christine Garcia-Pedroso
Gardiens/Attendants
Dounia Adda Bennekrouf
Maria Arquillière
Eryck Belmont
Léa Bonnaud-Delamare
Jean-Paul Brély
Ahmet Can
Philippe Demares
Outhman Djibril
John Foursin
Tennessee Garcia
Cécile Goepfert
Maxime Jardry-Dechelette
Baptiste Pezard
Steven Quillon
Christophe Roma
Alexandra Watrigant

Les stagiaires/Interns
Marie Cochennec-Sapin
Clémence Gras
Lola Gonnet-Prince
Jérôme Lavenir
Lena Longuefay
Inès Malfaisan
Alice Martin
Salomé Moreau
Romane Perelle
Naomi Quashie
Estelle Roux
Léa Scorsino
Lucile Soeur
Laetitia Sordet
Juliette Tyran
Thomas Vassort
Hugo Volle
Meng Yu

Coédition/Co-publishers
Musée d'art contemporain de Lyon
Silvana Editoriale, 2016

Équipe éditoriale/Editorial team
Musée d'art contemporain de Lyon :
Isabelle Bertolotti,
Marion Malissen, Thierry Raspail
Silvana Editoriale :
Laurianne Barban (Chef de projet/
Project manager)
Graphisme/Graphic design :
NGStudioParis
Traductions/Translation :
Jeremy Harrison,
Hélène Planquelle

Crédits photographiques/
Photographic credits
Sauf mention contraire/
Unless otherwise stated
© **Blaise Adilon**
© **Anne Simonnot**
© **Julien Malland/Seth**
© **Addam Yekutieli/Know Hope**
© **Gabriela Buffa**
© **Myriam Gaufichon**
© **Thomas Vassort**
© **Ariane Réquin**
© **Inès Malfaisan**
© **Isabelle Bertolotti**
© **Muriel Chaulet**
© **mac**LYON

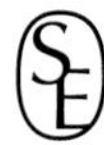

Silvana Editoriale

Direction éditoriale/Direction
Dario Cimorelli
Directeur artistique/Art Director
Giacomo Merli
Rédaction/Copy Editor
Clelia Palmese, Paola Rossi
Organisation/
Production Coordinator
Antonio Micelli
Secrétaire de rédaction/
Editorial Assistant
Ondina Granato
Iconographie/Photo Editor
Alessandra Olivari, Silvia Sala
Bureau de presse/Press Office
Lidia Masolini,
press@silvanaeditoriale.it

Available through ARTBOOK | D.A.P.
155 Sixth Avenue, 2nd Floor,
New York, N.Y. 10013
Tel: (212) 627-1999 Fax: (212) 627-9484

Silvana Editoriale S.p.A.
via dei Lavoratori, 78
20092 Cinisello Balsamo, Milano
tél. + 39 02 453 951 01
fax + 39 02 453 951 51
www.silvanaeditoriale.it

Les reproductions, l'impression et
la reliure ont été réalisées en Italie
Achevé d'imprimer en décembre 2016/
Reproductions, printing and binding
in Italy.
Printed December 2016

En couverture/Cover :
Seth, *Dans ma tête*, 2016 (détail/detail).
Seth, *Dans ma tête*, 2016 (détail/detail).
Saner, *Sac y Conek*, 2016 (détail/detail).
Elliot Tupac, *Libertad*, 2016 (détail/detail).
Elliot Tupac, *People for Peace*, 2016 (détail/detail).
Wenna, *L'Aventure de Lyon*, 2016 (détail/detail).

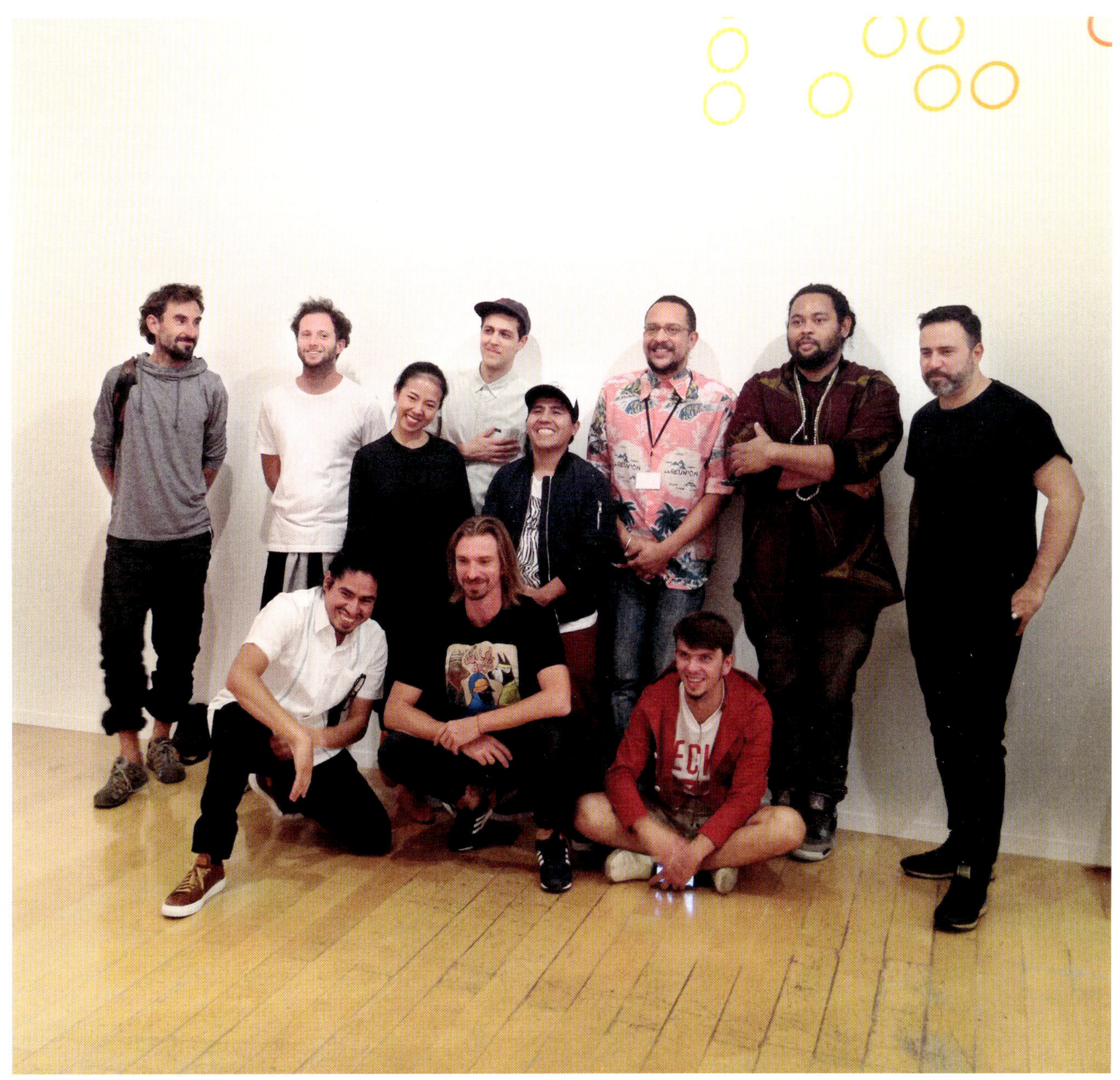

De gauche à droite/From left to right :
Charley Case, Franco Fasoli/JAZ, Addam Yekutieli/Know Hope, Kid Kréol, Boogie, Reko Rennie,
Wenna, Elliot Tupac,
Saner, Seth, Teck.

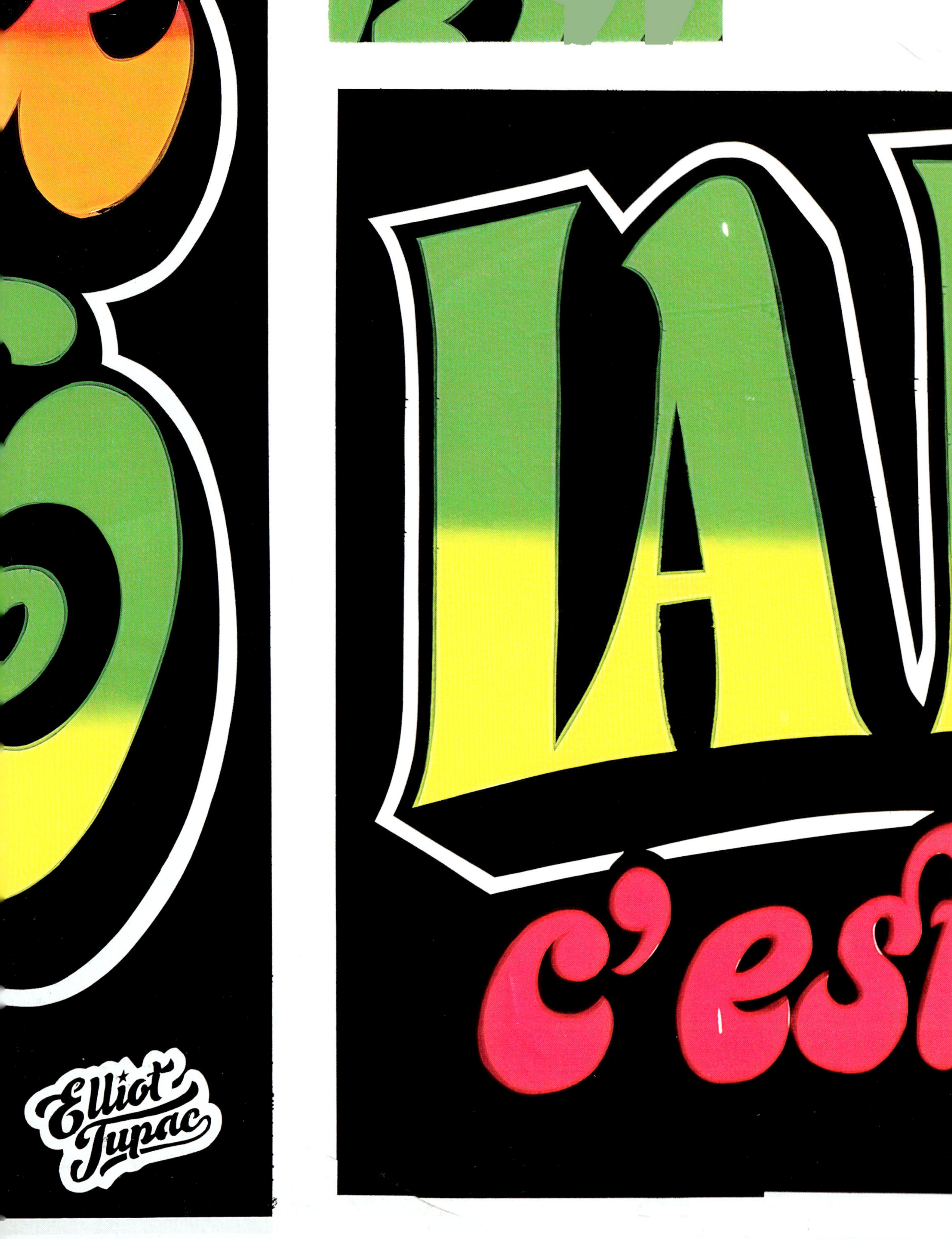
LA
c'est
Elliot Tupac